MATTHIAS STROLZ

# GESPRÄCHE MIT EINEM BAUM

Ein weiser Freund und
die großen Geheimnisse des Lebens

Penguin Random House Verlagsgruppe FSC® N001967

1. Auflage
Originalausgabe
© 2022 Kailash Verlag, München
in der Penguin Random House Verlagsgruppe GmbH
Neumarkter Str. 28, 81673 München
Lektorat: Ralf Lay, Mönchengladbach
Satz: Satzwerk Huber, Germering
Umschlaggestaltung: ki 36, Daniela Hofner Editorial Design, München
Autorenfoto: story.one, Andreas Hofer
Druck und Bindung: GGP Media GmbH, Pößneck
Printed in Germany
ISBN 978-3-424-63225-5
www.kailash-verlag.de

Besuchen Sie den Kailash Verlag im Netz.

*Das Leben meint uns, sonst wären wir nicht da.*
*Dieses Buch meint dich,*
*sonst hättest du es nicht in der Hand.*

# Inhalt

# 1

## Für alle, welche die Geheimnisse des Lebens zwischen den Worten vermuten

Es war ein schönes Augustwochenende im Sommer. Ein unguter Traum hatte mich aus dem Schlaf gerissen, und mein Geist startete in den Modus »monkey mind«: Mein Körper wollte ruhen, doch meine Gedanken hantelten sich von Ast zu Ast. Ich stand auf und legte mich in die laue Sommernacht auf die Couch am Balkon.

Die Sterne funkelten, und der Mond schaute zwischen den Blättern des Blauglockenbaums vor unserem Haus hindurch. »Wachen oder schlafen?«, fragte ich den Großen Wagen. Er blieb stumm. »Was meinst du?«, fragte ich den Baum. Er schwieg ebenfalls. »Du bist noch jung«, meinte ich. »Vielleicht sprechen Bäume erst im höheren Alter.«

Mein »monkey mind« ritt mich quer durch stichelnde Alltagsthemen und widmete sich dann offenen To-do-Listen. Übermorgen würden wir für zehn Tage auf Familienurlaub fahren. Es galt, noch einiges zu erledigen. So lag ich zwei Stunden wach und führte Selbstgespräche. Immer, wenn die großen Blätter des Blauglockenbaums im Wind raschelten, spielte ich meine Gedanken in die Baumkrone rüber. Bis mich der Schlaf übermannte.

Als ich aufwachte, hatte die Sonne mit dem Mond den Platz getauscht. Sie blinzelte durch das Blätterdach. »Guten Morgen«, murmelte ich. »Ach ja, nur alte Bäume sprechen«, erinnerte ich mich schmunzelnd an meinen Versuch einer nächtlichen Unterhaltung. Mein Blick verharrte im saftigen Grün. Da war nichts Ungewöhnliches. Und doch hatte ich den Eindruck, als würde der hölzerne Kollege mich angrinsen. Ich schüttelte den Kopf und zupfte mir die Bettdecke zurecht, um noch eine Runde zu schlummern. Doch da war es wieder, das Gefühl, als würde er mit mir in Kontakt gehen. Ein freundlich grüßender Baum?

Ich setzte mich auf. »Okay, angenommen, du sprichst mit mir, und ich kann dich nicht verstehen ...?« Er schien zu nicken. Dann war wieder Sendepause. »Jetzt bist du wieder stumm?«, forderte ich eine Unterhaltung ein. Doch es kam nichts. »Wäre es denkbar, dass du zwar sprichst, aber ich dich nicht höre? Dass ich nicht verstehe?« Etwas verwundert über meine Gedankengänge senkte ich mich wieder in die Horizontale.

»Nun denn, ich bin ein ziemlicher Anfänger. Die Sprache der Bäume ist mir nicht geläufig. Aber wenn ich lernen wollte, sie doch zu hören und zu verstehen, dann gäbe es da wohl die *eine* Partnerin ... Also wenn überhaupt, dann mit ihr!«, begann eine Absicht zu sprießen. Im angrenzenden Wald, oberhalb der sogenannten »Himmelwiese«, steht eine mächtige alte Schwarzföhre. Mit ihr hatte ich über die Jahre eine seltsame Form von Beziehung aufgebaut. Immer mal wieder kam ich zu Besuch, immer wieder war sie in meinen

Gedanken. Sie war in mein Herz vorgedrungen. Doch sie war stumm.

»Wenn ich mit einem Baum wirklich ins Reden kommen sollte, dann mit ihm«, baute sich Tatkraft auf. Meine Frau und die Kinder schliefen noch. »Das will ich jetzt wissen«, saß ich plötzlich energiegeladen auf der Couch. »Dann musst du jetzt da rauf«, sagte ich mir. »Vielleicht wartet da etwas auf dich!«

Auf leisen Sohlen packte ich eine Wasserflasche und mein kleines Notizbuch in einen Rucksack und fuhr mit dem Fahrrad zum Waldrand. Von dort würde ich in rund fünfzehn Minuten oben beim »Altar« sein, so hatte ich den Platz vor Jahren getauft. Denn mein Lieblingsbaum stand auf einer Geländekuppe erhoben mit Blick weit in das Umland.

Unterwegs traf ich drei Hunde und zwei Menschen. Alle waren sie auf ihre Weise freundlich. Der sanfte Morgenwind umspielte meinen Körper, und die Weinreben grüßten mich gleichmütig. Schmetterlinge eskortierten meinen Gang über die Wiesen, und ich spürte, dass ich aufgeregt war. Wie auf dem Weg zum ersten Date. Ich kannte »meine« Föhre schon einige Jahre, doch heute würde unsere Begegnung anders sein.

Freudig begrüßte ich einen Verbund von zehn Schwarzföhren beim Eingang auf eine große Lichtung. Ihr stummes Wohlwollen schickte mich weiter, als würden sie summen: »Unsere Schwester wartet auf dich.« Ich lief die Wiese hinauf und sah sie schon von Weitem. Wow. Da stand sie, in machtvoller Ruhe. Und winkte mir?

War das ein Winken? Nein, es war Einbildung. Wie vielleicht das ganze morgendliche Vorhaben heute ein leicht schräger Ausbruch war?

Zweifel mischten sich in meine Begeisterung, als ich ankam. Respektvoll durchschritt ich »den Altar«, umkreiste den Baum und schaute den Stamm entlang nach oben. »Guten Morgen. Was für eine seltsame Idee!«, flüsterte ich und legte meine Arme um die Föhre. Sie hatte über die Jahrhunderte wohl schon einiges erlebt. Bis zu achthundert Jahre können solche Bäume werden, hatte ich irgendwo gelesen. Was könnte er wohl alles erzählen? Von Türkenbelagerungen und Weltkriegen, Silvesterfeuerwerken und Sonnwendtänzen, Liebespaaren und Schatzsuchenden.

»So viel Erfahrung! Was für eine Gesprächspartnerin«, strich ich über die Rinde. Sie war grob und fein zugleich. Dann legte ich mich auf den Boden neben den Stamm.

»Was machen wir jetzt miteinander?«, verloren sich meine Gedanken in der glänzenden Baumkrone. Eine seltsame Energie packte mich. »Viel«, sagte ich laut. »Viel können wir miteinander machen«, lachte ich. »Wir besprechen Gott und die Welt. Wir schreiben gemeinsam ein Buch. Darauf hätte ich große Lust!« Ich sprang auf und musterte die Föhre von oben bis unten.

»Doch zuerst muss ich dich um Erlaubnis fragen«, berührte ich den Baumstamm. Ein seltsamer Brite namens Jack hatte mir das vor zwei Jahren mit auf den Weg gegeben. Ich hatte ihm im Rahmen eines Workshops von meiner Liebe zu Bäumen berichtet. Er zog mich während der Mittagspause auf die Seite und ging mit mir zu einer großen Eiche. »Eine alte Chinesin hat mich gelehrt, wie man mit Bäumen in Kontakt geht. Ich möchte dir zeigen, wie das funktioniert.« Zuerst müsse man den Baum um Erlaubnis fragen. Sodann könne man, das Dritte Auge – das Stirnchakra – auf den Stamm gelehnt, über eine »Handbrücke« mit dem Herzen und dem Sakralchakra in Verbindung gehen. Letzteres liege fünf Finger breit unter dem Bauchnabel. Er führte es mir vor, und ich tat es ihm gleich. Dann schritten wir zum Mittagessen.

Diese Einführung kam damals etwas abrupt, und ich war zögerlich, ob es sich nicht um eine schiefe Hippie-Ausschweife handeln würde. Heimlich probierte ich es in den Folgemonaten dann doch einige Male im Wald aus. Aber es rührte sich nichts. Stets war ich darauf bedacht, dabei von niemandem beobachtet zu werden. Irgendwie war das Geschehen dazu geeignet, bei Dritten befremdliche Fantasien auszulösen.

Alles hat seine Zeit. Zwei Jahre später stand ich nun vor meinem Lieblingsbaum mit der Frage, ob ich mit ihm reden könne. Ich trat einen Schritt zurück und formulierte den Gedanken: Kann ich mit dir Gespräche führen?

*Ja, warum nicht?*, vernahm ich eine Antwort in meinem Kopf.

Ich verband mich via Handbrücke – die Zeigefinger auf die Daumen geführt, die restlichen Finger aneinandergereiht – mit dem Baumstamm. Ich fragte: Darf ich mit dir in Verbindung gehen? Können wir reden?

*Ja, ich bin bereit.*

Das war nun allerdings schräg. Ich hielt kurz inne, schaute nach oben und legte meine Stirn sodann wieder auf den Baumstamm und fragte: Sollen wir zwei einander Gesprächspartner sein?

Sendepause. Nichts kam. Ich justierte meine Verbindung nochmals und formulierte meine Frage ein zweites Mal. Stille. Dann schlug ein Zapfen direkt neben mir am Boden auf. »Ein Zeichen«, lachte ich und musste an einen Film der britischen

Komikergruppe Monty Python denken. Ich suchte den Neuankömmling am Boden zwischen dem Gras. Frisch und freundlich funkelte er mich an. Ich hielt ihn gegen die Sonne, dankte dem Baum und steckte den Zapfen in meine Hosentasche. Er sollte mein Talisman für das anstehende Vorhaben sein.

Noch einmal nahm ich die Herzverbindung auf und formulierte meine Frage: Sollen wir Gesprächspartner sein?

*Ja. Aber nimm dir Zeit.*

Huch, es durchfuhr mich. Sie sprach also tatsächlich mit mir. Ein seltsames Geschehen. Ich spürte genau nach: Die Antwort auf die Frage nach der Erlaubnis zur Kontaktnahme kam noch irgendwo aus meinem Kopf. Aber als ich mit meinem Herz in Verbindung ging, da war es anders. Da sprach nicht mein Verstand. Da sprach gleichsam die Föhre *in mir.*

Aufgeregt drehte ich drei Runden um sie. Um zur Ruhe zu kommen, setzte ich mich nieder und lehnte mich mit angewinkelten Beinen an den Baumstamm.

»Kann ich dich alles fragen?«, wollte ich wissen.

*Jawohl. Tutti.*

(Ich musste grinsen. Wohl eine Schwarzföhre mit italienischen Vorfahren.)

Und von wo kommen deine Antworten?

*Von überall.*

Wie geht das?

*Ich bin verbunden.*

Womit?

*Mit allem.*

(Das klang vielversprechend. Ich schaute in die Baumkrone und sah die Äste sich im sanften Morgenwind wiegen. Wie

14

große Antennen griffen sie nach allen Seiten aus. Die Nadeln glänzten in der Sonne. Neben mir am Boden deutete sich im Gras ein mächtiger Wurzelstrang an. Eine Fläche so groß wie ein Handteller war offen gelegt. Ich begriff, dass ich hier auf einem Knotenpunkt unglaublichen Ausmaßes saß. Von hier gingen Verbindungen in die ganze Welt. Ins gesamte Universum.)

Wirst du auch Fragen stellen? (Eine Mischung aus Ironie, Neugierde und Unsicherheit lag in meinen Worten.)

*Jawohl.*

(Die kurze Antwort machte Eindruck. Das könnte unangenehm werden.)

Hast du auch Humor?

*Ja, Baumhumor.*

(Ich tippte auf den Baumstamm. Wohl eine Freundin kurzer Antworten, dachte ich mir.)

Wie lange werden wir reden?

*Für immer. Du hast die Pforte überschritten. Es gibt kein Zurück. Die Zeit ist reif. Wir finden, du hast ohnehin lange gebraucht.*

(Kokettierte die Föhre mit mir? Und was hieß hier »wir«? Ich schaute mich um. Die anderen Bäume standen still. Auf einer Eiche vis-à-vis äugte ein Eichhörnchen in meine Richtung. Ein kurzer Blickkontakt und weg war es.)

Darf ich der Welt über unsere Gespräche berichten? (Stille.) Oder soll ich sogar?

(Es kam keine Antwort. Meine Gedanken begannen zu rattern. Mein Verstand legte eine Strichliste mit Plus und Minus an. Ich holte mein Notizbuch aus dem Rucksack und machte einige Vermerke. Eine ältere Frau spazierte vorbei und musterte mich, nein uns, mit einem Lächeln. »Das ist ein inspirierender Ort«, meinte sie und verschwand zwischen den Büschen. Die Kirchenglocken aus dem kleinen Dorf am Rande des Waldes setzten ein und wirkten so nah, als wären sie direkt nebenan. Alles sehr seltsam. Vielleicht war das hier ohnehin nur Einbildung?

Mein Bandscheibenvorfall rief mich zur Bewegung. Ich stand auf und vertrat mir die Beine. Barfuß schritt ich durchs Gras, drehte ein paar Runden auf dem Baumaltar und schaute in die Ferne. Ich zog mein T-Shirt aus und spürte die Sonne auf meinem Oberkörper. Punktuelle Einträge in die Strichliste: Womöglich sei es eine kreativ-eigenwillige Form der Ego-Show, notierte ich. Vielleicht sei es ein himmlischer Auftrag der Offenbarung, hielt die andere Seite dagegen.)

*Es ist deine Arbeit. Hier im großen Weingarten.*

(Ah, sie sprach wieder. Ich hörte Kinderstimmen in der Ferne.)

Arbeiten für wen? In wessen Auftrag?

*Deine Arbeit als Autor. Als Gärtner des Lebens. Im Auftrag des Lebens. Für viele.*

Wer sind die vielen?

*Alle, die es auch ahnen. Alle, die in Verbundenheit sind oder gehen wollen. Es werden immer mehr.*

Was ahnen sie?

*Für alle, die die Geheimnisse des Lebens zwischen den Worten vermuten. Für alle, die über die Anmut der Erscheinungen unserer Welt staunen, sich daran erfreuen, daraus Kraft schöpfen. Für alle, die sich nach dem Guten, Wahren und Schönen sehnen. Die es fassen wollen und wieder verlieren. Die es in Form bringen und wieder in Zweifel verfallen. Du bist einer von ihnen. Mache!*

(Ein großer, grünmetallisch glänzender Käfer flog scharf an meinem rechten Ohr vorbei. Einen solchen hatte ich noch nie gesehen. Wunderschön. Und seltsam. Einer von der Sorte, der eigentlich gar nicht fliegen können dürfte. Der Körper zu groß, die Flügel zu klein. Die Wissenschaft würde ihm keine Starterlaubnis geben. Er fliegt trotzdem. Wahrscheinlich hat er nicht gefragt. Und sicherlich hat die Wissenschaft noch etwas übersehen.)

Also sogar gemeinsam schreiben. Wäre das ein esoterisches Buch? (Zweifel zogen in mir hoch.)

*Nein.*

Sicher?

*Ja. Doch manche werden es so beurteilen.*

(Ich hielt inne. Hallo, noch war nichts entschieden! Es lauerte eine Abrisskante. Das wollte ich genauer hinterfragen. »Bäumeumarmer« nennen mich die Leute manchmal, wenn sie mich auf der Straße erkennen. Oder »Flügelheber«. Das sind zwei Echos auf meine Arbeit als Parteigründer und ehemaliger Vorsitzender einer neuen Bewegung im österreichischen Parlament. Meine Liebe zur Natur, meine Leidenschaft für die Potenzialentfaltung und meine ganzheitlichen Ansätze brachten mir diese Spitznamen ein. Mitunter kokettierte ich auch selbst damit. Ich empfand sie als tendenziell positive Überhöhungen, auch wenn sie von manchen Menschen mit grober Häme aufgeladen wurden.)

Wäre es eine wissenschaftliche Abhandlung?

*Gewissermaßen. Aber nicht konventionell.*

Würde ich dafür »geschlagen« werden?

*Gelobt und geschlagen. Von beidem nicht mehr, als du aushalten kannst.*

(Okay. Eine gewisse Strenge war zu erwarten. Aber auch eine große Klarheit. Garniert mit Humor. Ich zupfte an meinem Hosenbein, um eine Ameise abzuschütteln, und beschloss, mich auf die Vorstellung des offensichtlich Möglichen einzulassen.)

Wird es gut sein für die Menschen?

*Ja, das ist die Absicht. Halte sie heilig.*

Was ist heilig?

*Du weißt es. Und jeder, der über unsere Begegnungen lesen wird, weiß es auch.*

Jeder? Auch jene, die zweifeln und spotten?

*In der Tiefe ihres Inneren ausnahmslos jede und jeder.*

(Ich runzelte die Stirn, blickte ringsum und schärfte meine Sinne. Der Morgen war dem Tag gewichen. Eine Heerschar an Insekten summte das Lied des Sommers. Ich hob mich geistig in die Äste des Nachbarbaums und bestaunte die Szenerie. Da saß also ein Menschenkind, mutterseelenallein, mit einem sprechenden Baum.

Was sollte ich nun machen mit dieser abwegigen Einladung auf weitere Gespräche, gar auf ein Buch? Sollte ich der Welt wirklich berichten? Ich spürte aufgeregte Freude. Doch gleichzeitig regte sich die Angst.)

Hm, das ist allerhand. Eine heftige Einladung.

*Du hast die Weichen gestellt. Du hast bekommen, wofür du den Mut hattest zu fragen. Fürchte dich nicht! Folge der Stimme deines Herzens!*

(Ich atmete tief durch. Ein Lächeln zog in mein Gesicht.)

Das werde ich tun. Lass mich ein paar Tage darüber schlafen.

# 2

## Der Weltgeist als Reiseleiter durch die großen Fragen des Menschseins

Endlich zurück. Hallo, »meine« liebe Föhre!

*Schön, dass du wieder da bist.*

Das hat gedauert, allerdings. Es war viel los, beruflich und familiär. Ich habe oft an dich gedacht. Manchmal hab ich mich hierhergewünscht, zu dir. Aber dann kamen wieder allerhand Termine und Aufgaben dazwischen. Ich will mir, wennschon, ordentlich Zeit nehmen.

*Das heißt, du hast eine Entscheidung getroffen?*

Jawohl. Wir beide haben eine Entscheidung getroffen. Lass uns das machen! Ich habe in den kommenden Monaten auch Tage für uns frei geräumt. Bist du einverstanden?

*Absolut.*

Hoho, ich bin positiv geladen. Und gespannt. (Ein Grinsen huschte über mein Gesicht.) Allerdings habe ich jetzt, bevor wir mit unserem Plan beginnen, noch keine klare Vorstellung, wie wir das konkret anlegen.

*Der Weltgeist wird uns führen. Er wird uns den Weg markieren, wenn wir nur aufmerksam hinschauen.*

Ah, der Weltgeist, das gefällt mir. Kein besserer Reiseführer wäre vorstellbar. (Mein Blick schweifte 360 Grad in die Umgebung.) Welche Markierungen hält er heute bereit?

*Was bringst du mit? Was regt sich in dir?*

(Ich spürte und dachte nach.) Freude. Und leichtes Kopfweh.

*Okay. Der Reihe nach. Freude worüber?*

Über uns. Ich habe das Gefühl, das ist etwas Großes. Es füllt mich mit Freude, dass es dich gibt, dass wir uns gefunden haben, dass wir in dieser Form miteinander verbunden sind. Ich spüre aufkeimende Begeisterung.

*Schön.*

Ja, voller seltsamer Anmut. Eine Wucht.

*Wucht inwiefern?*

Für mein Leben. Und für das von anderen Menschen. Wir werfen gemeinsam die Bälle weit hinein ins Feld.

*Und dann?*

Dann sind sie im Spiel. In Bewegung und Begegnung. Sind im Leben.

*Wir schaffen etwas gemeinsam. Wir schöpfen Lebendigkeit. Wir sind viele! Du bist nicht allein da.*

Wie meinst du das?

*Du bist mit ihnen allen gekommen.*

(Ich schaute mich um, doch an diesem frühen Samstagmorgen war weit und breit keine Menschenseele außer mir.)

*Du bist mit allen hier, die jetzt gerade dieses Buch in Händen halten.*

Aha. Du springst in der Zeit.

*Ja. Und offensichtlich kannst du es auch. Wir sind alle gemeinsam hier. Deine Gedanken sind ihre Gedanken. Deine Fragen sind ihre Fragen. Deine Worte sind ihre Worte.*

Das fühlt sich etwas freaky an. (Ich hielt kurz inne.) Das setzt mir zu, es macht Druck. Vielleicht sogar Angst. (Ich lockerte eine Verspannung in meinem Nacken.) Und nimmt das nicht etwas von der Intimität unserer Begegnung?

*Nicht wirklich. Du bist gerade im Kopf. Aber deine wahren Gefühle sind woanders. Spür mal nach!*

Hm, erwischt. Die wahren Gefühle sind positiver. Da ist Aufregung, Dankbarkeit, Freude. Ich spüre, dass ich verbunden bin mit so vielen Menschen, mit denen ich erst später in Kontakt komme. Da ist ein unsichtbares Band, das sich nicht an die herkömmliche Zeitdimension hält.

*Ja. Es gibt verschiedene Formen von Zeit. Darüber werden wir sprechen. Und du wirst über den Verlauf unserer Gespräche mehr Klarheit in deinen Gefühlen bekommen. Auch in deinem Kopf. Erzähl mir von deinem Kopfweh!*

Vielleicht ist es die Ungeduld. Ein gewisser Druck. Ich will jetzt loslegen. Vielleicht ist es die Angst. Vor dem Unbekannten, das mir begegnen wird. Vielleicht ist der Kopf einfach zu voll? Ich hatte eine Nacht mit wilden Träumen. Da ging es drunter und drüber.

*Erzähl mir von deinen Träumen!*

Ein Freund von mir hat in meinem Jugendzimmer zuerst sein Leben geschreddert – Stück für Stück an Aufzeichnungen – und dann sich selbst. Es war fürchterlich. Ich verließ das Haus und begegnete auf der Straße dem alten Pfarrer aus meinem Heimatdorf, der mit einer heiteren Schar an Menschen und einem Neugeborenen auf dem Weg zu einer Taufe war.

*Und dann?*

Dann bin ich verschwitzt aufgewacht, mit den Bildern des Schredderns im Kopf. Ich suchte mit meinem Fuß das Bein meiner Frau, um sicherzugehen, dass ich hier nicht allein im Dunkeln lag. Irgendwie packte mich die Angst. Als mich der Schlaf wieder übermannte, war ich in Monaco und sortierte nochmals die Bilder der letzten Tage. Mit wilden Fantasiestücken obendrauf. Eine Prozession von Lamborghinis, Ferraris und Bentleys fuhr hinauf zum Schloss des Fürsten. Schöne, reiche Menschen mit großen Sonnenbrillen und den neuesten Smartphones. Der Fürst trat, ausgestattet mit schwarzem Businessanzug und einer Bischofsmütze, aus der Kathedrale Notre-Dame-Immaculée und weihte die Gefährte und Fahrer. Die Fürstin stand im roten Kleid und mit purpurner Gesichtsmaske teilnahmslos daneben. Hinter der Maske lächelte sie distanziert. Dann ging sie schwimmen und war im Wasser beglückt wie ein Kind.

*Du warst tatsächlich in Monaco?*

Ja. Wir kamen gestern zurück.

*Aha. Dein Traum ging noch weiter?*

Ja. Dann war ich wieder im Hotelzimmer in Monaco und durchlebte nochmals die nächtlichen Erfahrungen unseres Kurzaufenthalts. Das war heftig. Ich war allein mit den Kindern dort, halb beruflich, halb privat. Wir hatten eine Durchgangstür, die uns akustisch in ein seltsames Treiben einband. Nächtliche Exzesse. Das laute Stöhnen weckte in der ersten Nacht meine älteste Tochter und mich. Wir lauschten fasziniert und irritiert zugleich. Die zweite Nacht exakt wieder um zwei Uhr wurden wir alle vier aus dem Schlaf geholt. Dieses Mal wurde das Geschehen mit wilden Musikbässen unterlegt. Mehrmals fiel die Tür ins Schloss, und zwischendurch setzte es plötzlich Schläge. Es wurde mir klar, dass es sich nicht um ein Liebespaar handelte, sondern um bezahlten Sex an der Grenze der Eskalation. Ich hatte schon den Hörer in der Hand, um die Rezeption zu verständigen, als es zu einem lauten Wortwechsel kam und die Tür heftig zugeschlagen wurde. Der Spuk war vorbei. Im Traum war es genau so, wie wir es erlebt hatten.

Anschließend an diese Sequenz saß ich mit meinem Geschäftspartner am Strand. Wir lachten und tranken Bier. Die Kinder schnorchelten fröhlichen Fischen hinterher. Sodann folgten einige Schlüsselszenen aus dem Agentenfilm von gestern Abend, der mich kurz in einen Terroranschlag in Berlin verwickelte. Der deutsche Bildungsminister beauftragte mich daraufhin mit einer Bildungsinitiative in Brennpunktschulen. Er verpflichtete mich auf die Entfaltung. »Die Talente sollen blühen!«, rief er mir zu.

Schließlich erzählte mir eine Bekannte vom Unfalltod ihres Bruders, und unsere Nachbarin schenkte mir einen Korb voller Tomaten aus ihrem Garten. »Ich habe geerntet«, lächelte sie mir zu.

»*Monkey mind*« *im Traummodus.*

Allerdings. Dann wachte ich endgültig auf, schnappte eine Trinkflasche und den kleinen Rucksack und brach zu dir auf. (Ich hielt inne.) Was machen wir nun mit diesen Träumen?

*Sag du!*

Irgendwie hatte ich beim Raufmarschieren über die Wiese die Idee, dass mir diese Träume die Themen für unsere Gespräche übermittelt haben. Wie viel Zeit und Platz haben wir?

*Ein ganzes Leben. Und vorerst mal ein ganzes Buch voll. Was sind nun diese Themen?*

Wie viele lassen sich sinnvollerweise in ein Buch packen? Machen wir ein gutes Dutzend?

*Einverstanden. Sag an!*

Also, ich sehe das Thema Geburt und Tod, Zeit und Raum. Woher kommen wir, wohin gehen wir? Gott und Religion. Sexualität, Exzess, Geld und Macht. Beruf und Erfolg. Schmerz und Freude. Mannsein, Frausein, Angst, Liebe und Glück ...

*Ein wildes Cross-over. Womit wollen wir beginnen?*

(Ich drehte den Föhrenzapfen, den ich bei unserem letzten Treffen mitbekommen hatte, in meiner linken Hand.) Mit dem Anfang. Und dem Ende. Dem Werden und Vergehen. Erzähl mir vom Menschsein!

*Ha, du bist gut. Du bist der Mensch. Fang du an!*

Gern. Bei unserem nächsten Treffen.

# 3

# Wir sind vergänglich und in göttliche Unendlichkeit gebettet

Wow, das war wieder eine lange Pause. Wir haben wohl noch keine Routine miteinander, oder?

*Ja, du bist offensichtlich sehr beschäftigt. Oder du hast andere Prioritäten?*

Ich habe dich zwischenzeitlich dreimal im Vorbeigehen gegrüßt. Aber es fehlte mir die Ruhe zu verweilen. Und heute hatte ich plötzlich ein großes Verlangen nach dir. Der Wunsch nach Tuchfühlung, mich zu spüren in Begegnung mit dir. Ich war richtig kribbelig. Aufgeregt wie ein Teenager. So bin ich in flotten Schritten heraufgelaufen.

*Was findest du hier?*

Ruhe. Schönheit. Dich. Mich. Uns. Die ganze Welt.

*Wo steigen wir heute ein?*

Sex, Tod und Geld. Die großen drei!

*Von mir aus gerne. Spür nochmals nach!*

(Ich nahm nach diesen Worten einen tiefen Atemzug und setzte mich auf den Baumstumpf neben dem mächtigen Stamm der Föhre.)

Hm, ich mag deine Baumkrone in der Abendsonne. Und wie deine Äste im Wind tanzen ... Wir könnten ja einfach sein.

*Kannst du das?*

Manchmal.

*Willst du das jetzt?*

Für ein paar Minuten. Einfach sitzen, schauen, staunen. Mich freuen. Ich bemerke, wie das Kind in mir unter deinen Ästen tanzt.

*Dann lass uns gemeinsam tanzen!*

Schön. Das erinnert mich spontan daran, wie ich als junger Mann einmal im heftigen Regen in der Unterwäsche zwischen den Obstbäumen tanzte. Da war ich so beglückt wie jetzt. Es war uferlose Freude ...

(Wir tanzten.)

*Ihr seid seltsame Wesenheiten, ihr Menschen. Für uns Bäume habt ihr etwas Unstetes. Einmal seid ihr unleidlich, dann wieder im Freudentaumel.*

Erwischt. Ich hatte gerade eine Auseinandersetzung mit den Kindern zu Hause. Die sind mir heute auf die Nerven gegangen. Und ich ihnen. Aber jetzt bin ich happy. Seid ihr manchmal neidisch auf die Wandelbarkeit der Menschen?

*Nein, so etwas kennen wir nicht. Wir schauen euch zu. Es ist, wie es ist.*

Wir hatten bei unserem letzten Treffen vereinbart, dass wir mit dem Anfang und dem Ende beginnen. Und du meintest, ich möge vorlegen. Also, woher kommen die Welt und die Menschen? Wohin gehen sie? Bereit?

*Jawohl. Du klingst vorbereitet.*

Yes, Madame. Ich erzähle dir, wie ich es sehe. Du sagst mir, ob ich richtig liege.

*So denken Menschen. Aber ja, erzähl mal!*

Also, das Universum ist unendlich. Es ist etwas, das wir Menschen als Erdlinge gar nicht fassen können, auch wenn wir es mit Sprache und Wissenschaft versuchen. Unsere Begriffe und Vorstellungen reichen nicht aus, den Kosmos zu begreifen. Wir können ihn umarmen, mit Liebe. Wir können ihn fühlen.

*Wann kannst du den Kosmos fühlen? Wie umarmst du ihn denn?*

Es passiert. Es ergreift mich. Erinnerst du dich? Im Frühjahr, einige Wochen vor dem Start unserer »offiziellen Partnerschaft«, war ich mit meinen Kindern auf einer Nachtwanderung hier oben. Wir lagen im Dunkel der Nacht unter deinen wogenden Ästen und schauten in die funkelnden Sterne. Bis Regentropfen aus dem Himmel fielen. Da spürte ich es. Da war ich in Liebe verbunden.

Oder vor einigen Jahren, als ich für meine Visionssuche fünf Tage im Wald verbrachte und eine Nacht am Feuer wachte. Da übermannte mich eine uferlose Liebe, eine Umarmung des Universums. Ich war plötzlich mit dem großen Ganzen verbunden. Alles war in mir, und ich war in allem.

Oder als unsere Töchter noch kleiner waren, da bin ich am Abend mit ihren Füßchen in der Hand versunken – jenseits von Raum und Zeit, in einer Glückseligkeit.

Oder wenn ich ganz und gar in einer Tätigkeit aufgehe, die mein Herz erfüllt, dann bade ich in Unendlichkeit. Raum ist Materie und Illusion zugleich. Zeit ist eine Erfindung von uns Menschen. Kann man das so sagen? Ist das richtig?

*Es gibt kein Richtig oder Falsch. Das ist eine Erfindung von euch Menschen. Und sie ergibt einen Sinn für euch. Tatsächlich*

*ist es unmöglich, in menschlichen Worten präzise über das große*
*Ganze zu sprechen. Als ihr euch für das Menschsein entschieden*
*habt, habt ihr euch dafür entschieden, in die Endlichkeit zu*
*gehen. Damit einher geht der Umstand, dass euch der Blick in die*
*Unendlichkeit verstellt und das große Ganze für euch ein Geheim-*
*nis ist. Mit viel Widmung könnt ihr es jedoch erahnen, erfühlen*
*und damit auch erleben. Du bist dem Geheimnis gut auf der Spur.*

Dann stimmt es also, dass wir Menschen auch eine außerzeitliche Wesenheit in uns tragen? Diese Klarheit ist in den
letzten Jahren in mir gereift: Mit unserer Fleischwerdung
betreten wir Raum und Zeit, wir bekommen eine endliche
Dimension dazu. Aufgrund ihrer materiellen Qualität dominiert diese Dimension unser Selbstverständnis. Sie nimmt all
unsere Sinne in Beschlag und verstellt uns den Blick in die
Unendlichkeit.

Die kleinen Kinder sind noch mit der Unendlichkeit verbunden, doch irgendwann mit den ersten Schuljahren kappen
wir die Verbindung. Wir sind dann Erdlinge ganz und gar.
Von Materie dominiert, geradezu besessen. Erst über die Jahre
und Jahrzehnte schaffen wir es – oder zumindest manche von
uns –, den Blick wieder über die materielle Dimension zu
heben. Manche von uns wachsen in ein größeres kosmisches
Verstehen. Aber die volle Klarheit bleibt uns verborgen. Oder?

*Gewissermaßen. Manche von euch finden sie, zumindest immer*
*mal wieder. Nämlich dann, wenn sie sich ganz und gar ergeben.*

Ergeben wem und was?

*Dem Sein in seiner Essenz. Und der willenlosen Liebe.*

»Nun aber bleiben Glaube, Hoffnung, Liebe, diese drei;
aber die Liebe ist die Größte unter ihnen.« Diese Bibelstelle
hat mich als Ministrant in der Kirche meines Heimatdorfes

immer fasziniert. Die kam einmal im Jahr an mir vorbei. Ich fand viele dieser Texte und Geschichten, mit denen ich mich zwangsbeglückt fühlte, belanglos oder daneben. Aber das war so eine Stelle, wo ich mich verfing. Und weißt du, was? Damals draußen, als ich diese Nacht allein im Wald am Feuer wachte, da war diese Bibelstelle plötzlich da. Fast dreißig Jahre nach meiner Ministrantenkarriere. Die Liebe, die müssen wir noch extra besprechen. Die interessiert mich sehr.

Wow, siehst du den Sonnenuntergang? Ein orangefarbener Feuerball.

*Ja, alles ist im Fluss. Es ist ein ewiges Werden.*

Wohin gehen wir Menschen, wenn wir untergehen? Wenn wir sterben?

*Du hast dir die Antwort bereits gegeben. Ihr bleibt die, die ihr immer wart.*

Also unsere fleischliche Hülle zerfällt, und wir gehen als außerzeitliche Wesen zurück in die Unendlichkeit.

*Genau so.*

Und ist es gut dort?

*Es wird gut sein. Es ist deine Heimat.*

Es ist also ein frohes Heimkommen. Wir müssen uns nicht vor dem Tod fürchten?

*Das Fürchten gehört zum Menschsein dazu. Aber wenn du dich ganz der Liebe ergibst, dann löst es sich auf.*

Kann man das üben?

*Ja. Jeden Tag. Im Großen und im Kleinen.*

Kannst du mir eine Übung mitgeben?

*Ich habe dir bei unserem letzten Treffen einen meiner kleinen Zapfen geschenkt. Schau ihn einmal täglich liebevoll an. Du wirst bemerken, dass das etwas mit dir macht.*

Okay. Das werde ich tun. (Ich prüfte in der Außentasche meines Rucksacks, ob der Föhrenzapfen noch da war.)

Sag, unser Planet, er wird irgendwann verglühen? In ein schwarzes Loch gezogen? Oder von unserer Sonne verzehrt? Was ist das Schicksal unserer Mutter Erde?

*Sie war lange vor euch Menschen da und wird sich noch lange nach euch drehen. Nach universellem und göttlichem Ermessen sind all diese Fragen jedoch nicht relevant. Denn die Erde ist gleichzeitig hier und überall. Sie ist.*

Sie ist ganz einfach. Sie kann nicht nicht sein?

*Sie ist. Immerwährendes Hier und Jetzt. Und überall.*

Da tu ich mich schwer, das zu verstehen.

*Du kannst es nur mit deiner außerzeitlichen Dimension verstehen. Nicht mit deinem Kopf. Nimm es in dein Herz mit – als Ahnung.*

Okay. Und wohin gehen Bäume, wenn sie sterben?

*Wir bleiben. Wir zerlegen uns und stehen wieder auf. Wir sind atomare Ewigkeit, so wie die Menschen in ihrer materiellen Dimension. In unserer außerzeitlichen Dimension sind wir alle eins.*

Das heißt, da drüben sind wir dann alle eins? Wie soll das gehen? Dann gibt es ja nichts außer uns?

*Wir sind alles und alles ist in uns. Das ist für Menschen unfassbar.*

Und wer hat das so erfunden?

*Du stellst Menschenfragen. Gerade hast du selbst noch gesagt, das Universum sei unendlich. Und wir haben festgestellt, dass es aus sich heraus existiert. Und dann willst du wissen, wer es erschaffen hat? Die Antwort lautet: Es ist.*

Dann gibt es keinen Gott?

*Doch.*

Wo ist er? Oder wie schaut sie aus?

*Wir. Wir sind Gott. Wir gemeinsam sind Gott.*

Okay. Okay. Das ist … viel. Groß. Das muss ich setzen lassen. Ich bin also Gott, oder so irgendwie ein Teil von Gott?

*Nein. Wir – alles zusammen – sind Gott.*

Jaja, wir gemeinsam. Ich bin quasi göttlicher Kleinaktionär … derweilen in fleischlicher Hülle.

(Ich zog einen Pullover aus dem Rucksack. Es war frisch geworden.)

Das ist ein anderes Gottesbild, als ich im Religionsunterricht und in der katholischen Kirche gelernt habe.

*Unterscheide zwischen Gott und Religion.*

Das tue ich. Und ich werde noch genauer darüber nachdenken. Lass uns das noch weiter vertiefen.

(Ich griff nach meinem Rucksack und stand auf.)

Für heute ist es Zeit für mich aufzubrechen. Es warten noch Besorgungen in der Stadt. Ich bin ein Kind der Materie – du verstehst.

(Neckisch lächelnd berührte ich den Baumstamm und blickte nach oben ins Geäst.)

*Ich sehe und verstehe. Alles Gute einstweilen!*

Bis demnächst, meine Liebe!

# 4

# Wie sich Zweifel in Absicht und gerichtete Energie wandeln

*Willkommen zurück. Heute in Begleitschutz von Fliegern?*

Du bist wohl zu Späßen aufgelegt, »meine« liebe Föhre. Aber ja, ehrenvoll begleitet. Zwei Eurofighter-Kampfjets, vermute ich. Doch ich komme in friedlicher Absicht. Siehst du sie? Ich kann sie nur hören.

*Über den Wolken.*

Das ist die Fliegerstaffel zum Nationalfeiertag. Wie auch immer, ich bin froh, wieder hier zu sein. Die letzten Tage war ich matt, voller Selbstmitleid, mit zynischen Anwandlungen. Meine Frau hat mich heute auf den Weg zu dir geschickt für einen feiertäglichen Besuch. Sie hat schon bemerkt, dass mir unsere Begegnungen guttun. »Der hilft dir, gut zu dir zu kommen«, meinte sie.

Weißt du, ich hab dir inzwischen einen Spitznamen gegeben: GRB. Gestiftet von einer guten Freundin. Sie hat auf ihrer Joggingstrecke einen Baum, mit dem sie ab und an spricht. Sie nennt ihn GRB, ihren »Göttlichen Resonanz-Baum«. Mit ihrer Zustimmung habe ich den Namen übernommen, weil er zutreffend ist. Also, ich grüße dich, »mein« Göttlicher Resonanz-Baum.

*Grüß Gott. Ich fühle mich erkannt. Was steht für uns zwei heute an?*

Ich bin mir noch nicht sicher. Meinst du, die donnernden Eurofighter sind ein Hinweis? Politik? Krieg und Frieden? Nationalfeiertag – das Thema »Staat«? Oder »Geld«? Da donnern gerade ein paar Millionen Euro über unsere Kronen und Köpfe. Oder das Thema »Religion« – nachdem wir beim letzten Mal schon beim Thema »Gott« waren? Oder meine Rückenschmerzen?

*Ich will alles. Hier und jetzt.*

Hey, nicht lustig machen über mich, sonst box ich dich.

*Achtung, nicht gut für deinen Rücken.*

Du bist ein Komikerbaum.

*Jetzt komm erst mal an.*

Einverstanden. Lass mich mich an dich anlehnen. (Ich zupfte meine Sitzunterlage zurecht.) Die Sonne blinzelt durch die Nebeldecke, schau!

(Wir schweigen einige Minuten.)

Hörst du die Vögel, und spürst du den Wind in deinen Ästen? (Stille) Sag, wir Menschen können nicht nichts wollen, oder?

*Kaum je, soweit ich euch verstanden habe. Selten seid ihr willenlos ergeben, manchmal gelingt es euch, mit einem offenen Willen durch die Welt zu gehen, doch meistens wollt ihr etwas.*

Ist das gut, ist das schlecht? Warum ist das so?

*Weil es euer Wesen ist. Ihr habt den freien Willen. Schau da drüben, dieser kleine Vogel, er sucht nach Insekten im Boden und an den Baumstämmen. Er tut es, ohne nachzudenken. Einen*

*Willen kennt er nicht. Er ist darauf programmiert, das so zu machen. Ihr seid auch programmiert in vielem. Doch darüber hinaus habt ihr den freien Willen bekommen. Daher gehört das Wollen zu euch dazu. Es ist okay. (Es folgte eine Pause.) Was willst du jetzt?*

Mich noch besser spüren. Einfach sein. Ich melde mich in Kürze.

(Ich lehnte mich nach vorn, legte mein Notizbuch zur Seite und nahm einen Schluck heißen Tee.)

Warum fährt der Wind in manche Äste, und die Nachbaräste bleiben unberührt? Was ist das für ein seltsames kleines Tier auf meinem linken Knie? Wohin ziehen diese Vögel hoch oben im Himmel? Was denken sie wohl über Kampfflugzeuge? Und was sind das für Menschen, die einfach ihren Dreck im Wald liegen lassen? Stört dich das?

*Was meinst du? Deine Fragen oder der Abfall, den die Menschen hier zurücklassen?*

Erwischt. Ich weiß es auch nicht. Jede Beobachtung löst offensichtlich Fragen aus. »Monkey mind« – meine Gedanken hangeln sich schon wieder von einem Ast zum nächsten. Kein Ende in Sicht. (Ich schüttelte meinen Kopf und meine Glieder.) Ich will jetzt mal kurz die Willenlosigkeit feiern. Geht das?

(Die Föhre schwieg. Ich legte mich in ganzer Länge auf den Boden und schaute den Wolken beim Ziehen zu.)

Ich spüre, wie Spannung aus meinen Gliedmaßen entweicht. Nun lieg ich da wie ein Stück Fleisch auf der Oberfläche eines runden Planeten. Zwischen Himmel und Erde. (Stille.) Doch nein, ich bin ein beseelter Körper. Macht das einen Unterschied? Der Planet würde sich auch ohne mich weiterdrehen. Zweifelsohne. Warum also dieses ganze Trara? Warum nehmen wir Menschen uns so wichtig? Warum nehme ich mich so wichtig? (Ich setzte mich auf.) Soll ich hier wirklich weiterschreiben? Wessen Wille ist das? Und wer schreibt da – mein Ego, mein höheres Selbst, du als göttliche Quelle?

(Gemeinsames Schweigen.)

Ich las den bisherigen Text vorgestern Irene und den Kindern vor. Es war berührend. Wir lagen zu fünft im Bett und es war schon spät. Aber alle waren aufmerksam dabei. »Dieses Buch darf nie erscheinen«, reagierte eine Tochter. Doch ich glaube, sie meinte die Szene im Nachbarzimmer im Hotel in Monaco. »Papa, ist das wirklich echt? Schreibst du da oben? Warum erzählst du uns das nicht?«, meinte eine andere Tochter. »Ich erzähl es ja jetzt. Ich lese es euch vor«, antwortete ich. Auch einem Kollegen berichtete ich von unserem Projekt. Was er davon halte, wollte ich wissen. Er liebt Bücher und ist einer der besten Verleger des Landes. »Na ja, das ist eine Weichenstellung«, meinte er. Ähnlich eine Freundin – sie schwieg und schmunzelte, als ich von unserem Plan erzählte. Hm, ich frage mich, ob ich dieses Buch tatsächlich machen soll.

*Falls ja, machen wir das gemeinsam. Ich bin bereit. Forme du deinen Willen! Die Zeit ist reif.*

Du meinst, die Zeit ist reif für eine Entscheidung?

*Nein, du hast schon entschieden. Dein Herz ist klar, deine Intuition auch. Deine Ratio zweifelt. Du musst deinen Willen nochmals aufladen. Du musst dich aufrichten!*

Aha. Aufrichten. (Ich stand auf.) Die Absicht als gerichtete Energie. Geschöpft aus meinem »Inneren Ort«. So meinst du das, oder?

*Jawohl. So meine ich das. Und du weißt, dass du es machen wirst. Und du weißt auch, warum.*

(Ich schloss die Augen, spürte meinen Inneren Ort.)

Ja, ich will. Und ich werde. Wir werden! Wir machen das gemeinsam. Aus Liebe zur Lebendigkeit. (Ich legte meine Hände auf den Baumstamm.) Das fühlt sich klar und gut an. Ich danke dir für die Geduld. Und für den Zuspruch.

Jetzt werde ich meinen geformten Willen in den ganzen Körper rütteln. Es zieht mich hinauf zur Aussichtswarte. Ich bin in rund einer Stunde wieder zurück. Bis gleich!

# 5

# Staaten und Religionen
# als Gestalten, von und für
# uns erschaffen

Die Bewegung hat mir gutgetan. Sie hat meine Klarheit weiter bestärkt.

*Schön.*

Lass uns heute über den Staat reden und auch das Thema »Religion« noch vertiefen. (Ich nahm einen Schluck Tee und richtete mich ein.) Brauchen wir Menschen Staaten und Religionen?

*Sie sind von euch gemacht. Sie haben einen Sinn. Es gab Zeiten, da hattet ihr keine Staaten, aber solange ihr so viele seid, werdet ihr sie auf diese oder jene Weise behalten.*

*Was die Religion betrifft – auch daran haltet ihr euch fest. Ihr werdet immer etwas für geheiligt erklären und drumherum gemeinsame Regeln bauen. Selbst jene, welche die Religion abschaffen wollen, machen es so.*

Doch viele Religionsführer sagen, ihre Religion sei von Gott gesetzt. Die Wahrheit Gottes, dieser Gott habe sie uns Menschen offenbart. Nun sagst du, Religion ist von uns Menschen erfunden.

*So ist es. Ihr erwacht mit euren Sinnen und euren Erkennt-*
*nisgaben auf dieser Welt und ihr müsst euch dazu verhalten.*
*Daher legt ihr euch eine Weltsicht zurecht – individuell und*
*gemeinsam. Ihr braucht einen Rahmen, innerhalb dessen ihr*
*euch bewegt. So entstehen unter anderem Religionen, ebenso*
*wie Staatsgebilde.*

Du meintest, es ist wichtig, zwischen Gott und Religion zu
unterscheiden.

*Ja, da liegen Welten zwischen. Nämlich die von euch ima-*
*ginierte Welt. Ihr erschafft Religion, um mit Wertvorstellungen*
*Menschen zu beeinflussen. Ihr setzt damit Moral und Disziplin,*
*um das Denken, Fühlen, Verhalten und Handeln von Menschen*
*zu prägen.*

Will Gott Religion?

*Gewissermaßen. Es entspricht dem Wesen des Menschen in*
*seiner aktuellen Entwicklungsstufe. Religion ist damit eine Kon-*
*sequenz der göttlichen Ordnung.*

Doch Religionen befördern oft sehr schräge Gottesvorstellungen. Wenn wir beginnen, Gott zu denken, wird es zeitwei-
lig verhängnisvoll.

*Mitunter seid ihr dabei einfältig. Ihr habt eine Tendenz, Gott*
*menschliche Züge zu verpassen.*

Seltsam menschliche Züge! Da habe ich schon als Jugendlicher immer den Kopf geschüttelt: Einerseits steht in der Bibel:
Du sollst dir kein Gottesbild machen. Andererseits hangen
wir unsere Kirchen voll damit. Obendrein drangsalieren wir
unsere Kinder und Mitmenschen mit einem Bild von einem
Gott, der rachelüstern, zornig und selbstsüchtig ist. Als hätte
er die sündigen Menschen erschaffen, um eine milliarden-
schwere Heerschar an unvollkommenen Bewunderern und

Anbetern zu versammeln. Das geht nicht in meinen Kopf. Und auch nicht in mein Herz.

*Manche Gottesvorstellungen sind neurotische Ersatzhandlungen oder eine Form der Machtausübung.*

Wer oder was ist dann Gott tatsächlich?

*Ihr könnt ihn nicht in Gesichtern, Kilogramm oder Worten erfassen. Gott IST. Gott ist die Summe aller Ordnungen des Seins, der Hintergrund alles Existierenden, der Puls des Weltgeistes. Versuche, das zu spüren, mehr, als zu denken.*

(Ich nahm einen tiefen Atemzug und lehnte mich mit geschlossenen Augen an den Baumstamm.)

Hm, ja, ich erahne etwas im Spüren.

*Bleib dran! Gehe in Begegnung. Diese Art des Gebets wird dir guttun. Es wird dir viele Offenbarungen und Frieden schenken. Du wirst erkennen, dass alles, was du in deinem Alltag erlebst, vorübergehender Natur ist.*

(Ein Tausendfüßler machte Anstalten, sich auf mein Bein zu begeben. Ich lenkte ihn mit einer kleinen Barriere aus Zweigen und Borkenteilen in die Gegenrichtung.)

*Alle Formen sind Ausdruck des Göttlichen. Die Gesamtheit des Kosmos ist ein lebendiger Organismus. Diese Lebendigkeit wohnt in allem.*

Okay. Und wie verhält sich dann jetzt dieses Göttliche zur Religion?

*In Raum und Zeit gebunden, materialisiert sich diese Lebendigkeit in Gestalten aller Art. Religion ist so eine.*

Ist also Religion gut oder schlecht?

*Das ist eine Menschenfrage. Wohl beides. Je nachdem, was ihr daraus macht.*

Und ist der Staat gut oder schlecht?

*Dito. Er ist eine soziale Gestalt, wie ihr euch organisiert. Ihr seid viele und in Raum und Zeit gebt ihr euch Formen.*

Das heißt, Staat und Religion werden auch morgen noch da sein und unser menschliches Leben prägen?

*Ja. Doch sie werden ihr Gesicht wandeln. Ihr entwickelt euch als Wesenheit weiter. Ihr seid am Sprung in ein neues Bewusstsein.*

(In dem Moment schoss eine junge Frau hinter dem Baumstamm hervor und machte ein Foto von mir. Ich erschrak. Doch nur kurz. Es war unsere mittlere Tochter. Die jüngste Tochter brachte gelb leuchtende Eichenblätter mit und legte sie an den Baumstamm. »Schau, das hab ich für deinen Baum mitgebracht.« – »Ein schöner Ort«, meinte Irene. Meine Familie holte mich für eine Herbstwanderung ab. Ein prächtiger Nationalfeiertag. Ich packte meinen Rucksack, strich über den Baumstamm und blinzelte in die Krone.)

Das neue Bewusstsein – das interessiert mich heiß. Lass uns das bei unserem nächsten Treffen fortsetzen.

# 6

# Das neue Bewusstsein
# und Wege in den Frieden

Welcome back. Einmal schaffen wir's noch, bevor es kalt und feucht wird. (Ich richtete mir eine Sitzunterlage zurecht und holte meinen Laptop aus dem Rucksack.)

*Jawohl. Du wirst dich warm anziehen müssen.*

Ich möchte an unserem letzten Gespräch anknüpfen: das neue Bewusstsein. Ich merke, da bin ich wild hin- und hergerissen. Ein Hoch auf die Moderne mit ihren Errungenschaften von Wissenschaft, Technik und aufgeklärter Demokratie. Gleichzeitig spüre ich, dass etwas nicht rundläuft. Dass etwas nicht stimmig ist in der Art, wie wir leben. Und dann sind da alternative Entwürfe von Religion, Esoterik sowie Ver- und Beschwörungstheorien aller Art …

*Und?*

Na ja. Ich habe meine Thesen dazu. Ich bin freilich ein Kind der Aufklärung und auch der Postmoderne. Ich stehe auf den Schultern des erwachten Geistes. »Sapere aude. – Wage es, weise zu sein!«, wie die alten Römer meinten. Oder wie es Immanuel Kant zum Leitspruch der Aufklärung ausrief: »Habe Mut, dich deines eigenen Verstandes zu bedienen!«

*Jetzt kommt ein Aber? Du bist dir nicht sicher.*

Sowohl als auch. Ich bin mir sicher, dass die Aufklärung gut war und uns weit getragen hat und künftig weit tragen wird. Gleichzeitig erahne ich, dass wir in der ganzen Betriebsamkeit auch etwas verwechselt haben. Wir sind in den Exzess gegangen. Was glaubst du?

*Ich sehe, welche außerordentlichen Gaben ihr Menschen habt. Beispielsweise die Vernunft, die ihr über die letzten Jahrhunderte beachtlich kultiviert habt. Aber ja, ihr verwechselt laufend Dinge.*

Welche zum Beispiel?

*Viele halten die Menschheit für die Krone der Schöpfung. Für einen vorläufigen Endpunkt. Da muss ich euch enttäuschen.*

Worin liegt die Täuschung?

*Allzu oft glaubt ihr, das zu sein, was ihr beobachtet. Und dadurch spaltet ihr euch von anderen Sphären ab.*

Von welchen anderen Sphären?

*Vom großen Ganzen. Vom Universum. Ihr seid eine Funktion des Universums, ihr seid Teil des universalen Seins. Hier gibt es keine Über- oder Unterordnung. Es ist alles eins. Ihr jedoch müsst immer teilen. Und herrschen. Freilich, ihr wollt immer das Verborgene entdecken, das Neue erobern, das Große erfassen. Doch dabei wird euer Blick oft so eng, dass ihr euch an das Detail fesselt und die Verbindung mit dem großen Ganzen verliert.*

Ich glaube zu verstehen, was du meinst. Was siehst du, wenn du nachts in den Himmel schaust?

*Ich blicke in die Unendlichkeit. Ich bin da draußen zu Hause. Und auch hier. Was siehst du?*

Ich sehe Tausende Sterne. Einen uferlosen Ozean an Raum. Ich erahne Unendlichkeit. Und ich weiß, dass die menschlichen Annahmen über das Universum sehr vorläufige sind. Mal waren es Götter, mal Himmelslichter. Gerade noch waren es ein paar Millionen Gestirne, dann plötzlich Milliarden Galaxien mit Trillionen von Sternen. Wir haben gestern anders auf den Nachthimmel geschaut als heute. Und wir werden morgen auch wieder anders drauf schauen.

*Doch nun vermesst ihr die Sterne wissenschaftlich.*

Ja. Das ist ein Gamechanger. Die Wissenschaft lässt uns heute weit ins Universum schauen. Doch auch ihre Botschaft ist immer nur eine vorläufige. Das ist in allen wissenschaftlichen Bereichen so. Freilich verstehe ich unser Streben, einen Sinn zu finden in dem, was wir erkennen können. Aber es scheint mir unangemessen, die Wissenschaft absolut zu setzen.

*Welcher Sinn erschließt sich dir persönlich angesichts des Nachthimmels?*

Mir wird klar, dass es weniger um die Anzahl der Galaxien, Sterne und Planeten geht als mehr um Ehrfurcht. Wir sollten bei allem wissenschaftlichen Tun und Treiben nie die Ehrfurcht verlieren, die Achtung vor dem Geheimnis. Weil es offensichtlich ist, dass wir als Menschen nie alle Geheimnisse entschlüsseln werden.

*Da habe ich von euch Menschen schon anderes gehört.*

Manche halten uns für den Endpunkt der Schöpfung und setzen unsere Erkenntnisse für absolut. Es scheint mir geradezu lächerlich, das zu glauben. Auch die wissenschaftliche Evidenz legt nahe, dass es sich dabei um Überheblichkeit handelt. Wir sind ein kleiner Tropfen Vergänglichkeit, gerade einmal ein paar Zehntausend Jahre unterwegs auf diesem einen Planeten unter Trillionen anderen. Gebunden in Raum und Zeit. Wir können diesen Planeten mit unseren physischen

Körpern nicht einmal verlassen, mit der Ausnahme einer Handvoll Erdlinge, die es auf den Mond geschafft haben. Wie kann man angesichts dieser Beobachtungen auf die Idee kommen, dass wir das Maß der Dinge wären? Was kannst du zur Verteidigung der Menschen vorbringen?

*Na ja, immerhin habt ihr erstaunliche Dinge zustande gebracht. Ihr baut hohe Häuser, ihr wollt jetzt auf den Mars fliegen, ihr besiedelt Wüsten aus Sand und Eis, ihr werdet immer mehr. Bei einer Spezies mit dieser Form von Bewusstsein schafft dies offensichtlich ein eigentümliches Selbstbewusstsein.*

Ach, meine liebe Föhre, du bist großzügig. Ja, wir haben Großes geschaffen. Und wir werden immer mehr. Dennoch sind die Ameisen zahlreicher als wir Menschen. Von den Bakterien und Viren ganz zu schweigen. Sie könnten sich ob ihrer Überzahl als die wahren Herrscher begreifen. Sie waren schon da, als wir Menschen noch weit in der Zukunft schliefen, und sie werden noch da sein, wenn wir längst einen Abgang gemacht haben. Die Gestirne haben Milliarden Jahre ohne uns getanzt, und es ist naheliegend, dass sie dereinst auch wieder ohne uns weitertanzen. Manchmal pack ich die Arroganz von uns Menschen nicht.

*Ich sehe, du wirst leidenschaftlich. Was hat euch so arrogant werden lassen?*

Entschuldige, das wird jetzt zu einer Therapiestunde für ein Menschenkind. Aber es tut mir gut, Dampf abzulassen.

*Es ist okay. Ich höre dir zu.*

Also, was hat uns überheblich werden lassen? Ich denke, das ist eine Mischung aus vielem – religiöse, politische, wissenschaftliche, gesellschaftliche Entwicklungen. »Macht euch die Erde untertan«, haben wir in der Bibel gelesen. Das haben wir wörtlich genommen. Wir halten uns für die Meister alles Lebendigen und Toten. Wir haben die Geister überwunden und halten uns nun für den Motor des Weltgeistes. Doch das ist eben eine dieser Verwechslungen. Der Weltgeist durchweht uns. Aber wir sind nicht sein Motor. Was meinst du dazu, sag's mir!

*Alles Existierende ist eins. Manche eurer Kulturen und Religionen haben das begriffen und gleichzeitig kippt ihr immer wieder aus dieser Erkenntnis hinaus. Dann verliert ihr euch. Sowohl als Einzelmenschen – beispielsweise wenn ihr zu gierig oder geschäftig werdet. Oder als Gesellschaften, wenn ihr in materielles Raffen kippt oder euch in Kriege verstrickt. Du selbst hast von einem Exzess gesprochen. Welchem genau?*

Ich meinte die Aufklärung als Exzess. Natürlich ist sie auch ein Segen. Wir haben an vielen Orten der Welt die Geiseln dunkler Geister abgeworfen. Wir erbringen keine Menschenopfer mehr, um Götter zu besänftigen. Wir verbrennen keine Mitmenschen mehr, um einer religiösen Ordnung zu dienen. Früher, wenn ein Gewitter über uns hereinbrach, hielten wir es für eine Strafe Gottes. Blitze waren Abgesandte des erbosten Himmels. Seit einigen Jahrhunderten halten wir dieses Treiben für eine luftelektrische Entladung, verbunden mit komplexen meteorologischen Erscheinungen. Das nenne ich einen Fortschritt.

Gerade die Naturwissenschaften haben uns so viele positive Entwicklungen gebracht. Wir heilen Krankheiten, die uns früher heftig drangsaliert und millionenfach getötet haben. Wir leben statistisch gesehen doppelt so lange – zumindest in den Industrieländern –, wir fliegen in weit entfernte Länder, wir können jederzeit über große Distanzen miteinander in

Kontakt treten. Dank Wissenschaft und Technologie ist das Leben heute mit unzähligen Annehmlichkeiten gefüllt. Mir ist bewusst, dass ich Teil der ersten Generation in der Geschichte unserer Spezies bin, die im Winter in ein automatisch vorgewärmtes Zuhause heimkommt, während in unseren Breitengraden über Zehntausende Jahre die Kälte den Winteralltag bestimmte. Das sind große Sprünge in der Art, wie wir leben. Und gleichzeitig war und ist die Aufklärung ein Exzess. Eine orgiastische Maßlosigkeit, die über diesen Planeten rollt.

*Ich sehe, deine Gedanken rollen auch. Wohin willst du?*

Ich will an einen Punkt, wo ich Frieden finde. Kannst du mir dabei helfen?

*Was ich tun kann, ist, dir zuzuhören. Und Fragen zu stellen. Ab und an einen Gedanken einzuwerfen. Lass uns das weiter vertiefen und schauen, wo sich Frieden findet. Der Frieden ist ein Weg, mehr als ein Punkt.*

Wie meinst du das?

*Das Sein und unser Universum sind ein ewiges Werden. Hörten wir auf zu werden, hörten wir auf zu sein. Lass uns schauen, ob wir an einen Punkt kommen, wo sich Wege in den Frieden erschließen. Berichte mir noch genauer von eurem Exzess!*

Die Aufklärung hat für die abendländische Kultur die Fenster weit geöffnet und uns Menschen aus der Unterdrückung durch Geister und Götter befreit. Immanuel Kant formulierte es so: »Aufklärung ist der Ausgang des Menschen aus seiner selbst verschuldeten Unmündigkeit.« Wir beschlossen, unsere Angelegenheiten von der Vernunft leiten zu lassen anstatt durch Religion oder Aberglauben. Natürlich waren und sind da die Fesseln der Tradition und irdischer Machtsysteme. Gerade die Populisten und Verschwörungstheoretiker spielen heute weltweit wieder die prärationale Karte und gewinnen damit großen Zulauf.

*Wo steht der Siegeszug der Vernunft in deiner Wahrnehmung?*

Er ist weder absolut noch abgeschlossen. Dennoch haben wir das »Glauben-Müssen« ein gutes Stück weit durch ein »Wissen-Können« ersetzt. Gleichzeitig haben wir uns Menschen als »Herren« eines von Aberglauben entzauberten Geschehens installiert und streben nun unentwegt der Optimierung dieser Welt zu.

Dieses Streben nach Optimierung wurde von der Verheißungslehre zur Obsession. Wir sind besessen davon. Die Wissenschaften bescheren uns eine immer schneller werdende Wissensexplosion, und technologische Revolutionen erweitern unaufhaltsam unseren Handlungsradius. Doch dann kam Sand ins Optimierungsgetriebe: Wir wähnten uns schon in der vollen Machbarkeit, auf dem Weg zum »Homo Deus«. Aber beim Durchschreiten der Pforte dieser Erkenntnisexplosion beginnen wir zu erahnen, dass jede Antwort zusätzliche Fragen aufwirft und dass unser Erkennen nie ein vollständiges sein wird. Das macht mit unterschiedlichen Menschen Unterschiedliches. Manche ignorieren diese unterschwellige Einsicht. Andere macht es zynisch, weil sie nach Gott auch den Glauben an die absolute Machbarkeit verloren haben. Sie geben sich in Beruf und Freizeit einer kleinteiligen Optimierung ihres Lebens hin. Es ist uns unterwegs dieser oder jener Glaube abhandengekommen. Jetzt optimieren wir einfach weiter um der Optimierung willen.

*Das heißt, ihr habt die Zuversicht und die Hoffnung verloren?*

Interessant, dass du es in diese Ecke bringst. Ja, vielleicht ist das so. Hoffnung ist wohl stark eine Domäne der Religion, weniger der Wissenschaft. Aber ja, auch Wissenschaft ist eine Form des Glaubens. Wir verbanden mit wissenschaftlichem Fortschritt die Hoffnung auf eine bessere Welt. Insofern funktioniert sie auch als Religionsersatz oder Quasireligion. Wie ist das mit der Hoffnung aus deiner Sicht?

*Hoffnung ist die Spannung zwischen dem, was schon ist, und dem, was noch nicht ist. Sie ist die Grundlage der Sinnsuche für euch Menschen. Du persönlich hoffst nun offensichtlich, Wege in den Frieden zu finden.*

Ja, ich habe den Eindruck, wir sind gut unterwegs. Der Weg entsteht im Gehen. Beim lauten Denken kommen mir Ideen. Lass mich nochmals zusammenfassen, um dann die nächsten Schritte zu machen: Bevor wir uns der Vernunft bemächtigten, waren wir auf den Aberglauben zurückgeworfen. Unsere prärationale Zeit war die These, die Aufklärung damit die Antithese. Doch wir Menschen neigen dazu, in die Übertreibung zu gehen, wenn wir die Antithese ausrollen. Das ist bei jeder Revolution so. Und am Ende frisst sie ihre Kinder. Also ist es wichtig, die Antithese zu überwinden und in die Synthese zu kommen. Wir müssen integrieren!

*Das heißt, jetzt gerade werdet ihr gefressen?*

Gewissermaßen fressen sie uns auf, die Folgen der Aufklärung, jawohl. Sie rauben uns den Frieden mit uns und der Welt. Wer in der Obsession der ständigen Optimierung um der Optimierung willen lebt, der empfindet sich und die Welt als ungenügend. Als sinnlos. Das wiederum macht maßlos. Wir sind an einem schwierigen Punkt der Geschichte angekommen. Das hat etwas Bedrückendes. Kannst du mir helfen?

*Hilf dir selbst!*

Verstehe. Findest du, wir Menschen sind tatkräftige, schöpferische Wesen?

*Allemal. Ihr habt den aktuellen Zustand geschaffen. Ihr könnt ihn verändern.*

Das heißt, es kann morgen auch anders sein.

*Ganz offensichtlich. Eure Geschichtsbücher sind voller Erzählungen dazu. Was ist dein Traum?*

Was ist mein Traum?

(Ich legte mein Notizbuch zur Seite und ließ meinen Blick in den Himmel schweifen. Zum ersten Mal realisierte ich gerade wieder, wo ich war. Eine Taube hatte sich im Geäst des Nachbarbaums niedergelassen. »Was machen Tauben im Wald?«, dachte ich mir. »Welche Wege führen in den Frieden?«, sinnierte ich vor mich hin. Träume flogen mir zu und verließen mich wieder. Für einen unbestimmten Moment war ich aus der Zeit gekippt. Am anderen Ende der Lichtung kreuzte ein Fuchs das Feld. Jetzt war ich wieder da und überflog auf einem Papierzettel die Notizen, die ich mir gemacht hatte.)

Ich habe Träume. Klare Vorstellungen. Ich habe fünf Wege gefunden, die in den Frieden führen.

*Das klingt vielversprechend. Teile sie mit mir und der Welt!*

Zuallererst finde ich es tröstlich, ja ermutigend, dass alles ein stetes Werden ist. Alles fließt. Ich beginne zu begreifen, was die alten Griechen damit meinten.

Zweitens komme ich zur Auffassung, dass es an der Zeit ist für eine Versöhnung zwischen Spiritualität und Naturwissenschaften. Beide erzeugen sie Sinn. Es hat mich immer schon fasziniert, dass viele Physiker auf ihr Alter hin philosophisch, geradezu spirituell werden. Wenn wir den Blick heben, dann erkennen wir, dass Wissenschaft und Spiritualität einfach zwei unterschiedliche Sinnsprachen sind. Wir müssen uns nicht für eine entscheiden. Wir können Wissen und Weisheit versöhnen.

Auch hilft mir das Erkennen, dass wir Teil der Natur sind. Wir können uns nicht final abspalten. Wir können uns nur entfremden, uns für etwas anderes halten. Doch wir sind ebenso Teil der Natur wie Teil des Universums, so, wie du es mir beschrieben hast. Das zu spüren ist eine Wonne. Und es entlastet mich vom Müssen. Das bringt mich ins Sein.

Sodann glaube ich, dass Ehrfurcht und Urvertrauen wichtig sind. Wenn wir anerkennen, dass wir ebenso in Erkenntnisse wie in Geheimnisse gebettet sind, dann macht uns das demütig und dankbar. Demut und Dankbarkeit wiederum sind wichtige Schlüssel zur Freude und zum Glück. Und zum Frieden.

(Ich hielt inne und sortierte meine Notizen.)

*Vier an der Zahl. Deine fünfte Klarheit?*

In Summe glaube ich, dass wir uns selbst ganz anders sehen und erleben können, als das derzeit dominant in unseren Gesellschaften geschieht. Kein sich ignorant optimierender Homo sapiens, der sich zum selbstgefälligen Herrscher der Welt aufschwingt. Lasst uns groß vom Menschen denken, von seiner Geschichte und seiner Zukunft, von seinem schöpferischen Sein! Doch lasst uns unsere Spezies begreifen als eine Wesenheit, die ganzheitlich in das Gesamtsystem eingebettet ist: eingewoben in den unendlichen Kosmos, verbunden mit allem, was war, ist und sein wird.

*Du hältst hier eine Ansprache an einen Baum. Du solltest deine Botschaft zu den Menschen tragen!*

Das werde ich, »meine« Föhre. (Ich sprang auf.) Das hat mir jetzt sehr geholfen. Es gibt mir Kraft und Lebensfreude. Ich glaube, wir sollten und werden diese Gedanken und Klarheiten vertiefen.

(Ein rotbräunliches Eichhörnchen auf der Föhre nebenan warf einen interessierten Blick auf uns.)

Heute habe ich viel geredet. Kannst du nächstes Mal wieder mehr sprechen?

*Lässt sich das so leicht unterscheiden, wer hier spricht?*

Hm, auch darüber werde ich nachdenken. Es wird kühl, meine Finger sind schon steif. Ich muss jetzt heim. Ich freu mich auf die automatisch geheizte Wohnung.

Ein Hoch auf die Wissenschaft!

# 7

# Innehalten und Waldbaden

(Der Winter hielt Einzug. Drei Tage nach Weihnachten zog es mich hinauf zu meiner Föhre. Ich hatte kein spezifisches Thema im Kopf, aber die Sehnsucht nach einem Treffen.)

Frohe Feiertage wünsch ich dir. Hattest du gute Zeiten, mein lieber Baum?

*Der Winter ist für uns ein Sterben. Um im Frühjahr wieder-aufzuerstehen. Alles bleibt im Fluss, wie du weißt. Was bringst du mit?*

Ich habe heute keine Frage mitgebracht. Was sollen wir tun?

*Das ist eine Frage.*

Okay. Du meinst, wir können einfach sein?

(Ich lehnte mich an den Baumstamm und blinzelte in die Sonne. Gedanken zogen an mir vorbei. Ebenso ein Schwarm großer schwarzer Vögel. Mit lautem Gekreische ließen sie sich auf der Eiche in der Mitte der Lichtung nieder.)

Gibt es eine Neujahrsbotschaft, die ich für die Menschen mitnehmen soll?

(Erst dachte ich, er würde nachdenken. Dann überlegte ich mir, ob er im Winter wohl langsamer fließen würde, mein Baum. Doch dann kam eine Antwort.)

*Sie sollen öfter Bäume umarmen. Das tut uns beiden gut.*

(Ich musste grinsen. Diese Botschaft würde ich als weithin bekannter »Bäumeumarmer« gerne unter die Menschen tragen.)

Wird erledigt. Für Zweifler gibt es mittlerweile genügend evidenzbasierte Eindeutigkeit. Der Kontakt mit euch tut uns gut. Shinrin-yoku, Waldbaden, wie die Japaner dazu sagen. Das ist dort seit den Achtzigerjahren wissenschaftlich geadelt und wird von Millionen Inselbewohnern betrieben. Eigene Waldtherapiepfade haben sie kultiviert. Langsam halten die Studien und Erkenntnisse dazu auch bei uns Einzug.

*Gut, sing das Lied. Laut und klar! Und von Herzen, dann wird es ankommen.*

Das war's für heute. Okay? Einfach ein gemeinsames Innehalten.

*Du lernst.*

Immerzu. (Ich lachte. Es folgte längeres gemeinsames Schweigen. Stille.)

Eine Frage habe ich noch: Ich mache im Januar, wie schon die letzten Jahre, meine »Einkehr mit mir selbst«. Da gehe ich allein auf Reisen, es wird wohl eine Insel auf der Südhalbkugel werden. Ich würde dich am liebsten mitnehmen. Ich bekomme dort sicherlich Lust auf einen gepflegten Austausch. Was lässt sich da machen?

*Wir zwei funktionieren auch über Distanz. Falls es »Verbindungsprobleme« gibt, wende dich an meine Schwester, die Palme, oder befrag das Meer.*

Du meinst, wir haben eine Art Standleitung zueinander, wo auch immer ich mich befinde?

*Nicht zwingend. Aber grundsätzlich ja.*

Wie soll ich das verstehen?

*Du wirst erkennen, dass wir immer dann verbunden sind, wenn du mit dir selbst, mit deinem Inneren Ort, mit deinem Höheren Selbst verbunden bist. Du bist allezeit eingeladen, an diesen Inneren Ort zu kommen, wo auch immer du dich befindest.*

Das heißt, ein Einkehrschwung bei mir – und schon steht die Leitung?

*So leicht wird es dir nicht immer fallen. Du bist gerne beschäftigt und auch leicht abgelenkt. Aber du kannst die Einkehr bei dir selbst üben, und irgendwann wirst du es mit einem Fingerschnippen schaffen, unsere Verbindung zu aktivieren.*

Wow, das werde ich trainieren. Und wenn es auf der Insel damit hakt, dann wähle ich mich über eine Palme ein. (Ich musste lachen.) Bis dann! Hab einen guten Jahresbeginn und zügig nach meiner Rückkehr werde ich hier salutieren. Cheerio!

# 8

## Fülle, Lebendigkeit, das Recht,
## zu blühen und zu reifen

(Es dauerte ein paar Tage, bis ich gut bei mir war und »eine Verbindung« aufbauen konnte. Wenn ich mich so geradeheraus in ein neues Land stürze, dann ist das ein Ausbruch von Lebenshunger für mich. Ich will sofort eintauchen, die Landschaft, die Häuser, die Menschen sehen, hören, spüren, riechen, erleben, verstehen.

Ich war auf Sansibar in Tansania gelandet. Es zog mich sogleich an Orte, die nicht für Touristen vorgesehen waren, und in kleine Lebensgefahren, um mich dem Kribbeln des Abenteuers hinzugeben. Der Junge in mir, der auszieht, um die Welt zu erobern, übernahm in dieser Zeit vorübergehend das Kommando.

Nach einigen Tagen bekam ich mich »erwachsen« ein und bemerkte, dass es Zeit und besser sei, wieder gut in meiner Mitte anzukommen. Das ermöglichte mir dann, gut mit »meiner« Föhre in der Ferne Kontakt aufzunehmen.)

Ich grüße dich von »meiner« Insel!

*Ich freue mich, von dir zu hören. Ich war mir nicht sicher, ob wir die Fernverbindung schaffen.*

Hakuna Matata – alles in bester Ordnung. Ich brauchte einige Anläufe. Jetzt verstehe ich, dass ich den Lärm und die vielen Reize hinter mir lassen muss. In der Stille schlussendlich kann ich mich gut mit dir verbinden.

*Wo befindest du dich gerade?*

An der Ostküste von Sansibar. Angelehnt an eine junge Palme. Ein prächtiges Lebewesen. Daniele, ihr Gärtner, sagt mir, dass sie erst vor drei Jahren hier angekommen ist, bereits als junger, erwachsener Baum. Aber sie hat sich am neuen Standort gut verwurzelt.

*Hast du's schön und geht's dir gut?*

Ja, alles gut. Die Insel ist prächtig. Gerade hängen zwei große Kokosnüsse über mir, zwei Dutzend kleinere verteilen sich in den Fächerästen.

*Die lebendige Fülle, die hier aufgeht. Die Natur wuchert mit Überfluss, an so vielen Orten auf diesem Planeten.*

Das pralle Leben. Ich spüre es so gut, wenn ich aus meinem Alltag austrete.

*Wann fühlst du dich besonders lebendig?*

Hm, da gibt es viele Varianten. Ich hatte in den ersten zwei Tagen hier auf der Insel den Kick des Abenteuers, der mich mit meinem betrunkenen »neuen Freund« John mitten in der Nacht ins Krankenhaus führte. Das war eine aufgewühlte Lebendigkeit, die sich stark aus jugendlicher Abenteuerlust und später aus dem Überlebenstrieb nährte. Ich bemerkte jedoch, dass es eine wühlende Lebendigkeit ist, wie ein Wildbach nach einem Gewitter. Es hat in seiner exzessiven Dynamik vorübergehende Qualität. Es kann nicht immer so weitergehen. Und es kann auch ins Destruktive kippen, dort, wo es nur noch um Kick, um die Sucht nach Intensität geht.

*Also hast du beschlossen kürzerzutreten?*

Jawohl. Glaubst du, steht mir dieser punktuelle Ausbruch an jugendlicher Lebendigkeit mit meinen bald fünfzig Jahren zu?

*Alles in Maßen. Aber du nimmst jedenfalls deine Bedürfnisse ernst. Gut so. Und davon hast du ohnehin mehrere.*

Offensichtlich. Da war das Bedürfnis nach Grenzerfahrung. Dann kam das Bedürfnis nach Ruhe, der Wunsch, einfach zu entspannen. Da wird es dann schon zum Abenteuer, wenn meine Haut im Wind, in der Sonne und im Wasser badet. Mein gesamtes System fährt in den Frieden, meine Wahrnehmungen werden genauer und achtsamer. Ich kippe in ein frohes Staunen. Plötzlich werden die Natur, die Umgebung und das Leben anderer Menschen zu meinem persönlichen, stillen Abenteuer.

*Wie zum Beispiel?*

Wie zum Beispiel vorgestern. Da saß ich in meiner Strandhütte am Rande eines Dorfes an der Nordspitze der Insel und beobachtete das Meer und die einheimischen Männer bei ihren Arbeiten. Ein Team von zwölf Männern legte ein großes Netz zusammen. Zwei Frauen mit bunten Kleidern brachten Eimer vorbei. Daneben trugen zwei Burschen einen Bootsmotor auf ihr kleines, selbstgemachtes Wassergefährt. Eine junge Frau saß unbewegt da und schaute eine ganze Stunde in die Wellen. Eine Gruppe von Burschen spielte in bunt leuchtenden Sportshirts im Sand Fußball. Und dann kam ein Mann mit einer großen Taucherbrille und einem Metallspeer aus dem Wasser und setzte sich genau unter mein Fenster. Er hatte drei Fische und einen mächtigen Oktopus gefangen. Er schabte die Schuppen von den Fischen, schnitt sie auf, entfernte die Eingeweide, wetzte sein Messer an einem großen Stein und fädelte sodann Seegras durch die Öffnungen, die er gestochen hatte. Schon war er fertig. »Ist seine Arbeit für heute erledigt?«, fragte ich mich. »Ist das sein Leben?«

*Und, was glaubst du?*

Ich weiß es nicht. Wahrscheinlich hat er noch andere Aufgaben und Pflichten. Einige Stunden später sah ich ihn mit seinen Kollegen beim Reparieren von Fischernetzen. Dazwischen lag er für zwei Stunden auf einem Baumstamm und schlief. »Wie fühlt sich dieses Leben an?«, fragte ich mich. Ich werde es nie wissen. Es bleibt ein Geheimnis für mich.

*Ist das okay für dich? Oder möchtest du in das Geheimnis eindringen?*

Es ist okay für mich. Es ist ein Geheimnis unter Millionen Geheimnissen, durch die ich mich bewege. Ich freue mich und bin dankbar, dass ich bei ihm zu Gast sein durfte. Obwohl er davon nicht einmal Kenntnis schöpfte.

*Würdest du gerne mit ihm tauschen?*

Nein, ich mag mein Leben. Ich bin dort, wo ich hingehöre.

*Glaubst du, er würde gerne mit dir tauschen?*

Das glaube ich in seinem Fall auch nicht. Er wirkte ruhig und zufrieden. Bei den jungen Burschen, die mich am Strand ansprechen, da denke ich mir schon, dass sie gerne tauschen würden. Raus aus einem Lebensumfeld, wo man mit einem Dollar pro Tag sein Durchkommen fristet. In touristischen Gegenden vielleicht etwas mehr. Und freilich gibt es auch hier finanziell wohlhabende Menschen. Aber in der Breite ist es ein ganz anderes materielles Spiel.

Dennoch: Ich habe sie im Dorf tanzen gesehen – Frauen, Männer, Kinder, Jugendliche. Drei Tage lang habe ich den

Jungs beim Fußballspielen zugeschaut. Jeden Nachmittag kommen sie um dieselbe Uhrzeit. Sie feiern das Leben! So wie die Palme mit den Kokosnüssen.

Ich habe die Frauen in der Hauptstadt, in Stone Town, beim Morgensport am Strand beobachtet – wie sie in ihren langen Kleidern samt Kopfbedeckung ihre Verrenkungen machen. Manche mit keuchender Mühsal, andere mit leuchtender Leichtigkeit. Oder der Junge, der sich aus einem kleinen Plastikkanister und sechs Deckeln einen Dreiachser gebaut hat, den er stolz durch den Sand zieht. Natürlich habe ich auch die Beach Boys und die Prostituierten erlebt, die ihren Körper für ein paar Dollar anbieten. Und aus manchen Augen schauten mich Krankheit und Drogensucht an. Ich weiß nicht, ich maße mir kein Urteil an.

*Du nimmst empathisch wahr. Wer verlangt ein Urteil von dir?*

Na ja, manchmal ich selbst, wenn ich mich nicht zurücknehme. Dieses harte Urteilen ist zu oft eine Form der persönlichen Erleichterung. Du hast schon recht: Die Lebenserfahrung hat mich gelehrt, in der Empathie und Wahrnehmung zu bleiben und nicht ins distanzierte Urteil zu kippen. Wenn ich das schaffe, bemerke ich, dass dies meine Liebe und meinen inneren Frieden nährt und meine Beziehungsfähigkeit stärkt. Doch wir sind anders trainiert. Wir sind auf schnelles Urteil ausgerichtet. Das nimmt uns manchmal den Druck, den wir verspüren ob der vielen Reize und Wahrnehmungen. Doch es bleibt mir auch die Freiheit, den Druck nicht anzunehmen.

*Eindeutig.*

Dazu fällt mir mein Abendspaziergang mit Ajala ein. Wir nächtigten in derselben Unterkunft. Sie ist Inderin und arbeitet als internationaler Consultant in Dubai. »Ich weiß nicht, ich glaub, die haben sich aufgegeben«, meinte sie, als wir an einer Gruppe junger Männer vorbeizogen. Sie verwies auf die hohe HIV- und Malariarate sowie die wirtschaftliche Misere. »Ich glaube, sie sind nicht so ambitioniert, sie nehmen das einfach so hin«, ergänzte sie.

Es ist in der Tat ein bizarres Schauspiel, wenn sich die Obdachlosigkeit den Strand teilt mit Luxustouristen: die gemachten Brüste und aufgespritzten Lippen russischer Schönheiten auf der Sonnenliege eines exklusiven All-inclusive-Hotels, das vierhundert Dollar pro Nacht verrechnet; einen Meter daneben die Karawane junger Massai, Rucksacktouristen, Glücksritter verschiedenster Art, Prostituierte, Aussteiger und Einsteiger aus allen Himmelsrichtungen. Es ist für uns Menschen nicht immer einfach, so viele Impulse und Widersprüche zu verarbeiten und das alles auf einen Nenner zu bringen.

*Das verstehe ich.*

Was ist der gemeinsame Nenner all dessen?

*Es ist das echte Leben. Hier wie dort.*

Ja, eh. Jedenfalls widersprach ich Ajala. »Nein, das glaube ich nicht, dass sie sich aufgegeben haben.« Aber ja, es ist ein anderes Leben. Mit anderen Herausforderungen. Und ich habe wenig bis keine Ahnung davon. Sie bekommen meinen Respekt. Ajala lenkte ein – wohl musste sie ihren zahlengetriebenen Consultant-Modus dafür etwas herunterfahren. Wir verstanden beide, dass ihr schnelles Urteil eher eine Bewältigungsstrategie für zu viele Widersprüche war.

Dabei sind gerade die Inder Großmeister im Umgang mit Gegensätzen und Ambivalenzen. Als mich vor zwei Jahren die österreichische Botschafterin anlässlich einer Indienreise dazu einlud, drei Tage in der Botschaftsresidenz zu nächtigen, da staunte ich über den Luxus im diplomatischen Viertel in Neu-Delhi. Botschaft an Botschaft reiht sich da entlang großzügiger grüner Straßenzüge. Jedes Land hatte einst seinen Platz zugewiesen bekommen. Offensichtlich wurde die Widmung neben der österreichischen Botschaft nicht genutzt. So bildete sich vor Ort rasch ein Slum. Die Botschafterin meinte, dass sie angesichts der hohen Wasser- und Stromrechnungen auch davon ausgehen müsse, dass ihre Leitungen angezapft seien. Dem gegenüber sei man ein gutes Stück weit ausgeliefert. Ich beäugte das Armenviertel vor der Haustür am ersten Tag mit großer Skepsis, am zweiten Tag mit Interesse und am dritten Tag beschloss ich hineinzugehen. Mein unspektakuläres Resümee: Hier wohnen Menschen. Ja, das echte Leben, hier wie dort.

*Jedes Leben hat das Recht, in seinen Bedingungen zu blühen, zu reifen, Ernte zu tragen. Und ihr Menschen habt obendrein die besondere Freiheit, eure Bedingungen weitgehend selbstaktiv ändern zu können. Das ist euer großes Privileg im Kreis der Lebewesen hier auf Erden. Nutzt sie!*

Sagst du das mir persönlich oder uns als Menschen? Und wozu sollen wir dieses Privileg nutzen?

*Zur Fülle und Lebendigkeit.*

Das heißt was genau?

*Für jeden Menschen etwas anderes. Nimm dich wahr, spüre dein Wesen und deine Potenziale. Das Leben ist eine Einladung zur Entfaltung.*

Einverstanden. Es sind so viele Eindrücke hier. Und so viele Erkenntnisse. Das liebe ich am Reisen. Lass uns das morgen fortsetzen. Ich hatte ein paar Begegnungen, von denen ich dir erzählen wollte: von John, den ich blutüberströmt ins Krankenhaus brachte, von Mister Andwele, der von früh bis spät seine Cannabistüte raucht, und von meinem Taxifahrer Hamisi, der fünfmal täglich betet und dies auch von seinen Töchtern erwartet.

*Was haben die drei gemeinsam?*

Hm, gute Frage. (Ich stand auf und tippte auf die zwei großen Kokosnüsse.)

Alle drei Begegnungen hatten etwas Vibrierendes. Ja, es geht wahrscheinlich um Intensität. Um das intensive Leben. Auch um Drogen. Ich überleg's mir noch. Jetzt hüpf ich erst mal ins Wasser. Die Sonne ist dabei unterzugehen und ich wage mich raus. Mein Sonnenbrand und meine Magenverstimmung haben mich heute den ganzen Tag über im Schatten ruhen lassen. »White man problems«, wie Ajala sich belustigte.

*Frohes Schwimmen. Und grüß mir die Wellen!*

## 9

## Intensität, Drogen und
## die Kammlinie zum Abgrund

(Wieder verstrichen ein paar Tage. Ausflüge hatten mich aufs Wasser hinausgetragen. Abends genoss ich den Sonnenuntergang, sinnierte Schiffen am Horizont hinterher und studierte das Treiben am Strand. Mein Rückflug nach Europa war für morgen gebucht. Heute Abend und vielleicht auch noch morgen Vormittag wollte ich nochmals mit »meiner« Föhre ins Gespräch kommen. Ich besorgte mir eine Kokosnuss mit Trinkhalm, rückte mir eine Liege zurecht und suchte die Sterne zwischen den langen Fächerblättern.)

*Ich hab auf dich gewartet. Willkommen zurück, du Jäger des intensiven Lebens.*

Allerdings. Aha, du willst unmittelbar an unser letztes Gespräch anknüpfen?

*Ja.*

Erzähl mir davor kurz von daheim: Meine Töchter haben mir ein Bild von dir geschickt. Du stehst in einem prächtig weißen Kleid da. Der Winter ist über dich gekommen!?

*Und wie! Es hat einen ordentlichen Satz Schnee gegeben. Alles glitzert.*

Du magst das?

*Ja. Der Schnee bringt funkelnde Ruhe. Eine große Zierde des Lebens.*

Da freu ich mich schon drauf. Ich mag ihn auch. Derweilen genieße ich jedoch noch die Sonne und die warme Luft hier. (Ich legte mir frohgemut meinen Notizblock zurecht.) Lass uns loslegen!

*Okay. Wir hatten ins Auge gefasst, das intensive Leben zu besprechen.*

Ja, ich will besser verstehen, warum wir Menschen die Intensität so vehement suchen. Kannst du mir auf die Sprünge helfen?

*Ihr seid vielschichtige Wesen. Wir sprachen über Fülle – auch sie ist intensiv. Ihr könnt die Intensität gar nicht vermeiden. Aber ihr könnt sie gestalten. Ihr habt einen Verstand, der euch erlaubt, eure Vergänglichkeit zu begreifen. Doch mit eurem Geist allein lässt sich das offensichtlich schwer fassen. Oft treibt euch eine diffuse Angst vor dem Tod durchs Leben und in die Hände fragwürdiger Intensität. Diese Angst, etwas zu verpassen, verleitet euch auch immer wieder in die Gier. Wie keine andere Spezies auf diesem Planeten habt ihr die Neigung zum übermäßigen Horten, die Tendenz zum Raffen.*

Ich auch?

*Bist du ein Mensch? Ja, auch du hast diese Tendenz in dir. Es ist Teil eurer Grundausstattung. Und dann kommt es darauf an, wie ihr damit umgeht. Wie schaut dein persönlicher Umgang damit aus?*

Erwischt. Ich bin wohl ein Gespaltener. Ich bin kein großer Materialist, aber dann doch manchmal. Lass mich nachdenken.

(Eine Frau in einem leuchtend gelben Kleid zog an mir vorbei und grüßte mich mit einem Lächeln. Ihre großen Brüste präsentierte sie attraktiv verpackt nach oben gedrückt in einem weiten Dekolleté. In ihrem Haar leuchtete eine gelbe Blume. »Aha, wow, ist die echt oder nicht?«, fragte ich mich.)

Weißt du, manchmal klopft die Gier an und ich weise sie zurück, manchmal geht sie einfach mit mir durch. Oder ich mit ihr. Dann merke ich aber recht bald, dass es mir nicht guttut, dass es mich nicht zufrieden macht.

*Im menschlichen Raffen wohnt kein Frieden. Wo hast du das erkannt?*

Ach, in vielen Bereichen. Ich hatte eine Phase, da war mir die Jagd nach vielfältigen Sexualkontakten sehr wichtig. Später habe ich verstanden, dass mich »das Fressen« in diesem Bereich nicht satt macht. Natürlich, diese Erkenntnis eliminiert den Appetit nicht gänzlich. (Ich schaute der gelb leuchtenden »Miss Africa« nach.)

Etwas banaler und alltäglicher erlebe ich es bei der Nahrungsaufnahme – immer wieder mal zu schnell, zu viel, zu unachtsam. Und danach weiß ich: Das Gieren tat nicht gut. Oder beim Geld: Ich hielt mich für nicht verführbar. Doch für die Rückzahlung unseres Eigenheimkredits hatte ich alles auf ein sich rasant entwickelndes Wertpapier gesetzt. Ich blendete sämtliche Warnsignale aus. Dann kam der Kollaps dieses Unternehmens und all mein Erspartes war über Nacht verschwunden.

*Was hat das mit dir gemacht?*

Es hat wehgetan. Mich seltsamerweise aber auch belustigt. War ich zu gierig? Manchmal kann ich es bis heute nicht glauben. Gleichzeitig hat es mich weiser gemacht und seltsam vitalisiert. Ich habe begonnen, mein Verhältnis zum Geld zu verändern. (Ich hielt inne und schaute aufs Meer hinaus.)

Das Thema »Geld« habe ich ohnehin auf dem Zettel für meine Gespräche zurück in der Heimat. Heute wollte ich mit dir noch ein paar Begegnungen hier auf Sansibar erörtern.

*Welche?*

Meine Begegnung mit John beispielsweise. Ich traf ihn nach einem Barbesuch in Stone Town an Mitternacht auf der Straße, direkt vor dem früheren Wohnhaus von Freddie Mercury. Ich bin ein Queen-Fan. Diese Musik ist großes Akustikkino. Ultimativ intensiv.

»I won't be a Rock Star. I will be a Legend«, triumphierte mir Freddie Mercury mit einem Zitat auf der Hauswand entgegen. Daneben die Einladung zum Besuch des Mercury-Museums. »Come on, Freddie«, grüßte ich zurück. »Du bist eine Legende. Aber du bist auch tot. Was sagt uns das über das Leben?«

Direkt bei der kleinen Museumspforte stand ein junger Mann und verwickelte mich in ein Gespräch. Schlussendlich beschlossen John und ich, gemeinsam um die Häuser zu ziehen. Wir tanzten an Plätzen, wo Touristen keinen Zugang hatten. Wir feierten das Leben und den Alkohol. Doch der nächtliche Ausflug endete mit meiner Schockernüchterung, als John am Straßenrand bewusstlos zu Boden sackte. Als er nach einer Stunde wieder zu sich kam und nach einem Dämmerzustand plötzlich unkontrolliert zu laufen begann, endete dies bereits nach wenigen Metern mit einem Frontalaufprall auf dem Asphalt. Das Blut quoll aus einer offenen Wunde über dem linken Auge. Es wurde ein ziemliches Abenteuer, ihn ohne polizeiliche Meldung ins Krankenhaus zu bringen und dort nähen zu lassen. Das war meine erste Nacht hier auf der Insel. Als wir uns schließlich um halb sieben in der Früh verabschiedeten, war ich hellwach. »Was ist das?«, fragte ich mich. »Die Jagd nach Intensität?«

*Sag du es mir!*

Ja, wahrscheinlich. Doch nehmen wir es weg von mir. Gerade heute las ich auf meinem Smartphone von einer internationalen Studie, die zutage fördert, dass die Schottinnen und Schotten am häufigsten betrunken sind – gezählte 33,8-mal pro Jahr im Durchschnitt. Dicht gefolgt von England und Australien. Aber getrunken wird so ziemlich quer über den Planeten. Warum tun wir das?

*Du wirst an den Stränden deiner Insel unterschiedliche Fälle erleben. Solche, die sich betrinken, um der Intensität zu entfliehen. Und solche, die sich betrinken, um in die Intensität zu kommen. Euer ganzes modernes Leben dreht sich um die Intensität.*

Wie soll ich das verstehen?

*Ihr habt mit euren Erkenntnissen und Erfindungen das Leben nicht grundsätzlich intensiver gemacht. Das Leben war immer schon intensiv. Aber ihr habt die menschliche Jagd nach Intensität verdichtet. Sie dominiert euch. Das macht euch zu Getriebenen.*

Gib mir Beispiele!

*Ihr habt zum Beispiel die Nacht zum Tag gemacht. Stell dir eine Welt ohne künstliches Licht vor und versuche zu ermessen, wie du sie wahrnimmst. Spür hin, wo dadurch die Jagd nach Intensität zum Erliegen kommt!*

(Ich legte mich flach in den Sand und begann, meinen Lebensalltag und meine aktuelle Reise ohne künstliches Licht durchzuspielen. Ein Abenteuer der Entschleunigung, aber jedenfalls ein großes Abenteuer.)

Ja, du hast recht. Es ist anders. Aber es bleibt intensiv. Ich kann mir kein Leben ohne Intensität vorstellen. Und das mit der Elektrizität und dem Licht liegt schon einige Generationen zurück. Gib mir ein aktuelleres Beispiel!

*Natürlich gibt es kein menschliches Leben ohne Intensität. Ihr habt die Sinne und ihre Wahrnehmungen und ihr habt Gefühle und Emotionen. Das sind menschliche Grundkonstanten über alle Epochen hinweg. Was sich ändert, ist die Art, wie ihr diese befeuert und wie ihr mit ihnen umgeht. Schau auf dein Smartphone! Das hat euch verändert. Fast überall auf der Welt. Zu Milliarden seid ihr dieser neuen Droge verfallen. Und gerade erst wird es euch bewusst.*

Findest du das schlimm?

*Ich bin ein Baum. Ich werte nicht in euren Kategorien. Du bist ein Mensch. Findest du es schlimm?*

Ja, schon. Ich bin da selbst grenzwertig unterwegs. Manchmal muss ich mich bewusst von dem Teil fernhalten, damit es mich nicht dominieren kann. Wenn ich jungen Menschen zuschaue, wie sie mitunter den ganzen Tag in diesen Geräten verschwinden, dann ist mir klar, dass wir einen hohen Preis bezahlen. Es ist die Synthetisierung von Lebendigkeit, eine vorgegaukelte Vitalität. Eben keine originäre Lebendigkeit, sondern eine digital erzeugte. Die meisten Apps werden genau so programmiert, um uns süchtig zu machen. Doch was soll ich tun – das Teil im Meer versenken und dann werde ich glücklicher?

*Das fragst du mich?*

Ja!

*Ihr habt es erschaffen. Es ist Teil eurer Welt. Nun greift es nach Platz. Und ihr seid gefordert, ihm einen Platz zuzuweisen. Ihr*

*Menschen werdet nie aufhören, zu erforschen, zu entdecken, zu erfinden. Das ist euch in eure Wesenheit eingeschrieben.*

Und?

*Und wenn ihr etwas entdeckt, erforscht oder erfunden habt, dann müsst ihr einen Umgang damit finden. Dann gibt es kein Zurück mehr. Dann müsst ihr euch dazu ins Verhältnis setzen. Ihr müsst das Neue integrieren – und zwar so, dass es euch nicht krank macht oder umbringt. Individuell und kollektiv.*

Das sind große Worte. So leicht sind wir Menschen nicht um die Ecke zu bringen.

*Na ja, möglich wär's schon. Wie viele Atombomben habt ihr aktuell gelagert?*

Das ist jetzt ein weiter Sprung. Ich will nicht sagen, das sei irrelevant. Das Smartphone liegt mir aber näher. (Ich schaute auf mein Handy und sah, dass mir meine Tochter via Instagram ein Foto geschickt hatte. Ich antwortete mit einem Kuss-Smiley.)

*Hallo, noch da?*

Ja, ich denke nach. (Kurze Pause.)

Die Bomben, die beschäftigen mich schon auch. Kaum gibt es noch Abendnachrichten, die ohne Bomben auskommen. Seit Kindestagen werde ich fast täglich mit Informationen über Kriege berieselt. »Warum hört das nie auf?«, frage ich mich gelegentlich. Ich habe den Eindruck, über all die Jahrtausende war der Krieg – vor allem für uns Männer – auch eine Antwort auf die Sehnsucht nach Intensität. Was sagen die Bäume zu dieser Hypothese?

*Definitiv. Meine Brüder und Schwestern berichten mir davon aus sämtlichen Teilen der Welt.*

Und auch die Religion. Ja, auch die Religion, oder?

*Absolut. Schau dir die Religion im Alltag an. Sie ist äußerst intensiv.*

Ja, sie nimmt sich mancherorts ein verdammtes Monopol auf Intensität heraus. Letztere wird nämlich von ihr in vielen Bereichen verboten, um sie im Alleinvertretungsanspruch zu befördern. So eine religiöse Feier ist schon heftig: die Gebäude, die Rituale, die Inszenierung, die Bilder, die Klänge, die Gewänder, die Geschichten, die Gerüche … Wahrlich ein Exzess an Intensität, wenn ich mir das recht überlege. Da regt sich Widerstand in mir. Ist das okay?

*Es ist, wie es ist.*

Mannomann, eure Baum-Indifferenz nervt mich gelegentlich. Seid ihr alle so abgeklärt?

*Nicht abgeklärt. Wir schwingen in einer anderen Ebene.*

Kann ich mich da auch einklinken?

*Freilich. Du kannst dich für ein »Es ist, wie es ist« entscheiden. Jederzeit. Und als ein Mensch kannst du dann auch noch weiter gehen und dieses »Es ist« Stück für Stück verändern. Du hast den freien Willen und du hast Tatkraft.*

Hm, verstehe. Ich kann mich entscheiden, das »Es ist« anzunehmen. In mich aufzunehmen. Und ich kann mich entscheiden, nicht im »Es ist, wie es ist« zu verharren. Ich kann bewusst die Absicht zur Veränderung artikulieren. (Ich streckte mich durch. Durch meine obere Wirbelsäule ging ein Knacksen.)

Doch genau diese Freiheit stürzt mich mitunter in Ambivalenzen und Zumutungen. Ich spüre dann, wie Reflexe in mir hochsteigen, wie moralische und ethische Bewertungen in mir kreisen.

Da drüben zum Beispiel sitzt Mister Andwele, der Chef dieser Bar und Unterkunft. Wenn ich ihn morgens in der

Früh treffe, hat er schon einen Joint im Mund. Und wenn ich abends ins Bett gehe, ebenso. Ich glaube, das würde mich umbringen. Aber er liebt es und lebt damit. Gestern fragte ich ihn, ober er das ganze Jahr über offen habe. Und was es für Touristen zu tun gebe während der Regenzeit. Da begannen seine Augen zu leuchten, und er berichtete von den grün strahlenden Bäumen und den Pilzen, die während der Regenzeit sprießen. Deren psychedelische Wirkung trage ihn auf wundersame Reisen. »Sollte ich auch mal?«, hab ich mich gefragt. Der Jäger nach Intensität stand sofort in mir auf.

*Und? Wie hast du dich entschieden?*

Es ist nicht Regenzeit. Ich musste keine Entscheidung treffen. Einige Stunden später bot mir Ajala, meine neue indische Reisebekanntschaft, ein paar Züge von ihrem Joint an. Ich zog sachte daran, was mich dennoch auf eine unruhige Achterbahn schickte.

Ajala chillte in der Hängematte, aber mein Geist flippte wild hin und her. John tauchte wieder in meinen Gedanken auf. Mit einem großen Pflaster über dem linken Auge, dort, wo er genäht worden war. Und in jenem T-Shirt, das ich ihm nach dem Aufenthalt im Krankenhaus gegeben hatte, damit er sein blutverschmiertes Hemd wegschmeißen konnte. Zwei Tage nach unserer morgendlichen Verabschiedung stand er wieder vor dem Hotel, immer noch in meinem Gewand. An diesem Morgen wollte er Geld von mir. Das T-Shirt hatte offensichtlich einige neue Blut- und Schmutzflecken eingefangen. Ein Blick auf seine Kleidung offenbarte mir, dass er obdachlos war. Ein Blick in seine Augen verriet mir, dass er ein Drogenproblem hatte. Warum war mir das während unseres nächtlichen Ausflugs nicht aufgefallen? Wie konnte ich das übersehen?

*Wie?*

Ich glaube, weil ich in dieser Nacht nicht bei mir war. Ich war so mit der obsessiven Jagd nach Intensität beschäftigt, dass ich außer mir war. Das war jedenfalls meine gestrige Erkenntnis, als ich auf einer Strandliege kreiste.

*Plausibel. Was hat diese Erkenntnis mit dir gemacht?*

Ich beschloss, auf dieser Insel keine weiteren Vernebelungen mehr für mich zu produzieren. Ich will nicht eingeraucht sein. Ich will klar und gut bei mir sein, um das Land, die Menschen und all die Eindrücke bewusst aufzunehmen. Eine andere Form der Intensität.

*Ist das nun eine ethische Entscheidung von dir?*

Gewissermaßen. Eine Frage der Selbstführung, jawohl. Wie du sagst: Ich muss mich zu dem in Relation setzen, was in der Welt ist.

*Und was würdest du deinem Abenteuer-Gefährten John raten?*

Schwierig. Ich kenne ihn zu wenig. Ich hoffe für ihn.

*Was hoffst du?*

Dass er für sich gute Wege finden möge. Und dass liebe Menschen ihn dabei begleiten. Weißt du, auf der Fahrt an die Nordspitze der Insel kam ich ins Gespräch mit Hamisi. Er ist Taxifahrer, gläubiger Muslim und hat drei Töchter. Fünfmal am Tag betet er. Ich sagte ihm, dass mir das zu intensiv wäre.

Er meinte, er hatte auch andere Zeiten. Er lebte einige Jahre in London. Er wollte reich werden und arbeitete auf Baustellen. Aber mit der Zeit habe er begriffen, dass ihm einfach kein Geld übrigbleibe. Er entschied, wieder nach Tansania zurückzukehren. Hier lebt er nun ein bescheidenes Leben in relativem Wohlstand – mit eigenem Haus, eigener Familie, eigenem Auto. Er machte mir einen zufriedenen, glücklichen Eindruck.

Wir sprachen über seine Töchter und wie er versucht, ihnen moralische Werte mitzugeben. Ich erzählte ihm von meiner Begegnung mit John und fragte ihn, was sein Gott, was Allah, zu John sagen würde – einem drogensüchtig und obdachlos herumstreunenden jungen Mann.

*Was sagt sein Gott dazu?*

Er meinte, dass Allah für John bis zum letzten Tag die Tür offen halte. Manchmal passiere Umkehr auch sehr spät.

*Und, stimmst du zu?*

»Check«, dachte ich mir im Auto. »John hat eine Chance!« Mein muslimischer Taxifahrer und sein Gott hatten hier einen guten Punkt. Gleichzeitig hat dieses fünfmalige Beten pro Tag auch etwas Rigides. »Religion ist Opium für das Volk«, flüsterte mir Karl Marx ins Ohr, als ich so im Auto saß. Die Religion sei »der Seufzer der bedrängten Kreatur, das Gemüt einer herzlosen Welt, der Geist geistloser Zustände«. Doch in dem Fall empfand ich diese Form der religiösen Droge als mildtätig, sie machte den Taxifahrer und Glückssucher Hamisi barmherzig.

Offensichtlich bleibt, dass auch Hamisi sich selbst definieren muss, um sein Verhältnis zu seiner Umwelt zu gestalten. Und die Religion legt ihm in diesem Fall keine schlechte Fährte. Was meinst du?

*Die Distanz zum Irdischen tut euch mitunter gut. Ein Gott kann dabei helfen.*

Hm, du hast wohl recht. Das deckt sich mit meiner heutigen Beobachtung von zwei Fischern. Sie arbeiten jetzt gerade an ihrem selbstgemachten Boot ungefähr fünfzig Meter entfernt. Als sie heute früh von ihrer spätnächtlichen Ausfahrt zurückkamen, dankte der Ältere Allah für den Fang.

Der Jüngere dankte nicht. Er war offensichtlich unzufrieden. Ich erkundigte mich bei meinem Vermieter über die Hintergründe. Dieser klärte mich auf, dass der junge Mann frustriert war, weil er heute keine Oktopusse gefangen hatte. Er gierte nach mehr – nach mehr irdischer Materie. Freilich, er ist jung, will sich vielleicht etwas aufbauen – eine Familie, ein Haus. Er hat wohl auch andere materielle Träume als sein Begleiter.

*Und der ältere Fischer?*

Der ältere Mann war offensichtlich frei von diesen Anfechtungen. Er nimmt, was er bekommt. Morgens schaut er in die Sonne und dankt für den anbrechenden Tag. Abends schaut er in die Sterne und es erfassen ihn Demut und Ehrfurcht. Den jungen Mann hingegen durchwallen andere Energien. Die Sonne, die Sterne und das Universum sind ihm egal. Er bemerkt das alles nicht einmal. Er möchte einen stärkeren Motor für sein Boot, sagt mein Vermieter.

*Ja, das Wissen und die Erfahrung um eure Einbettung in einen größeren Kontext, ins Universum, stiften euch inneren Frieden, Ehrfurcht und Demut.*

Und diese bringen uns Dankbarkeit und *good vibrations*, oder?

*So ist es. Das Gute am Menschsein – ihr könnt all das trainieren. So wie eure Muskeln. Egal, ob jung oder alt. Das Alter bringt euch diese Dimensionen jedoch näher.*

Ja, das verstehe ich. Als Ministrant war ich von den Gebetsritualen in der Kirche oft gelangweilt und musterte dann minutenlang die Decke unserer Dorfkirche. Da war ein Gemälde mit dem Spruch: »Und Jesus nahm zu an Alter, Weisheit und Gnade bei Gott und den Menschen.« Dieses

Zitat aus dem Lukasevangelium erschloss sich mir als Kind und Jugendlicher nicht. Langsam beginne ich es zu verstehen.

(Ich lehnte mich zurück und begann, die Sterne zu zählen. Doch einer dieser Lichtpunkte lief mir davon. »Ist es ein wandernder Stern?«, fragte ich mich. »Nein«, sagte ich mir, »es ist wohl ein Satellit. Des Menschen Forscherdrang und Erfindergeist in Bewegung.« Ich richtete mich auf und strich den fasrigen Baumstamm »meiner« Palme entlang.)

Das heißt, wenn ich unser heutiges Gespräch zusammenfasse: Es spricht nichts grundsätzlich gegen das intensive Leben. Es geht eher darum, in welche Themen und Bereiche wir die Intensität hineinfahren lassen, oder?

*Ja, es spricht vieles sogar für die Intensität. Vor allem, dass es so ist, wie es ist. Das Leben für euch Menschen ist intensiv – aufgrund eurer Körperlichkeit, eurer Geisteskraft, eurer Sinne und Gefühle. Wichtig ist, bewusst zu entscheiden, wie ihr mit der Intensität umgeht. Ich sehe bei euch Praktiken der Selbstzerstörung, die anderen Lebewesen fremd sind. Ihr seid ambivalente Wesenheiten. Das gilt es zu erkennen, zu akzeptieren und in die Lebensführung zu integrieren.*

*Natürlich wollt ihr euch lebendig fühlen. Freilich verfolgen wir gebannt eure Leidenschaft, eure Geistes- und Tatkraft, eure Hochgefühle, euren Spaß, eure Hingabe an ekstatische Momente. Schön, wenn ihr die Lebensbejahung feiert. Aber nach allem, was ein Baum vom Menschsein versteht: alles in Maßen! Mit euren Bedingungen, Kräften und Ressourcen haushalten – eingedenk des menschlichen Umstandes, dass jenseits des Höhepunkts und der Kammlinie auch der Abgrund der Lebensverneinung wohnt, der körperliche oder psychische Absturz, die Depression, die Entfremdung, die Leere.*

Wumm. Das nehm ich! Ich will es sacken lassen: also Hingabe an die Lebendigkeit gut und gerne. Aber die zwanghafte Jagd nach Kick und Ekstase vermeiden. Nicht permanent in den Exzess gehen. Nicht in die Obsession. Das ergibt Sinn für mich. (Ich nickte mehrmals zufrieden. Ein Lächeln zeichnete sich in mein Gesicht.)

Und weißt du, liebe Föhre, das macht Lust aufs Leben – in seiner alltäglichen, prallen Lebendigkeit. Darauf will ich anstoßen, mit einer Kokosnuss. (Ich prostete nach Norden.) Wir hören uns morgen noch mal, bevor ich ab Mittag meine Heimreise antrete.

# 10

# Als radikal soziale Wesen in den Wettbewerb und die Kooperation geboren

Aloha, meine Föhrenschwester, ich habe die Koffer gepackt und setze bald Segel.

*Du bist bereit für die Heimreise?*

Jawohl.

*Was nimmst du mit von der Insel?*

Drei weiße Muscheln für die Kinder, vier bunte Khanga-Tücher, eine Rassel in Gestalt einer Giraffe, schmackhafte Gewürze und drei kleine Flaschen Konyagi – »The Spirit of the Nation«, wie's so schön auf dem Etikett heißt.

*Okay. Und darüber hinaus? Jenseits der Materie?*

Erwischt. Na ja, viel Inspiration, wie immer, wenn ich auf Reisen bin. Das hilft mir dann auch, mich selbst besser zu verstehen. Wir Menschen entfalten uns vor allem in Begegnung, sagte mir unlängst ein Freund. Ich denke und spüre, er hat recht.

*Ja, Begegnung mit anderen Menschen, mit dem Lebendigen, mit allen Erscheinungen des Daseins. Verstehst du dich selbst gut?*

Immer besser. Irgendwie werden wir Menschen uns selbst stets ein Stück weit ein Geheimnis bleiben. Aber wir können uns auf unsere Essenz hinbewegen. Weißt du, dein »Alles in Maßen!« von gestern Abend hat mich heute Nacht beschäftigt. Da kommt mir das Orakel von Delphi in den Sinn. Dieses empfing die Suchenden im alten Griechenland mit der Inschrift: »Erkenne dich selbst!«

Die zweite Inschrift, die aus Delphi überliefert ist: »Von nichts zu viel!«, soll der Aufruf gelautet haben. Daran arbeite ich. Die Beherrschung der Begierden fällt uns Menschen nicht leicht. Gerade abenteuerlich gestimmte Typen haben die Tendenz, dem »Höher, besser, weiter« nachzujagen. Klar ist auch – so wie wir es gestern besprachen –, dass die Begierde nach Intensität die Gefahr der ungesunden Überhöhung mit sich bringt. Der drohenden Obsession müssen wir Menschen etwas entgegensetzen, sonst frisst sie uns auf – in welcher Form auch immer.

*Es möge ein fülliges Leben sein, aber kein endloser Exzess! Erst die Beherrschung der Begierde schenkt euch die Freiheit der Lust am Genuss.*

Das klingt lustfeindlich. (Ich musste nachdenken.) Aber ja, nur auf den ersten Blick. Denn jeder Mensch, der einmal einer Sucht verfallen ist, weiß, wie sehr einen die Begierde dann beherrscht. Die Lust am Genuss entschwindet. Die Bierflasche, das Computerspiel oder das Smartphone diktieren dann den Tagesablauf. Also, gekauft: »Alles in Maßen!«

Sag, was kann uns dabei helfen, in der Mäßigung zu bleiben?

*Was würden die alten Griechen oder das Orakel von Delphi raten?*

Was wohl?

*Du hast es schon erwähnt.*

Hm, du meinst: »Erkenne dich selbst!«

*Jawohl. Das hilft euch Menschen. Aufmerksam wahrzunehmen, auch und gerade euch selbst – das bringt euch ins Bewusstsein. Dies gibt euch wiederum Kraft und Orientierung.*

Inwiefern?

*Es eröffnet euch Wege zum Sinn. Es legt euch die Verbindung zur Berufung. Wenn ihr gut bei euch seid, dann kann sich euer Selbst gut entfalten. Jenseits des Egos.*

Ist das Ego böse?

*Das ist wieder eine Menschenfrage. Ihr habt ein Ego und ihr braucht eines, da ihr mit eurer spezifischen Einzigartigkeit in Raum, Zeit, Materie, Bedürfnisse, Sehnsüchte und Sachzwänge gebunden seid. Auch in Gefühle, Gemeinschaft, Vergänglichkeit und eben den freien Willen.*

Gut zu hören. Es gab Zeiten, da hielt ich es für erstrebenswert, das Ego komplett zu überwinden. Nicht, dass ich auch nur annähernd an den Punkt gekommen wäre, aber ich habe erkannt, dass es ein unmenschliches Vorhaben ist. Das Ego ist Teil unserer menschlichen Grundausstattung. Einverstanden?

*Ja. Woran machst du es konkret fest?*

Unter anderem daran, dass wir vergänglich sind. Der Umstand, dass wir als Menschen nur eine begrenzte Zeit auf diesem Planeten haben, stürzt uns in eine Wettbewerbssituation. Wir können nicht alle Berufe ausprobieren, kaum alle Länder der Erde besuchen, nicht alle Wissenschaften studieren, nicht alle Lebensentwürfe praktizieren, nicht mit allen potenziellen Beziehungspartnerinnen oder -partnern intim werden. Das ist schlichtweg nicht möglich. Wir sind in die

Begrenztheit geboren. Hier beginnt das Ego zu vibrieren. »Ich will!«, ruft es laut. »Und warum die da drüben und der da hier und ich nicht?«

*Das Ego ist der wesentlichste Impulsgeber fürs Raffen.*

Das sehe ich auch so. Wenngleich es zusätzliche Steuerungsgrößen gibt. Zum Beispiel die Lebensumstände und die Rahmenbedingungen. Ich bin in einer Bergbauernfamilie in einem Tal im Westen Österreichs aufgewachsen. Da lernte ich die Einbettung in den Kreislauf der Natur gut kennen – ein großes Geschenk. Gleichzeitig aber griff ich auch ein von der Natur entfremdetes Arbeitsverständnis auf. Wir sind sehr emsige Menschen in dieser Region. Das hat unter anderem damit zu tun, dass die Winter dort lang sind und es über die Jahrhunderte eine Überlebensfrage war, die schneefreien Zeiten intensiv zu nutzen. Nur so konnte man gut übers Jahr kommen.

Als weltweit bekannte Skiregion bewirtschaften wir nun auch die Winterzeiten sehr eifrig. Die natürliche »Programmierung« des Arbeitseifers greift die neuen Rahmenbedingungen und Möglichkeiten der modernen, technisierten Welt auf – und droht dabei ins Raffen zu kippen. Nicht nur bei den Hoteliers, die noch vor einem halben Jahrhundert Bauern waren. Auch bei jenen, die heute noch Bauern sind, habe ich das beobachtet. Der Fuhr- und Maschinenpark wird immer größer, aber bei ziemlich vielen führt das nicht dazu, dass sie mehr Muße oder Freizeit aufbauen, sondern mehr Stress. Die Arbeitsverdichtung nimmt zu. Freilich auch der Wettbewerbsdruck rundherum. (Ich war aufgesprungen und bewegte mich denkend und sprechend um zwei Palmen.)

*Ich sehe, du wirst hier leidenschaftlich.*

Ja, das sind Themen, die mich sehr bewegen. Ich hatte sie alle in der Muttermilch. Ich habe sie in meinem Rucksack, meinem »Sturmgepäck fürs Leben«. Deswegen muss ich sie gut sortieren, um zu entscheiden, was ich davon als »Meines« behalten will. Und was ich loslassen will, weil es eine biografische Mitgift ist, die mitunter meiner positiven Entfaltung nicht guttut.

Wenn ich meinem Ego unreflektiert freien Lauf lasse, dann ist es leicht verführbar. Umso mehr, als ich durch meinen Wechsel ins Unternehmertum, in die Großstadt, in das Autorendasein, in die Spitzenpolitik oder in die Start-up-Szene Felder betreten habe, mit denen ich aufgrund meiner Familiengeschichte nicht vertraut war. Also gilt es, doppelt achtsam zu sein, was tradierte Programmierungen in neuen Umfeldern auslösen.

Alle Bereiche, die ich gerade aufzähle, werden in unserer Gesellschaft stark wettbewerbsorientiert organisiert. Einen Bandscheibenvorfall habe ich mir schon eingehandelt, weil meine Achtsamkeit nicht groß genug und meine Lebensführung in manchen Bereichen nicht nachhaltig stimmig war. Wohl habe ich in manchen Bereichen Wettbewerb ungesund gelebt. Wenn ich bei meinen Vortragstouren darüber erzähle, springt meist jemand auf und fragt: »Gibt es überhaupt gesunden Wettbewerb? Sollten wir als Menschen nicht endlich den Wettbewerb hinter uns lassen? Erst dann nämlich wird alles gut!«

*Und, was ist deine Antwort darauf?*

Dass ich das anders sehe. Als politischer Mensch kenne ich diese Forderung und Weltsicht. Gerade aus ideologisch linken Kreisen wird sie oft vorgetragen: Wenn wir den Wettbewerb überwinden, dann kehrt das Paradies ein. Aber Wettbewerb ist eine Conditio humana, eine menschliche Grundbedingung.

Durch den Umstand, dass wir sterblich sind, können wir – wie gesagt – eben nicht alle Optionen in diesem Leben realisieren. Ich kann mich nur mit einem Menschen verpartnern, manche entscheiden sich für drei Personen, in seltenen Fällen sogar mehr. In einigen Kulturen mag die Anzahl auf mehr als eine Handvoll Partnerinnen oder Partner steigen, meist geschlechterspezifisch sehr asymmetrisch. Damit wären wir beim Thema »Macht«, das auch noch auf meiner Besprechungsliste steht. Doch egal, ob eins oder zwölf, das ist doch alles nichts im Vergleich zu den Optionen. Schon das Durchblättern der Zeitschriften im Warteraum beim nächsten Arztbesuch führt mir vor Augen, dass da draußen noch Tausende weitere attraktive Möglichkeiten auf mich »warten«. Sogar Millionen.

Ich bin also in die Qual der Wahl gebunden. Es gibt für mich einen Wettbewerb, dem ich mich stellen muss. Und: Für meine tatsächliche Partnerin oder meine potenziellen Partnerinnen gibt es auch viele Möglichkeiten. Ich bin nicht die einzige Option. Der Wettbewerb kommt also sogar von zwei Seiten. Vor dem Hintergrund meines Studiums der Wirtschaftswissenschaften würde ich sagen: angebots- und nachfrageseitig. Ich kann nicht alle Angebote überblicken und wahrnehmen, gleichzeitig kann ich nicht überall selbst Angebote machen oder werde mitunter auch abgelehnt im Sinne von »nicht nachgefragt«.

*Wie reagieren die Menschen darauf, wenn du ihnen berichtest, dass sie in den Wettbewerb geboren sind?*

Unterschiedlich. Es kommt darauf an, wo sie selbst weltanschaulich stehen. Besonders dogmatische Gegner des Wettbewerbs wollen das nicht hören. Dann erzähle ich ihnen von den Kindergeburtstagen, die ich beobachtet habe. Ich bin nämlich »Mister Schnitzeljagd«. Ab dem jeweils vierten Geburtstag unserer Mädchen habe ich bei ihren Geburtstagsfeiern stets ein Geländespiel vorbereitet, bei dem die Kinder Hinweisen folgen, um an verschiedenen Orten ums Haus Belohnungen zu finden. Ich war gerade bei den Vierjährigen erstaunt, wie heftig die Kleinen in Wettbewerb gehen, nur um ein paar Gummibärchen einzuheimsen. Da wird gerempelt, da fließen Tränen. Es scheint also was Menschliches zu sein, vom Anfang bis zum Ende.

*Überzeugt deine Kinder-Anekdote deine Kritikerinnen und Kritiker?*

Jedenfalls nicht alle. Unlängst erzählte mir eine Frau, es gebe Stämme, bei denen ethnologische Studien zeigen, dass sie frei von Wettbewerb seien. Es gebe sogar Gesellschaften von Ureinwohnern, die nur Spiele kennen, die ohne Gewinner oder Verlierer auskämen. Wir hätten uns all das kulturell anerzogen. Meine Kinder seien »durch ein neoliberales Mindset versaut«, meinte sie.

*Wie schwer wiegt das Argument für dich?*

Da komme ich ins Denken und spüre den Dingen nach. Natürlich gehe ich auch in die Recherche. Ja, es gibt Wissenschaftler, die davon berichten, dass es Stämme gibt, die im Kontext von Spielen nicht einmal ein Wort für Gewinnen und Verlieren haben. Dennoch werden auch diese Menschen in vielen Fragen auf Wettbewerbsphänomene stoßen: Bekommt der Nachbar das Tigerfell oder ich? Wie teilen wir die großen blauen Beeren, die wir heute gefunden haben? Wer verbindet sich mit der schönen Häuptlingstochter oder dem schnellsten Jäger? Auch sie sind in diese menschliche Grundbedingung der Begrenztheit gebunden.

Nicht jeder kann alles bekommen, nicht jede und jeder dasselbe. Daher wird es auch dort Wettbewerbsdynamiken geben. Sie werden einen Umgang mit der Begrenztheit menschlicher Umstände finden müssen. Hier kommen dann Kultur, Weltanschauung und Ideologie ins Spiel. Ich war während meiner Studienzeit Vorsitzender der Studierendenvertretung an der Universität Innsbruck, dabei auch national und international in der Studierendenpolitik aktiv. Ich stieß auf Anarchos, Kommunistinnen, Pragmatiker, Konservative, Liberale, Sozialdemokraten, Monarchistinnen, Nationalisten und andere politische Schattierungen. Eine besonders prägende Erfahrung war eine einjährige, gruppendynamisch ausgerichtete Ausbildung zum Trainer und Organisationsentwickler – mit kämpferischen »Linken«. Der Lehrgang war prozessorientiert angelegt: Wir erlernten Gruppendynamik am eigenen Erleben.

Das war sehr intensiv. Bei unseren Zusammentreffen flossen jeden Tag Tränen. Meine eindrücklichste Erinnerung ist der Umstand, dass die große – oder sagen wir laute – Mehrheit der Teilnehmerinnen und Teilnehmer aus ideologischen Gründen einen hierarchiefreien Raum forderte. Sie wollten damit die alten Zöpfe unserer gesellschaftlichen Prägungen in einer patriarchalen, sexistischen und wettbewerbsorientierten Welt abschneiden.

*Ist es euch gelungen?*

Ich befürchte, nein. Die Hierarchien waren brutal, auch der Wettbewerb um Macht, Einfluss und Attraktivität. Aber es waren informelle Hierarchien. Sie waren nicht öffentlich besprechbar. Es war gut gemeint, aber vor allem naiv. So wie die kommunistischen Selbstkritikrunden in China unter Mao Tse-tung. Das Ziel war, durch konstruktive fachliche, politische oder wissenschaftliche Auseinandersetzung das gemeinsame Gesellschaftssystem und den einzelnen Menschen zu verbessern. Bezogen auf Letzteren ging es um moralische Vervollkommnung. Das alte, egoistische, kleinbürgerliche Ich sollte dadurch überwunden werden.

Das Problem war und ist, dass auch Mitglieder von kommunistischen Parteien Menschen sind – mit einem Ego als Teil ihrer Grundausstattung. Und dieses feierte dann offensichtlich wilde Exzesse. Die Selbstkritikrunden pervertierten innerhalb weniger Jahre zu einem Zahnrad in einer brutalen, blutigen Unterdrückungsmaschinerie. Maos »großer Sprung nach vorne« und seine »Kulturrevolution« kosteten zwischen vierzig und fünfzig Millionen Menschen das Leben. Ermordet, vergewaltigt, verhungert.

*Du holst weit aus. Vom Kindergeburtstag bis zur Kommunistischen Partei Chinas. Warum ist dir das so wichtig?*

Weil wir in einer Wendezeit leben und um gesellschaftliche Neuausrichtungen ringen. Weil der Wettbewerb brutale, bestialische Auswüchse »gefeiert« hat und immer noch »feiert« – gerade in der Politik und in der Wirtschaft. An zu vielen Orten in der Welt wird Profit durch heftigste Ausbeutung der Natur und von Arbeitskräften organisiert. Wir Menschen und die Menschheit als Ganzes brauchen einen klaren Blick darauf, wie wir mit den Erfahrungen der Vergangenheit umgehen wollen.

Ich bin Bürger eines Landes, das die Verbrechen des Nationalsozialismus in beklemmendem Ausmaß mit erlitten, aber auch millionenfach mitgetragen hat. Eine Ideologie, die den Wettbewerb zwischen Menschen mit ihrer Rassentheorie absolut stellt – mit der Ableitung, dass sogenannte minderwertige Menschen beseitigt werden können oder müssen. Unsere Großeltern und Urgroßeltern sind dieser Weltanschauung zu Millionen verfallen, haben millionenfach dafür getötet. Ebenso haben Millionen im aktiven oder passiven Widerstand gegen diesen Exzess ihr Leben riskiert oder verloren. Das kann uns doch nicht kaltlassen. Wir sollten uns nicht einreden, dass das nichts mit uns zu tun hat. Es ist genauso unser Erbe wie so viel Positives, was wir an Materie, Kunst und Kultur von unseren Ahnen mitnehmen. Natürlich liegt es drei Generationen zurück, aber es kann uns vieles über das Menschsein lehren.

*Welche Lehren ziehst du daraus?*

Dass wir unserem Ego nicht freien Lauf lassen dürfen. Dass wir in der Pflicht sind, Wettbewerb zu zähmen, nach fairen Regeln zu organisieren, zu gestalten. So wie wir es im Sport tun und in Demokratien. Nicht jeder kann Erster werden, nicht jede Partei kann regieren. Und wir bringen uns dabei trotzdem nicht um. Warum? Weil wir uns auf ein höheres gemeinsames Ziel verpflichtet haben.

Gewissermaßen einigen wir uns darauf: Es ist weniger wichtig, ob du gewinnst, als wie du gewinnst. Beim Sport geht es in erster Linie um eine kultivierte Form des Miteinanders, dann erst ums Gewinnen. In der Demokratie geht es primär darum, dass wir uns gemeinsame Regeln für jenen Ort geben, wo wir ausmachen, wie wir miteinander leben. Und erst dann geht es um die Stimmenmaximierung einzelner Parteien. In der Wirtschaft geht es zuallererst darum, dass wir Produktion,

Dienstleistung, Wertschöpfung, Erwerbsarbeit und Gewinnstreben in einem gemeinsam akkordierten System zum Wohle der Menschen organisieren. Erst dann geht es um individuelle Gewinnmaximierung. Die Wirtschaft ist für die Menschen da, nicht umgekehrt. Überall dort – egal, ob im Sport, in der Wirtschaft oder in der Politik –, wo wir das gemeinsame Ziel nicht ausreichend nähren, kippt der Wettbewerb ins Destruktive, ins Brutale und schlussendlich ins Blutige.

*Warum erzählst du das alles mir? Ich bin ein Baum.*

Gute Frage. Weil ich erst im Gespräch mit dir in diese Klarheit und Entschlossenheit wachse. Und ja, ich werde es weitererzählen. Wir schreiben hier gemeinsam ein Buch!

*Okay, dann berichte weiter! Du springst wild zwischen der individuell persönlichen und der gesellschaftlichen Ebene.*

Ja, das tue ich. Doch ich glaube, wer verstehen will, wird verstehen. Es handelt sich um ein und dasselbe: wie im Kleinen, so im Großen. Wir sollten anerkennen, dass Wettbewerb eine Grundbedingung ist – individuell und gesellschaftlich. Und dass wir in der Pflicht sind, ihn würdig zu gestalten. Und auch entschlossen gegenzuankern.

*Was ist der Gegenanker?*

Wir Menschen sind radikal soziale Wesen. Entziehen wir einem Neugeborenen jeglichen Sozialkontakt, wird es sterben.

Oder noch einmal zurück zu den Schnitzeljagden bei unseren Kindergeburtstagen: Bei der einen Station wird gestritten und geweint, schon beim nächsten Halt wechseln die Kinder vom heftigsten Wettbewerb in leichtfüßige Zusammenarbeit. Sie suchen gemeinsam, sie finden gemeinsam, sie teilen gemeinsam. Ich habe nichts getan, nur zugeschaut. Es fließt selbstverständlich aus den Menschenkindern heraus.

*Radikal sozial, wie du sagst. Menschen brauchen Menschen.*

So ist es. Kooperation ist ebenso wie Wettbewerb Conditio humana – eine fixe Rahmenbedingung des Menschseins. Egal, welche Hautfarbe, welche Kultur, welche Erziehung. Wir sind auf Gemeinschaft angelegt, auf Zusammenleben und Zusammenwirken. Alle großen Errungenschaften unserer Spezies sind Gemeinschaftswerke – egal, ob in Kultur, Wissenschaft, Politik oder Wirtschaft. Selbst ein Gemälde von Vincent van Gogh bekommt seine Relevanz erst in seiner sozialen Dimension. Hätte Leonardo da Vinci seine Mona Lisa in einem Wald vergraben, wäre sie völlig belanglos verfault. Auch Einzelakte erhalten ihre Bedeutung erst im Miteinander.

Ja, wir sind »im Grunde gut«, wie es der internationale Bestseller des Historikers und Journalisten Rutger Bregman mit exakt diesem Titel proklamiert. Ich liebe seinen Ansatz, den Menschen neu und grundoptimistisch zu denken. Wir sind kooperativ, innovativ und mutig. Das stimmt mich hoffnungsfroh. Wobei ich seine Darstellung für einseitig halte. Denn wir sind auch »im Grunde schlecht«. Das ist ebenfalls grundlegend in uns verankert. Die Geschichtsschreibung legt darüber ein beredtes Zeugnis ab – die von uns überschaubare Geschichte der Menschheit ist, unter anderem, eine Aneinanderreihung von Kriegen, blutigen Exzessen und Grausamkeiten.

*Du bist unruhig?*

Nein, ich bin durstig. Ich muss mir ein Glas Wasser holen und bin gleich zurück. Wir setzen das Gespräch dann fort.

# 11

# Unser eitles Ego aufblasen oder das Höhere Selbst zum Maßstab machen

Okay, wo waren wir?

*Bei Kindergeburtstagen, in maoistischen Selbstkritikrunden, bei Wettbewerb und Kooperation und dem Vermächtnis eurer Ahnen.*

Ja.

*Was folgerst du aus unseren heutigen Erörterungen?*

Ich folgere daraus: Entscheidend ist, was wächst. Die dunklen oder die hellen Seiten? Beide sind in uns angelegt – in jedem Menschen, in jeder Familie, in jeder Organisation, in jeder Gesellschaft. Ob das Dunkle oder das Helle groß wird, mag von Umständen oder der Erziehung abhängen. Aber es kommt auch wesentlich darauf an, was wir selbst fördern und nähren.

Wir bleiben Trägerinnen und Träger des freien Willens. Wir sind Pilotinnen und Piloten des eigenen Lebens in den unterschiedlichsten Bereichen, wie ich es in meinen letzten zwei Büchern beschrieben habe: Die Zukunft ist ein Raum, den wir nicht willenlos als Opfer betreten, sie ist ein Raum, den wir miterschaffen.

Wir sind schöpferische Wesen. Wir können unser eitles Ego aufblasen und zum Maßstab unseres Denkens, Tuns und Seins machen, oder wir können unser Höheres Selbst kultivieren und entfalten. Das sind zwei unterschiedliche Paar Schuhe – mit konkreten Folgen für uns selbst und unser Umfeld.

*Du findest, das Ego ist böse?*

Nein, da wähle ich ein differenziertes Verständnis. Freilich ist es eine Frage der Begriffsdefinition. Wir leben in der Stadt von Sigmund Freud. Und nicht erst seit der Begründung der Psychoanalyse streiten wir Menschen über Begriffe wie das Ich und das Selbst. Mehr noch als Sprache hilft mir hier ein Hinspüren. Da bin ich dann für mich klar in der Begriffsverwendung: Das Ego ist ein Kind der Materie und Körperlichkeit. Es ist oft angstgeführt und von Begierden geleitet. Doch wir sind eben »Fleischlinge« – in Raum, Zeit und Materie gebunden. Solange wir in diesem Zustand sind, können wir uns vom Ego nicht komplett lösen. Aber wir können es führen. Und wir können darauf achten, dass es nicht – oder nicht zu oft – in narzisstische Fallen geht. Keiner von uns Menschen ist frei von Narzissmus. Aber es ist auch hier die Frage, ob wir diesen Umstand befördern, in unserem Alltagsleben nähren oder nicht.

*Und wie siehst du dann das Höhere Selbst?*

Im Höheren Selbst pulsiert unsere außerzeitliche Dimension, unser Wesenskern. Dort sind wir verankert in der Unendlichkeit, als Funktion des Universums, wie du selbst es so schön beschrieben hast. Unterschiedliche Menschen und Kulturen haben unterschiedliche Worte dafür – die Seele, der Innere Ort, der göttliche Funke. Welche Worte würdest du wählen?

*Wir sind hier Geschwister im Geiste: Der Mensch ist ein Gemeinschaftstanz des Egos und des Höheren Selbst. Für manche Menschen ist Letzteres eine unbewusste Dimension, die nur selten gespürt wird. Jene, die sich mit diesen Fragen des Menschseins intensiver beschäftigen, verstehen das Höhere Selbst als etwas, das in euch wohnt und mit dem ihr bewusst in Kontakt gehen könnt. Im Höheren Selbst seid ihr mit allem verbunden, was ist. Mit allem hier auf Erden und weit darüber hinaus. Einverstanden?*

Allerdings. Und schön, das so zu hören und zu sehen.

Wie ist das bei euch Bäumen? Habt ihr auch ein Ego und ein Höheres Selbst?

*Da sind wir anders gewickelt als ihr Menschen. Aber ja, in gewisser Weise schon. Natürlich sind wir auch eine Manifestation in Raum und Zeit. Und gleichzeitig sind wir allezeit verbunden mit allem. Ihr beginnt das in Ansätzen zu verstehen, wenn eure Wissenschaftler erkennen, dass wir uns über Pilzgeflechte und Duftstoffe verbinden, dass wir über physikalische, chemische und elektrische Signale im Austausch stehen. Unsere Verbundenheit geht allerdings weit darüber hinaus.*

*Dennoch ist beispielsweise offensichtlich, dass wir Föhren oder auch unsere Palmenschwestern sehr unterschiedlich groß werden können. Wenn du so willst, ist es unsere Ego-Programmierung, dass wir uns nach der Sonne strecken und Licht bekommen wollen.*

Also seid ihr auch in Konkurrenz um Ressourcen?

*Die begrenzten Ressourcen schicken auch uns in einen Wettbewerb. Diese irdischen Grundumstände teilen wir. So kann beispielsweise eine Pflanze einer anderen so viel Licht nehmen, dass diese in ihrer aktuellen Manifestation verfällt. Doch wir*

*sind dann nicht weg, wir wandeln uns nur. Und dieses Gesche-*
*hen hindert uns nicht daran, allzeit verbunden zu bleiben. Wir*
*können nur in Verbundenheit existieren.*

Allerhand. Das muss ich mir genauer überlegen, wie ich das
verstehen kann.

(Ich legte mich auf den Rücken, zeichnete mit dem Zeigefinger eine kleine Palme in den Sand und blinzelte für ein
paar Minuten in die Sonne. In meinem Hirn ratterte es, ich
bemerkte mein Kopfschütteln.)

Hm, ich beobachte, dass mein Bauch und Herz deine Ausführungen in freundlicher Ruhe annehmen. Aber mein Verstand wird betriebsam. Da poppen viele Fragen auf. Kannst
du meiner Ratio mehr Klarheit geben? Auch wenn ihr verdrängt werdet oder gar verschwindet in eurer Manifestation,
dann bleibt ihr da und verbunden?

*Ja. Es geht lediglich um das Verschwinden in der aktuellen*
*Manifestation. Du wirst es verstehen, wenn ich dir vom Wasser*
*erzähle: Glaubst du, das Wasser verschwindet komplett, nur weil*
*es verdunstet?*

Nein, es verändert seinen Zustand. (Ich hielt inne und
nickte.) Okay, ihr wandelt euch also. Oder werdet gewandelt.

*Wir wandeln uns. Und kommen wieder – in einer neuen*
*Manifestation. Diese ersteht und entsteht aus der Verbundenheit.*

Das verstehe ich. (Noch einmal folgte eine längere Nach-
denkpause.) Eigentlich ist es bei uns Menschen auch so.
Zumindest was unsere körperliche Manifestation betrifft.
Eine Physikerin hat mir mal vorgerechnet, dass die Aneinanderreihung der Atome eines Menschen eine Kettenlänge
ergäbe, die millionenfach die Strecke zwischen Erde und
Sonne ausmache. Selbst wenn sie sich um sechs Kommastel-

len oder mehr verrechnet hat, bleibt das sehr eindrucksvoll für mich.

Ich habe das mit einem Freund, der Chemiker ist, gegengecheckt. Dieser runzelte die Stirn und wollte sich in unserem Gespräch auf keine Zahl festlegen lassen. Zwei Stunden später erhielt ich eine SMS von ihm: »Der Mensch besteht aus ca. $10^{28}$ Atomen. Ja, damit kannst du Autobahnen zur Sonne bauen.« Ich rief amüsiert zurück, um mich für die Recherche zu bedanken. Und ich fragte ihn: »Wohin gehen all die Teilchen, wenn ich sterbe?« Er meinte: »Die gehen zurück in den Kreislauf.« Angesichts der riesigen Anzahl an Teilchen, aus denen ich zusammengesetzt sei, so ergänzte er, »ist es hochwahrscheinlich, dass in dir Teilchen von einem Dinosaurus Rex, von Ratten und Affenbrotbäumen ebenso stecken wie Teilchen von Josef Stalin, Marilyn Monroe und Adolf Hitler. Aber auch Jesus Christus, Tina Turner und Lady Gaga.«

Ich erinnere mich, dass ich an diesem Abend meine Unterarme so genau studierte wie selten zuvor. Auch andere Körperteile. »Wen habt ihr alles schon getragen?«, fragte ich meine Füße und erzählte ganz aufgeregt unseren Kindern von meiner Erkenntnis des Tages.

*Was meinten die dazu?*

Es hat sie nicht beeindruckt. Oder ich konnte sie von der Wucht meiner Erkenntnis nicht überzeugen. »Wir sind alle verbunden«, sagte ich ihnen. Das wollten sie in dieser Form nicht nachvollziehen. Ich ließ rasch von dem Thema ab. Es war noch nicht reif für sie – oder umgekehrt. Mich hat es jedoch bis heute nicht mehr losgelassen. Immer mal wieder, wenn ich vor dem Spiegel stehe, frage ich mich amüsiert, was und wer da alles in mir steckt. Mitunter hat es auch etwas

Bedrohliches. Auf den Hitler und den Stalin hätte ich gerne verzichtet.

(Ich klopfte auf meine Unterschenkel, wischte Sandkörner aus meinen Haaren und schüttelte mich kurz aus.)

Nochmals zurück zum Wachsen und Vergehen: Wenn ihr von einem anderen Baum oder anderen Pflanzen verdrängt werdet, nehmt ihr das nicht persönlich? Wie geht ihr damit um? Sind da moralische Normen wie bei uns Menschen im Spiel?

*Nein, hier sind wir nicht wie Menschen. Es kann um eine spezifische Ausprägung von Sein oder Nicht-Sein gehen. Doch wir wissen, dass, wenn wir vergehen, wir trotzdem sind, dann eben anders manifestiert. Wir sind Teil des großen Ganzen. Und wir haben nicht dieselbe Form des freien Willens wie ihr Menschen. Das ist eine Eigentümlichkeit eurer Gattung. Dafür braucht ihr Moral und Ethik. Hier koppelt euer Ego dann ganz anders als bei uns die natürliche Programmierung auf Wachsen und Vergehen.*

Spannend, was du da berichtest.

(Eine junge Frau mit einem Besen und einem Kleinkind am Arm bewegte sich an mir vorbei in Richtung meines Apartments. Sie rückte meinen Rucksack, der auf der Veranda auf seine Abfahrt wartete, zur Seite und begann, die Terrasse zu kehren.)

Huch, mein Taxi kommt bald. Um das Thema abzuschließen, ein versöhnlicher Blick auf das Ego, so wie ich es sehe: Erstens, ich habe eines und trage es mit mir bis zu meinem irdischen Tod. Zweitens, ich kann es führen.

Als jener Anteil in mir, der eindeutig in Raum, Zeit und Materie gebunden ist, kann ich das Ego sogar punktuell als Verbündeten engagieren, um Form zu geben, um machtvoll zu gestalten und um mich positiv in der materiellen Welt zu manifestieren.

*Das Menschen-Ego als konstruktive Assistenz – das ist eine spannende Perspektive. Gib mir ein kurzes Beispiel!*

Als Schüler im Religionsunterricht beeindruckte mich immer die Geschichte von Jesus im Tempel. Da rastet er aus, und ich fragte mich stets, wie es sein kann, dass der Sohn Gottes so in Rage gerät. Jesus habe – so berichten gleich mehrere Evangelien – in einem Wutausbruch die Geldwechsler und Händler aus dem Tempel geräumt. Jetzt kann man sagen, sein Ärger war rein und völlig gerechtfertigt, weil der Ursprung seiner Wut die Sorge um die Heiligkeit des Gotteshauses war. Ich lernte also, dass Wut nicht immer amoralisch ist. Ich diskutierte das sogar einmal mit meinem Religionslehrer. Der musste nachdenken, wollte recherchieren und kam in der nächsten Religionsstunde mit der Bibelstelle: »Zürnt ihr, so sündigt nicht; lasst die Sonne nicht über eurem Zorn untergehen.« Das war also der Hinweis, nicht Wut grundsätzlich zu vermeiden, zu unterdrücken oder zu ignorieren, sondern mit ihr angemessen umzugehen und sie auch vorbeiziehen zu lassen.

Man kann also »aus den richtigen Gründen« wütend sein – und damit dann etwas Konkretes anfangen. Jetzt werden manche behaupten, dass dies aber keine Frage des Egos sei, sondern eine der moralischen Bewertung und Ethik. Einverstanden. Denn beispielsweise egoistische Kränkungen oder Hass wären keine moralisch zulässigen Gründe, um sich dem Zorn uferlos hinzugeben. Im Endeffekt kommt es auf die Frage der Definition des Egos an.

Ich glaube nicht, dass Wut oder Zorn Erscheinungen unseres außerzeitlichen Anteils sind, sondern eine zutiefst hiesige Offenbarung in Raum, Zeit und Materie. Daher lege ich mein Verständnis so an, dass ich mein Ego sogar aktiv in die Arena rufen kann, um beispielsweise einen – meines Erachtens konstruktiven – Machtanspruch in der materiellen Welt zu etablieren. Wichtig dabei: Das Ego ist dann nicht der Reiseführer, sondern die Hilfskraft. Ich benutze es, um mich zu manifestieren und um zu gestalten.

*Hier sprichst du als ehemaliger Politiker?*

Nicht nur, ich spreche als Mensch. Aber ja, auch in der Politik hat mich das beschäftigt. Meine im Internet meistgeklickte Parlamentsrede war jene anlässlich einer Debatte zur rauchfreien Gastronomie. Ich bin kein militanter Nichtraucher, kann mir gelegentlich sogar eine Zigarette anstecken – zur Entspannung oder auf einer Party. Aber ich halte es für grundfalsch, in geschlossenen öffentlichen Räumen Nichtraucher bewusst schädlichen Substanzen auszusetzen. Allein in einem recht kleinen Land wie Österreich mit knapp neun Millionen Einwohnerinnen und Einwohnern sterben jährlich rund tausend Menschen an den Folgen des Passivrauchens. Die Gesundheitsministerin wollte daran jedoch nichts Bedenkliches erkennen. Sie wollte – nach meiner Auffassung aus niederem, parteitaktischem und egoistischem Kalkül – das Nichtraucherschutzgesetz und die Rauchfreiheit in der Gastronomie wieder abschaffen.

»Frau Bundesministerin, was ist mit Ihnen!?«, fuhr ich ihr in einer Brandrede entgegen. In einer Millisekunde der bewussten Niederkunft hatte ich mich dafür entschieden, der Wut vorübergehend freien Lauf zu lassen. Ich wollte diesem dumpfen Zynismus, der im Parlament um sich griff, nicht wehrlos ausgeliefert sein und aktivierte auch Ego-Anteile zur

Unterstützung. Über eine Million Klicks in nur drei Tagen und die Kür zum offiziellen Spruch des Jahres waren zwei konkrete Ergebnisse davon. Mein Ego ergötzte sich darüber, und ich musste es sofort wieder einfangen, weil es nicht darum ging, dem Ego eine Freude zu bereiten, sondern es als Assistenzkraft zu nutzen, um sich machtvoll im Hier und Jetzt zu verankern. Um in positive Wirksamkeit zu kommen.

*Es ist mitunter kompliziert, Mensch zu sein.*

Du machst dich über mich lustig?

*Nein, ich will nur nicht, dass du dein Taxi versäumst. Ich glaube, wir müssen für heute Schluss machen.*

Jawohl, so ist es. Die Zeit fliegt. Und jetzt gleich auch mein Rucksack und sein Träger. Bis bald zurück in der Heimat!

(Ich sprang auf, packte meine Habseligkeiten zusammen und verabschiedete mich von meiner Unterkunft und »meiner« Palme mit einem frohen Lachen. Eine Umarmung dazu. »Ciao, Palme!«, rief ich gut gelaunt. »Föhre, ich komme in den Winter zurück!«, setzte ich fröhlich hinzu.)

## 12

# Wir sind Teil der Natur und zu Hause in einem Körper

*Hallo, mein Partnermensch!*

Hallo, meine liebe Föhre. Wie hab ich mich auf dich gefreut!

*Ich hätte dich früher erwartet. Hat dich das Winterwetter abgehalten? Ich bin gespannt auf weitere Erzählungen von deiner Reise.*

Ja, wir haben uns lange nicht gesehen. Zwischenzeitlich wurden unsere Kinder und ich von Corona niedergestreckt. Wir waren gemeinsam drei Wochen in Quarantäne und ich eine Woche im Fieberwahn. Nun bin ich wieder fit. Gerne erzähl ich dir davon. Ich habe viel über Krankheit nachgedacht und wollte mit dir dieses Thema besprechen.

*Okay. Eins nach dem anderen. Dein Resümee zum Inselurlaub?*

Ich hatte eine gute Zeit dort. Ich mag den Einkehrschwung bei und mit mir selbst. Ich liebe es, in eine neue Welt einzutauchen und die Lebendigkeit zu spüren, wenn alle Sinne auf Empfang schalten, wenn die Wachheit und das Staunen mich packen. Und ich freue mich auch stets ganz außerordentlich, nach Hause zu kommen. Es berührt mich, zu spüren, dass ich richtig bin, wo ich bin. Dass ich für das Hier und Jetzt an einem stimmigen Ort für mich lebe.

*Die Fernverbindung hat gut funktioniert, oder?*

Jawohl. Es gelang mir nach Anfangsschwierigkeiten erstaunlich leicht, mit dir verbunden zu sein. Ich hatte das Gefühl, du bist überall – ich kann an jedem Ort und zu jedem Zeitpunkt in Verbindung gehen. Ich muss nur in die richtige Energie dafür kommen – oder mich dorthin begeben.

*So ist es.*

Und dennoch bleibt die Verbundenheit unübertroffen, wenn ich hier sitze, über deine Rinde streife, an dir lehne und in die Sonne blinzle. Wieso ist das so?

*Es ist einerseits Übungssache. Je öfter und intensiver wir uns verbinden, desto unabhängiger von unseren materiellen Erscheinungen kommen wir in Verbundenheit. Dann können wir auch auf rein geistiger Ebene miteinander schwingen. Andererseits bist du als Mensch in deine Sinne gebettet. Und das sinnliche Erleben – tasten, riechen, hören, sehen, schmecken – bedeutet Intensität für dich.*

Ja, ich liebe den Duft deiner Borke. Vor allem, wenn sie vom Regen noch nass ist. Das ist ein Erlebnis. Lust auf einen Schluck Wasser? (Ich lachte und spritzte einige Tropfen aus der Trinkflasche auf die Rinde.)

*Feel free. Schön, wenn du dich freust.*

Der Wetterbericht kündigt Schneeregen an. Daher beschloss ich, mir den heutigen Tag freizunehmen, um vor der kurzzeitigen Rückkehr des Winters noch mit dir ins Gespräch zu kommen. Jetzt, wo der Frühling kommt, jubelt mein Herz. Beim Heraufwandern habe ich die ersten Frühlings-Adonisröschen gesehen. Ich liebe sie. Es kommt mir so vor, als würden sie mit ihrem leuchtenden Gelb und ihren breitfächerigen Blüten jubilieren. Sie singen das Jubellied der Auferstehung. Der Winterschlaf ist zu Ende. Das pulsierende Leben kehrt zurück.

*Ja, es sind großartige Jubelchöre. Auch wir Bäume gehen wieder voll in den Saft.*

Sag, warum berührt mich die Natur so?

*Weil du als Mensch den Sinn für Schönheit in dir trägst, den Sinn für Lebendigkeit und den Sinn für Ganzheit. Ihr Menschen seid Teil der Natur. Wenn ihr das spürt und fühlt, dann macht euch das froh.*

So ist es bei mir. Und dennoch liebe ich auch die Stadt in ihrer Dichte und mit all ihren Möglichkeiten. So bin ich vom Bergbauernbuben zur Stadtpflanze geworden.

*Du bist beides. Ihr Menschen könnt mehreres sein, so vieles gleichzeitig.*

(Ich legte meinen Kopf an den Baumstamm und blickte Richtung Westen. Dort, in sechshundert Kilometer Entfernung, fand meine glückliche Kindheit statt. Und die erste Phase meiner »Sturm-und-Drang«-Zeit, die mich mit achtzehn dann in die Stadt trug.)

Das ist ein schöner Gedanke. Ja, wenn ich nachspüre, dann bin ich beides. Und noch viel mehr. Doch wenn ich die Verbindung zur Natur aufgeben müsste, dann würde etwas in mir sterben.

*Die Entfremdung von der Natur und die Unwissenheit über sie tragen euch mitunter ins Unglück. Zu vergessen, dass ihr Teil der Natur seid, macht euch krank. Wenn ihr glücklich werden wollt, solltet ihr die Natur des Geistes verstehen. Wenn ihr gesund sein wollt, die Natur des Körperlichen.*

Ich las unlängst von einer Studie über Krankenhauspatienten, die nachweisen konnte, dass allein der Zimmerblick auf einen Wald den Genesungsverlauf messbar beschleunigt.

*Ihr entdeckt in diesen Jahren viele Weisheiten, die euch vorübergehend verloren gingen. Gestern saß ein junges Paar unter meinen Ästen und unterhielt sich über die positiven Effekte des »Waldbadens« und aktuelle Studien dazu. Wir hatten das Thema schon einmal. Jene von euch, die gut in ihrem Körper und mit sich selbst verbunden sind, die haben das immer schon gespürt und gewusst. Sie brauchen keine wissenschaftlichen Untersuchungen dazu. Sie nehmen das über ihren Körper wahr.*

Es ist ein wilder Tanz von Distanz und Nähe, habe ich den Eindruck. »Ich hasse die Natur«, hat unlängst ein Kind auf Besuch bei uns im Garten gerufen. Eine Spinne war auf seinen Unterarm gekrabbelt. Manchmal tut es mir als Vater weh, wenn die Kinder so gar keine Lust auf einen Waldspaziergang oder eine Wanderung haben. Dann frag ich mich, ob ich hier meine Werte auch ausreichend vermitteln konnte. Was meinst du dazu?

*Ihr entwickelt euch in Phasen. Mal seid ihr in eurem Selbstverständnis sowie in euren Wahrnehmungen und Bedürfnissen der Natur näher, mal ferner. Doch ein gesunder Geist und ein gesunder Körper bringen euch immer wieder zur Natur zurück.*

Was kann ich hier als Vater tun, um meinen Kindern eine gute Naturverbundenheit, ja insgesamt gesunde Wurzeln mitzugeben?

*Elternschaft bedeutet bekanntlich, Vorbild zu sein. Wenn du deine Werte vorlebst, werden sie automatisch auch in deinen Kindern angelegt. Wie diese mit ihren Anlagen umgehen und sie in ihr eigenes Leben integrieren, entscheiden sie später dann selbst. Achte jedenfalls auch darauf, deinen Kindern ein gutes Körpergefühl zu vermitteln. Fördere sie in ihrem wachen, balancierten Geistesleben. Der Rest ist ein Selbstläufer. Und sei geduldig und gelassen. Alles braucht seine Zeit.*

(Ich musste lachen, stand auf und tanzte dreimal um den Baum.)

»Gemach! Nur Geduld.« Das ist nicht meine große Stärke. Aber ja, natürlich hast du recht. Das Reifen braucht seine Zeit. Meine Mutter hat mir auf einen langen, heftigen Brief Anfang meiner Zwanzigerjahre damals geantwortet, dass sie immer für mich bete und dass sie großes Vertrauen in mich habe. »Manche Weine brauchen länger, um dann in guter Reife zu stehen«, meinte sie. Das kommt mir immer mal wieder in den Sinn, wenn ich realisiere, dass etwas dauert. Ach, wie lange habe ich gebraucht, um halbwegs gut in meinem Körper anzukommen. Und sie dauert an, diese Körperreise zu mir selbst. Ich lerne schrittweise, meinen physischen Körper mehr zu verstehen und zu respektieren. Manchmal habe ich den Eindruck, ich bin ein ziemlicher Daueranfänger.

*Erzähl mir, wie es dir geht in und mit deinem Körper!*

Das war gerade über die letzten Jahre ein immer wieder erstaunliches Thema für mich. Bis ins Erwachsenenalter hatte ich kein ausgeprägtes Körpergefühl. Ich war immer gesund und leistungsfähig. Als Bergbauernjunge lernte ich, dass der Körper vor allem ein Instrument sei, um Arbeit zu verrichten. Zu Sport hatte ich wenig Bezug. In der Volksschule gab es eine Strafe, wenn wir den Ball mit dem Fuß kickten. Der eindrücklichste Sportunterricht, an den ich mich aus dieser Zeit erinnere, ist langes »Links-rechts!«-Exerzieren. Später wollte ich zum Fußball- und Tennisklub. Da ich schon beim Musikverein war, gab es ein elterliches Veto. Schwitzen, ohne Arbeit zu verrichten, war für Bergbauern in meiner Heimatregion in den Achtzigerjahren kein nachvollziehbares Konzept. Das hat sich mittlerweile auch dort geändert. Ich finde, das ist eine positive Entwicklung.

*Haderst du damit?*

Nein, hadern nicht. Aber es scheint mir wichtig, es mir bewusst zu halten. Denn nur so komme ich in eine gute Weiterentwicklung meines Verhältnisses zum Körper. Dies wiederum halte ich für wichtig für meine Vitalität und meine Gesundheit – heute und im Alter. Wichtig ist es auch für meine Prozesse der Entfaltung und meine Vorbildfunktion als Vater.

Ich hadere keineswegs mit meiner Kindheit. Vorbei ist vorbei. Vor allem aber war sie in Summe sehr glücklich. Ich bekam viele wertvolle Zutaten in meinen »Rucksack fürs Leben« mit: Urvertrauen, Naturverbundenheit, Ausdauer, Lebendigkeit, unbändiges Interesse an der Welt. Davon profitiert heute auch mein Körper.

*Inwiefern?*

Das hat dazu geführt, dass ich mich auch mit ihm intensiv auseinandersetze. Er ist mir nicht egal. Ich lerne, ihn nicht mehr zu ignorieren. Zum Beispiel in diesem Moment flüstert mir mein Rücken zu, dass ich meine Sitzposition ändern sollte, weil es für die Wirbelsäule sonst unangenehm wird. Also werde ich jetzt aufstehen und mich durchschütteln.

*Ja, schüttle dich! Wir Bäume machen das auch. Wie sehr wir doch den Frühlingswind herbeisehnen, der uns die alten Nadeln aus unserem Kleid schüttelt. Wäre ich ein Mensch, würde ich jetzt eine Runde laufen.*

Okay, einverstanden. Ich laufe jetzt zweimal bis ans Ende der Wiese. Einmal für dich und einmal für mich. Halte du die Stellung hier und pass auf meinen Rucksack auf!

# 13

# Sprechende Körperteile
# und Krankheit als Reifung
# und Offenbarung

(Die Bewegung hatte mich mit noch mehr Lebensfreude aufgeladen. Mit einem breiten Lächeln nahm ich einen Schluck
Tee aus meiner silbernen Thermosflasche und setzte mich
wieder an den Baumstamm.)

Das hat gutgetan. Wo waren wir?

*Du hast mir berichtet, wie dein Körper mit dir spricht und
du mit ihm. Erzähl weiter – wie kam es dazu? Wann hat das
begonnen?*

Mit fünfzehn schlich sich bei mir eine Hautkrankheit ein.
Die Antworten der Schulmedizin waren unbefriedigend.
Meine Mutter schickte mich zuerst zum Hautarzt und dann
zu einer Alternativmedizinerin. Spannend. Letztere stellte mir
Fragen, die mir bis dahin niemand gestellt hatte. Sie hörte
zu und setzte mich auf meine eigene Fährte. Selbsterfor-
schung – ein Abenteuer, das voraussichtlich bis zu meinem
letzten Atemzug anhalten wird. Damit startete auch meine
»Körperentdeckungsreise«.

*Und was ändert sich über die Zeit?*

Mit der Zeit werden meine Körperwahrnehmungen klarer. Um in ein gutes Wahrnehmen zu kommen, brauche ich Ruhe. Auch die Begegnung mit der Natur. Ich habe ein anderes Bild von meinem Körper bekommen: Er ist der Tempel meines irdischen Lebens, das Fahrzeug für meine Seele hier auf diesem Planeten. Mittlerweile rede ich ja nicht nur mit Bäumen, sondern auch mit meinen Körperteilen. Das sind Selbstgespräche der anderen Art. Und es ist spannend, was meine Nase erzählt, die sich entzündet. Oder mein Bandscheibenvorfall, der mich zwickt.

*Was sagen sie?*

Die Nase sagt, dass ich genauer hinschauen soll. Vielleicht habe ich »die Nase voll« von etwas, das mir nicht guttut. Der Bandscheibenvorfall flüstert: »Achtung, Ego! Nimm dich wahr, aber nicht zu wichtig. Schau genau, wo du deine Prioritäten hinlegst und wo du wie in die Verantwortung gehst.« Dann weiß ich auch wieder, was ich zu tun oder zu lassen habe, damit es mir gut geht. Ich habe begriffen, dass mein Körper mein Zuhause ist. Und noch viel mehr: ein Resonanzkörper des Universums. Wenn ich nachspüre, was ich noch alles entdecken werde mit meinem und über meinen Körper, dann erfüllt mich das mit Freude, großer Vorfreude.

*Wie und wann gehst du mit deinem Körper ins Gespräch?*

Mittlerweile regelmäßig in der Früh. Wenn ich aufwache, begrüße ich meinen Körper und scanne durch, wie es ihm geht. In meinem achtundvierzigsten Lebensjahr habe ich nun auch endlich eine tägliche Morgenroutine integriert. Ich nehme mir fünfzehn Minuten Zeit, um meinen Körper durchzubewegen – eine Abfolge von Yoga- und Dehnungsübungen, Mobilisierung und Stärkung. Das tut mir sehr gut.

Aber es musste reifen, über viele Jahre und durch manches Zwicken.

Ich spüre auch immer besser, dass der Atem die Brücke zwischen Geist und Körper ist. Das wird mir gerade jetzt bewusst, wenn ich etwas kurzatmiger bin nach meiner Corona-Erkrankung. Die Krankheit war insgesamt ein mächtiges körperliches Ereignis und hat mich viel nachdenken und spüren lassen.

*Was genau?*

Unter anderem hat mich die Frage beschäftigt, warum es Krankheiten gibt und welche Rolle sie für uns Menschen spielen. Da bin ich noch nicht ganz durch. Was kannst du mir dazu sagen? Was hat es mit Krankheit auf sich?

*Krankheit ist Teil des Lebens. So wie der Tod. Sie ist die kleine Schwester des Todes.*

Wie meinst du das?

*Sie stellt uns infrage in unserer aktuellen Manifestation, in unserem derzeitigen Sein und Tun. Sie rüttelt an uns. Sie zeigt auf, dass es auch anders sein könnte.*

Du meinst, sie ist eine produktive Kraft?

*Potenziell ja.*

Aber das hieße doch, dass wir sie proaktiv einladen sollten.

*Nein, das heißt es nicht. Sie ist Teil der Natur des Lebens. Kein Lebewesen soll sich Krankheit wünschen. Das kommt bei Menschen zwar vor, ist dann aber meist ein sehr ambivalentes Geschehen.*

*Doch Krankheit ist allezeit da – als eine Möglichkeit, als Gefahr, als Potenzial. Und manchmal wird sie manifest. Der Mensch als kreatives Wesen und als Träger des freien Willens hat es in beachtlichem Ausmaß selbst in der Hand, ob ihn Krankhei-*

*ten heimsuchen oder nicht. Und dennoch bleibt es nicht allein in eurer Macht, Krankheit fernzuhalten. Es ist ein Teil des Mysteriums des Lebens, ob, wann und wie euch eine Krankheit trifft.*

Und was dann?

*Dann müsst ihr euch dazu ins Verhältnis setzen. Wie hast du dich zu deiner Corona-Krankheit verhalten?*

Na ja, das ging in Phasen. Eine Tochter brachte das Virus nach Hause. Meine Frau war im Ausland auf Ausbildung, und wir beschlossen, dass sie dem wachsenden Corona-Lager fernbleiben sollte. Ich hatte mich dafür entschieden, die Familie und den Haushalt nun durch die kommenden Tage und Wochen zu leiten und zu tragen. Eine Tochter nach der anderen wurde positiv getestet und zeigte Symptome wie Fieber und Halsweh. Dann erwischte es auch mich. Ich lag sechs Tage im Fieberwahn, anfangs mit heftigem Kopfweh, später mit totaler Erschöpfung.

Ich realisierte, dass ich zwar in meinem familiären Umfeld vielfältige, aber persönlich wenig Erfahrung mit Krankheit habe. Ich gab mich dem Geschehen hin, ab und an mit Selbstmitleid, meist in der Zuversicht, dass es bald vorbei sein würde. Das Fieber raubte mir phasenweise den Überblick über Zeit und Raum. Freunde sorgten sich glücklicherweise um uns, kauften für uns ein und brachten einige Male Essen vorbei. Manchmal klopfte auch die Angst an – vor allem davor, dass sich die Krankheit in die Lunge senken könnte und ich mitunter mit Folgeschäden zu rechnen hätte. Mein Arzt bedeutete mir, dass es wichtig sei, das Fieber auch auszuhalten. Er lehnte fiebersenkende Mittel ab. Das war für mich ebenfalls stimmig. Liebevolle Menschen arbeiteten mit mir auch geistig. Eine Nacht überlegte ich, mich nun ins Krankenhaus einliefern zu lassen. Und dann plötzlich war das Fieber weg. Die Lebenskräfte schossen wieder ein.

*Was bleibt von der Krankheit?*

Körperlich, so wünsche ich, nichts. Ich bin noch etwas geschwächt, aber das wird sich hoffentlich gut auswachsen. Aber ja, ich merke, dass sich einiges in meinem Selbstverständnis verändert. Es hat mich stets fasziniert, dass unsere Kinder mit oder nach Krankheiten oft einen markanten Sprung in ihrer Entwicklung gemacht haben. Unser Kinderarzt meinte, dass Krankheiten eben dazugehören und dass er oft beobachte, wie sie auf seltsame Art und Weise die angelegten Entwicklungen beschleunigen – nach seiner Erfahrung sowohl die körperliche als auch die psychische und charakterliche Reifung.

*Das ist bei dir auch so?*

Ja, ich bin davon überzeugt, da ist was dran. Ich glaube, wir haben als moderne Gesellschaft auch ein Stück weit verlernt, krank zu sein. Die Krankheit steht auf, und schon wird sie mit einer Pille, einem Mittel oder einer Spritze niedergeschmettert. Das ist einerseits eine Errungenschaft, andererseits beschneiden wir uns in der oberflächlichen Symptombehandlung auch der Möglichkeit so mancher Reifung.

Ich hatte wilde Träume und Anfechtungen aller Art während der Fieberwoche. Es stiegen viele Bilder aus der Vergangenheit hoch. Auch Zukunftsfragen klopften penetrant an. Ja, die Krankheit hat an mir und meiner Lebensführung gerüttelt. Im Fortgang des Gesundens habe ich beschlossen, mein berufliches Wirken noch gelassener anzugehen als bisher. Die Priorität, gut auf mich und die Familie zu schauen, habe ich noch ein Stück höher gehängt. Dafür nehme ich mir jetzt auch mehr Zeit. Ich spüre Fragen des inneren und äußeren Wohlstands noch aufmerksamer nach als zuvor. Auch nehme ich bewusster wahr, was ich essen will und was nicht. Ich spüre nach, ob meine Gedanken mit meinem Körper in Resonanz gehen. Ohne Körper geht nichts in dieser Welt. Unser Sein ist ein Geist-Sein, das sich aber ganz wesentlich über den Körper ausdrückt.

*Da ist Gutes unterwegs, gratuliere!*

Jawohl, ich bin mittendrin in einer Entwicklung, die noch weiter anhalten wird. Das gefällt mir, wenngleich auch Anfechtungen und Unsicherheiten damit verbunden sind, wohin die Reise geht. Du meintest zuvor, dass Menschen sich mitunter Krankheit auch wünschen und dass dies dann ein ambivalentes Geschehen sei. Kannst du mir mehr dazu sagen?

*Manche Menschen wählen Krankheit als Weg – teils bewusst, teils unbewusst. Und diese Verstrickung von bewussten und unbe- wussten Anteilen macht es dann sehr komplex und verwirrend, mitunter widersprüchlich. Schau dich in deinem Familien- und Bekanntenkreis um – du wirst sicherlich solche Fälle erkennen.*

(Zwei Krähen landeten auf der benachbarten Eiche, die blattlos mit ihren fein verzweigten Ästen gegen den Himmel griff. Die Vögel begannen zu streiten – soweit ich erkennen konnte, um die Kontrolle über den gemeinsamen Ast. »Das ist mein Ast«, schienen sie sich wechselseitig auszurichten. Ein paar Schnabelschläge später waren sie beide weg. Meine Gedanken trugen viele Gesichter aus meinem Freundes- und Bekanntenkreis an mir vorbei.)

Ja, du hast recht. Da habe ich einige Vermutungen. Eine gute Freundin, der es nicht möglich war, manch brutale Erschütte- rung ihrer Jugendjahre therapeutisch aufzuarbeiten – vielleicht war die Demenz für sie ein halbbewusst gewählter Weg des Vergessens. Ein Bekannter, der die Erniedrigungen in seinem Arbeitsalltag nicht mehr ertragen wollte – erst der Herzinfarkt hat ihn davon erlöst und ihn in die Freiheit der Frührente geschickt. Ich kann mir gut vorstellen, dass dies in den zwei Fällen eine wilde, ambivalente Gemengelage aus unbewussten Vorgängen und bewusstem Ausfechten war.

*Manchmal machen euch auch Befindlichkeiten krank. Ihr wisst es, könnt oder wollt euch aber nicht aus ihnen befreien.*

Auch dazu fallen mir sofort Beispiele ein: Ein älterer Arbeitskollege, der zeitlebens mit dem Thema »Sexualität« haderte, gefangen zwischen katholischer Körperfeindlichkeit, gesellschaftlichen Normen und persönlichen Bedürfnissen. Er verstarb an Hodenkrebs. Oder die Freundin, die weiß, dass sie zu viel arbeitet, und ihrem selbst prophezeiten Burn-out dennoch nicht entkommen konnte. Ich denke, grundsätzlich ist jeder Mensch gefährdet, sich hier in seinen ganz persönlichen Themen zu verstricken und keinen positiven Ausweg zu finden. Um dann schlussendlich in der Krankheit zu landen. Was kann uns helfen, konstruktive Wege zu gehen?

*Ihr seid eingeladen, immer wieder in die Achtsamkeit und Wahrnehmung zu gehen. Daraus ergeben sich Hinweise und Handlungsoptionen.*

Innehalten, wahrnehmen und bewusst werden. Zeuge seines eigenen Seins werden. Dann aber auch bewusst loslassen und absichtsvoll ins Tun gehen. Einverstanden?

*Jawohl. Diese Zeugenschaft gegenüber euch selbst könnt ihr als innere Instanz außerhalb des Denkens kultivieren. Das wird euch in der Lebensführung als Mensch sehr helfen. Und ja, immer wieder die bewusste, achtsame Wahrnehmung. Das ist gar nicht einfach, gerade für euch Männer. Was sagt dir dein Körper beispielsweise jetzt, unmittelbar in diesem Moment?*

Hm, lass mich hinspüren und -hören. (Ich hielt inne und schloss die Augen.) Meine untere Wirbelsäule sagt mir, sie will Aufrichtung. Meine Haut sagt mir (ein weiteres Innehalten): Unsere Beziehung darf besser werden. Sie will Berührung, Zärtlichkeit, Sonne und Wind, Zeit für Selbstfürsorge – aber nicht nur heute und jetzt. Und meine klammen Hände sagen mir, sie wollen nach Hause. Sofort! Es ist ihnen viel zu kalt. (Ich blickte in den Himmel. Er hatte sich bereits verdunkelt. Wind war aufgekommen, das hatte ich gar nicht bemerkt. Der Temperatursturz, wie im Wetterbericht angekündigt, war munter unterwegs.)

*Meine Baumkollegen im Westen melden aufziehenden stürmischen Schneeregen. Wenn du noch trockenen Fußes nach Hause kommen willst, musst du in der Tat zügig aufbrechen – handeln auf Basis deiner Wahrnehmungen.*

So ist es. Ich pack mich zusammen. Der aufkommende Sturm wird dir guttun. Dann wird dein Nadelkleid so ordentlich durchgeschüttelt. (Aus der Ferne war ein erstes Donnergrollen zu hören.)

*Ich bin bereit.*

(Ich hörte so was wie ein Baumlachen.)

Gehab dich wohl!

Ich habe eingeplant, in den nächsten Wochen öfter zu dir zu kommen. Es ist immer wieder eine Freude und Wohltat, mich mit dir auszutauschen.

*Alles Gute. Bis bald!*

(Ein Blick in die bereits tanzende Baumkrone, eine freundliche Berührung und weg war ich.)

# 14

# Erkenne dich selbst:
# Auf in die Talente und Berufung!

Cheerio! Zum zweiten Mal in derselben Woche. Wir haben einen Lauf miteinander.

*Offensichtlich. Sind das Verhaltensänderungen nach deiner Krankheit?*

Mitunter, ja. (Ich war mir selbst nicht sicher, wollte in diesem Moment aber auch nicht darüber nachdenken. Ich freute mich einfach, da zu sein.)

Was für ein prächtiger Frühlingstag! Ich habe mir beim Heraufgehen ausgedacht, dass *du* heute das Thema vorschlägst.

*Einverstanden.*

Was sagst du an?

*Gib mir Zeit. (Stille.) Es ist gut für euch Menschen, euch selbst zu erkennen.*

Okay. Und weiter?

*Eben das als Thema. Das gehört in das Buch hinein, das wir hier gemeinsam schreiben. Du hast die Tendenz, es zu vergessen, weil du es für dich schon durchdekliniert hast. Mitunter auch aus falsch verstandener Demut.*

Wie meinst du das?

*Talente und Berufung. Das sind zwei deiner Lieblingsthemen, hab ich das richtig verstanden?*

Ja, ich habe in den letzten Jahren viel darüber nachgedacht und geschrieben.

*Dann berichte! Das fasziniert selbst uns Bäume: wie ihr Menschen euch entfaltet – zwischen Seelenauftrag und freiem Willen. Zu welchen Schlüssen bist du in deinem Leben bisher gekommen?*

Ich bin zur Auffassung gelangt, dass das irdische Leben – so, wie auch du es sagst – ein ewiges Werden ist. Immer wieder hin zur Reife. Und zum Abschied. Mir wurde klar, dass ungelebtes Leben vergiftet. Jeder Mensch ist einzigartig und mit Talenten ausgestattet.

Mit sehr unterschiedlichen Talenten. Unser Schulsystem fördert hier nur einen Teil davon. Wir sind als Individuen viel reicher, als die Schulzeugnisse uns glauben machen wollen. Und dieses Potenzial will in die Entfaltung. Das ist die große Einladung des Lebens, davon bin ich überzeugt. Unsere Talente und Potenziale sollen blühen wie die Kirschbäume im Frühjahr. Die feiern das Leben in einer unglaublichen Üppigkeit. Und wenn die Blüte gut ist, dann darf man sich auf reiche Ernte im Sommer freuen.

*Das Leben meint Wachstum, Entfaltung, Reifen.*

Ja, unsere Seele will pulsieren – im Hier und Jetzt. Deswegen haben wir uns auf den Weg zu diesem Planeten gemacht, hinein in diesen Körper. Für ein Erdling-Abenteuer. »Ich gehe jetzt auf die Erde und lebe als Mensch. In vollen Zügen.«

*Und dann kommt ihr hier an. Eure Kinder entfalten sich weitestgehend unbewusst. Aber bei euch Erwachsenen wird es idealerweise zu einem bewussten Akt.*

Dazu sind wir eingeladen. Auch wenn die Rahmenbedingungen sehr unterschiedlich sind. Manche von uns haben schlechte Startkonditionen, andere gute. Doch kein Leben ist einfach. Sachzwänge dirigieren uns, Hormone steuern uns, Erziehung prägt uns, das politische System lenkt uns, Emotionen beuteln uns. Doch wir bleiben wundersame Geschöpfe des freien Willens.

*Ihr seid nicht nur reich an Talenten. Ihr seid auch reich an Möglichkeiten.*

So ist es. Ein Ozean an Optionen geht vor uns auf. Die Kunst der menschlichen Lebensführung liegt – gerade für uns Kinder der Postmoderne – darin, in diesem Meer der Möglichkeiten nicht zu ertrinken. Wir sind evolutionär noch nicht ausreichend darauf trainiert. Die technologische Entwicklung ging sehr schnell. Ein Beispiel: Noch in meiner Kindheit hatte ich nur zwei Fernsehkanäle zur Auswahl. Eine Generation später haben meine Kinder zu jeder Sekunde zig Kanäle zur Verfügung – von Amazon bis YouTube, von der x-fach besuchten Pornoseite bis zum Kinderprogramm.

So vieles steht uns offen. Millionen von Möglichkeiten zur Lebensgestaltung. Im Kontext der Menschheitsgeschichte ist das ein großes Privileg. Noch nie in der Entwicklung unserer Spezies hatten wir derart viele Optionen. Doch damit wird auch die Qual der Wahl laufend größer. Daran zerbrechen immer mehr Menschen. Wir müssen uns gut selbst führen, sonst werden wir von hunderttausend Stimmen und Bildern – ziemlich planvoll und teils schamlos – verführt. Die Gefahr destruktiver Sackgassen lauert an jeder Ecke. Burn-out, Depression, Sucht, um nur drei davon zu nennen.

*Was hilft euch in der Selbstführung?*

Wir müssen immer wieder unsere Entscheidungsfähigkeit stärken. Denn ohne sie verlieren wir unsere Handlungsfähigkeit. »Erfolgreiche Lebensführung« sollte ein Schulfach sein. Denn es braucht ein grundsätzliches Verständnis der Grammatik der menschlichen Entfaltung. Diese Grammatik kann man lernen. Dazu kann man Modelle entwerfen und mit ihnen das Verstehen und Anwenden üben. Ich habe in meinem vorletzten Buch *Sei Pilot deines Lebens* solch ein Modell entwickelt. Ich nenne es die »High Five der persönlichen Entfaltung«. Unser Aufblühen und Reifen vollzieht sich über fünf Schritte, ich nenne sie »Schichtungen«. Weil wir in bewussten Entwicklungsprozessen Schicht für Schicht wachsen wie die Bäume mit ihren Jahresringen. Und diese Schichtungen sind und bleiben auch miteinander verbunden.

*Gehen wir sie durch, diese fünf Schichtungen. Die gehören hierher!*

Okay, wenn du meinst. Am Beginn, so bin ich überzeugt, steht die Entscheidung, ob ich mich als schöpferisches Wesen begreife oder als hilfloses Opfer der Umstände. Nur für erstere Personen ist es möglich, sich gut selbst zu führen. Das hilflose Opfer verkommt in Ohnmacht.

So ich beschließe, die Zukunft als einen Raum zu begreifen, den ich miterschaffe, starte ich in die Schichtung 1: ins Bewusstwerden. Dafür braucht es ein Innehalten und Wahrnehmen. Einen Einkehrschwung bei mir selbst.

Es gibt viele Wege, wie wir zu uns selbst kommen. Doch quer über alle Hochkulturen und Weltreligionen wurden einige Königswege kultiviert und ausgeschildert: die Liebe als öffnende Kraft, die Natur als Spiegel und Begleiter, der Körper als sprechendes Zuhause, Kinder als Inspiration und stete Provokation, die Kunst als Spiegeluniversum, wahrhaftige Begegnungen mit anderen Menschen und dem Leben in all seinen Erscheinungen, Meditieren, Träume, die Auseinandersetzung mit meinen Ängsten und Schatten … All das sind Pfade zur Erkenntnis. In Workshops lade ich die Teilnehmerinnen und Teilnehmer bei Schichtung 1 in einen fiktiven Helikopter ein, um mit diesem lautlos aufzusteigen. Sodann kommen sie still über sich selbst zu stehen und sind eingeladen, von oben auf sich und ihr Leben zu schauen: Was höre ich? Was sehe ich? Was spüre ich? Was ist in meinem Leben, in meiner Familie, in meinem Job? Was sagen mir mein Körper, meine Gefühle, mein Geist, meine Nachbarin, meine Lieben, mein Hund, mein Herz …?

*Und, können sie hören, spüren und sehen?*

Alle. Ausnahmslos alle, die wollen. Aber freilich, es ist Übungssache, wie so ziemlich alles im menschlichen Leben nicht sofort klappt.

*Dann geht ihr in die Schichtung 2?*

Ja, sodann geht's ins »Loslassen«. Wenn wir uns bewusst in die Entfaltung begeben, ist es meines Erachtens ratsam, aus dem Bewusstwerden heraus nicht sofort ins Tun zu gehen. Sondern sich davor noch bereit für das Neue zu machen. Das heißt, Raum zu schaffen. Durch Loslassen, denn nur die leere Hand kann empfangen.

*Da fragen sich dann die Menschen, was sie loslassen sollen, nehme ich an. Das ist nicht eure Stärke.*

Exakt, beim Loslassen kommen viele Ängste. Die Angst sollten wir tiefer gehend besprechen. (Ich machte eine Notiz.) Das ist hiermit schon festgehalten für unsere nächste Session.

*Was könnt ihr Menschen alles loslassen?*

Die Möglichkeiten zum Loslassen sind für uns gleichsam unendlich. Hier ein paar Topkandidaten: Anspruchsdenken, fixe Ideen, Verdächtigungen, Begierden, Glaubenssätze, Gefühle, den Alltag, nervige Mitmenschen, Aufgaben, Funktionen, Gerätschaften, Besitztümer, Bewertungen, lähmende Konflikte, Verhaltensmuster, Abhängigkeiten, unangenehme Erinnerungen, schlechte Gewohnheiten, Alltagsgerümpel, Anspannung, Schmerzen, übersteigertes Pflichtgefühl, unguten Stress, Enttäuschungen, Kränkungen, Krankheit, Probleme aller Art, die Vergangenheit, die Zukunft ...

Lasst ihr Bäume auch gelegentlich los?

*Allemal. Jedenfalls unsere Blätter und Nadeln, um bereit für neues Wachstum zu sein. Der Frühlingssturm nach unserem letzten Treffen war eine ziemliche Loslass-Orgie.* (Da war es wieder, dieses Baumlachen.)

Du bist lustig heute. Und irgendwie komm ich mir seltsam vor, wenn du mich mein eigenes Modell abfragst.

*Du hast es mir freigestellt, das Thema zu benennen. Also, weiter! Schichtung 3.*

In Schichtung 3 geht es nun darum, sich mit der eigenen Berufung zu verbinden. Mit dem »Inneren Ort«, mit dem »Höheren Selbst«. Wir waren schon ab und an bei diesen Themen. Schichtung 3 ist dann der Ausgangspunkt für die Formgebung für das Neue in unserem Leben.

»Dort, wo deine Talente die Bedürfnisse der Zeit treffen, liegt deine Berufung«, sagte Aristoteles. Das ist ein großartiges und kraftvolles Bild für mich. An diesem Kreuzungspunkt sollen wir Anker werfen, konkret anpacken. Das kommt mit Schichtung 4. Hier kristallisiert die innere Energie in äußere Formen.

Wenn wir an unserem Inneren Ort Klarheit haben, dann fließt diese in weltliche Formen des Seins und Tuns. Henry David Thoreau formulierte es so: »Was vor uns liegt und was hinter uns liegt, ist nichts im Vergleich zu dem, was in uns liegt. Wenn wir das, was in uns liegt, nach außen in die Welt tragen, geschehen Wunder.« Dann ist also der Download des göttlichen Funkens in irdischen Formen unterwegs.

Im solchermaßen verbundenen Schaffen reifen wir schlussendlich in die Schichtung 5, in die Meisterschaft, in die vollumfängliche Verkörperung des Neuen. Wir manifestieren es durch unser Sein und Tun.

*Und dann?*

Die Meisterschaft ist eine große Freude. Manchmal ist es so, dass wir ganz in ihr aufgehen. Die Psychologie spricht von Flow, die Managementliteratur von Performanz. So wie eine Malerin, die mit ihrem Pinsel verschmilzt und dabei aus Raum und Zeit kippt. So wie ein Tischler, der den neuen Wandschrank installiert und dann einen Schritt zurücktritt, um sein Werk zu betrachten, durchwallt von großer Freude über das Vollbrachte. So wie ein Kletterer, der sich durch die Wand hinaufbewegt wie in Trance. Ich habe den Eindruck, dass wir dabei – wie durch ein Schlüsselloch – ein Stück Unendlichkeit erspähen.

Dieser entzückte Blick durch das Schlüsselloch ist ein freudvolles Echo unserer außerzeitlichen Wesenheit, die wir ja allezeit sind, aber als Fleischlinge mit unseren Sinnen nicht greifen können. Das ist eine Hypothese von mir; ich kann es nicht beweisen. Was sagst du dazu?

*Oh ja, wenn ihr mit eurem irdischen Sein und Tun eure Seele zum Tanzen, Singen und Jubilieren bringt, dann atmet ihr einen*

*Hauch des Göttlichen, dann seid ihr verbunden – mit euch, mit*
*allem Sein. Schön, wenn ihr das spüren könnt.*

Fein, dann werde ich das fortan lautstark trommeln.

*Mach das. Und bleib auf dem Thema drauf! Hier kannst du*
*viel Gutes ins Leben bringen.*

Wie soll ich das verstehen?

*Stell dich nicht dumm. Du weißt, was ich meine. So wie bei*
*allen Menschen ist es deine Aufgabe und Pflicht, deine Talente in*
*den Dienst zu stellen.*

Okay. Erwischt. (Stille.) Das war jetzt wohl aufgesetzte
Demut?

*Echte Demut ist eine große menschliche Tugend. Gespielte*
*Demut schneidet dich von dir selbst ab.*

Einverstanden. Wenn ich ehrlich bin, macht es mir ja auch
große Freude, das Thema zu vertiefen und unter die Leute zu
bringen.

*Dann steh zu deiner Größe in diesem Feld. In Demut. Und in*
*Dankbarkeit für dein Talent.*

Okay. Botschaft verstanden. Ich werde es tun.

(Schon hatte ich meine Sachen zusammengepackt und die
ersten Schritte Richtung nach Hause gemacht. Da schoss mir
noch eine freudige Nachricht ein, die ich teilen wollte. Ich
drehte mich nochmals um.)

Apropos Berufung: Wir haben den Auftrag nun offiziell!

*Welchen Auftrag?*

Das Buch! Ein namhafter Verlag in Deutschland findet,
wir sollten unsere Gespräche veröffentlichen. Gestern kam
die finale Zusage. Wir sind nun also offiziell Co-Autorin und
Co-Autor. Ich meinte, ich schreib das Buch gemeinsam mit
einer Föhre. Sie antworteten, dass sie den Auftrag in Erman-

gelung einer Zustelladresse jetzt mal mir schicken. Das fand ich lustig. Und ich freu mich riesig.

*Ich werde über ein Postfach nachdenken.*

Baumhumor?

*Ja. Jedenfalls freue ich mich auch auf weiteres gemeinsames Sein und Tun. Bis bald!*

## 15

# Über Freiheit und Sinn, persönliche Angst- und Schatzgärten

(Als ich dieses Mal bei »meiner« Föhre ankam, hatte eine Gruppe von Schulkindern unter ihren Ästen ein Lager aufgeschlagen. Zwanzig Rucksäcke lagen übereinander, und die Mädchen und Jungen schwirrten durch das kniehohe Gras, um mit ihren Lupenbechern Insekten zu fangen.)

Hallo, Baum. Du gehst fremd!

*Nun ja, du wirst es mir verzeihen. Sie mögen mich. Und gleichzeitig bleibe ich auch »dein« Baum.*

Okay. Ich wähle den wilden Kirschbaum vis-à-vis als Ausweichquartier und behalte dich im Auge.

*Das ist eine gute Idee. Wir sind verbunden. Welche Themen bringst du heute mit?*

Einerseits die Angst – wie beim letzten Mal notiert. Andererseits nochmals die Berufung. Und irgendwie gehören sie zusammen.

*Leg los!*

Unser Gespräch letzte Woche zum Thema »Berufung« hat mich weiter beschäftigt. Ich hatte ein Gespräch mit meiner Nachbarin dazu. Sie wuchs im kommunistischen Ungarn auf, hinter dem Eisernen Vorhang. Ihre Freundin wurde beim Versuch der Überquerung der grünen Grenze erschossen. Ihr Schulkollege flüchtete erfolgreich. Sie selbst musste bis 1989 auf ihre »Befreiung« warten. Sie meinte, das Konzept der Berufung fuße auf der Vorbedingung der Freiheit, und fragte mich, was dies dann bedeute, wenn man Angst um sein Leben haben müsse, um Freiheit zu erreichen.

*Was hast du geantwortet?*

Hm, ich hatte einige Ansätze für Antworten im Kopf. Aber mein Bauch meinte, ich möge genauer darüber nachdenken. Ich spürte, dass sie hier einen großen Schmerz in sich trug. Es roch nach gestohlener Lebenszeit, nach gefangener Jugend. Sehr existenzielle Dimensionen. Ich empfand es so, dass ich in diesem Kontext nicht vorschnell Position beziehen sollte, da ich in einem Land aufwuchs und lebe, in dem ich sehr große Freiheiten hatte und habe.

*Dann hast du also länger überlegt.*

Ja, ich saß nach diesem Gespräch in meinem Büro und starrte auf ein kleines Spruchbild von Perikles, das ich von liberalen Freunden im Europäischen Parlament in Brüssel erhalten hatte: »Das Geheimnis des Glücks ist die Freiheit, und das Geheimnis der Freiheit ist der Mut.« Da ist wohl was dran, sagte ich mir. Doch es schien mir eine unpassende Anmaßung, ihr diesen Spruch zu überbringen.

Auch überlegte ich mir, ihr von Nelson Mandela zu erzählen und warum er mich so fasziniert. »I am the master of my fate, I am the captain of my soul.« Das war eines seiner Mantras. »Ich bin der Meister meines Schicksals, ich bin der Kapitän meiner Seele.« Das trug ihn durch siebenundzwanzig Jahre Haft als politischer Gefangener. Er hatte es vom englischen

Schriftsteller William E. Henley geliehen. Dieser beschreibt in seinem Gedicht »Invictus« sein Ringen mit der Knochentuberkulose und den Kampf um sein zweites Bein, nachdem ihm das erste abgenommen worden war.

*Aber auch dieses Zitat hast du ihr nicht überbracht?*

Ja und nein. Ich gab ihr mein letztes Buch *Kraft und Inspiration für diese Zeiten*, wo ich dieses Gedicht zitiere und über meinen Besuch beim ehemaligen Wohnhaus von Nelson Mandela in Soweto in Johannesburg schreibe. Und ich erzählte ihr von Pia, einer meiner »kleinen« Heldinnen. Nicht so ikonisch wie die Kindheit hinter dem Eisernen Vorhang oder das Leben von Nelson Mandela. Aber sehr inspirierend allemal.

*Berichte mir von Pia!*

Gerne. Pia hat mir vor rund zwei Jahren die Haare geschnitten, in Vertretung meines damals erkrankten Stammfriseurs. Anfangs war ich sehr skeptisch, weil ich gerade dabei war, meine Haare wachsen zu lassen. All die Jahre im Parlament hatte ich einen Kurzhaarschnitt. Die neue Lebensphase rief nach längerem Haar. Eine ordentliche Frisur wollte daraus vorerst aber nicht entstehen, weil ich eine sehr hohe Stirn habe. Daher war ich sehr zögerlich, jemand anderen als meinen persönlich gewählten Meister in dieses laufende Wachstumsexperiment einzubinden. Doch wollte ich nicht unhöflich sein und setzte mich etwas mürrisch auf den Friseursessel.

Pia begann ihre Arbeit mit einem freudigen Lächeln. Ich sah das Funkeln in ihren Augen. Das erhellte auch mein Gemüt. »Du liebst deinen Job?«, fragte ich sie. »Ja«, strahlte sie. »Ich schreibe gerade ein Buch über das Thema ›Berufung‹. Und ich finde es so großartig, wenn Menschen ihren Beruf lieben.

Erzähl mir davon!«, forderte ich sie auf. So berichtete Pia mir, dass sie immer schon wusste, was sie sein wollte. Schon als kleines Mädchen liebte sie es, sich mit Freundinnen zu stylen, die Haare herzurichten, sich zu schminken. Aber ihre Eltern bestanden darauf, dass sie einen »ordentlichen Beruf« erlerne. Sie hatten zwei kleine Restaurants, und so machte Pia auf Druck von Vater und Mutter eine Ausbildung im Gastronomiebereich.

Ihren Traum jedoch vergaß sie nicht, sie ließ ihn nicht los. Dann kam der Moment, wo sie von der Passagierin der Erwartungen ihrer Eltern zur Pilotin ihres Lebens wurde. »Ich erinnere mich noch genau«, erzählte sie, »da war dieser Tag, an dem ich die Gastronomielehre offiziell abgeschlossen hatte. Ich kam nach Hause mit meinem Zeugnis, legte es meinen Eltern auf den Tisch und noch etwas dazu. Meine Botschaft an sie und an mich: Hier ist mein Abschlusszeugnis für die Gastro. Und hier ist mein Lehrvertrag als Friseurin. Das ist das, was ich machen will und machen werde.«

*Seit damals ist sie Friseurin?*

Ja, seit rund zehn Jahren. Glückliche Friseurin. Aktuell in Babypause. War sie nicht eine Heldin? Sie wies die Angst zurück, und sie nahm sich den Mut, um sich die Freiheit zu geben. Frei nach Perikles; intuitiv, ohne ihn zu kennen. Sie erklärte sich einfach für ihr eigenes Glück zuständig. Ein kühner Akt eines jungen Menschen.

Sie tat das, was ihre Eltern nicht taten: Sie spürte ihren Leidenschaften, Talenten und Bedürfnissen nach. Sodann traf sie eine Entscheidung: »Weißt du, im Rahmen der berufspraktischen Tage als Mittelschülerin wurde mir klar, dass mir nichts so viel Freude bereiten würde wie der Friseursalon. Allein, wenn ich Haare aufkehren konnte, hat mir dies Spaß gemacht«, berichtete sie mir fröhlich lachend. »Ich liebe das positive Gefühl, das ich habe, wenn die Menschen zufrieden hier hinausgehen. Wenn ich in den Gesichtern erkennen kann, dass ich einen Beitrag zu ihrem Wohlbefinden und ihrem Selbstbewusstsein geleistet habe.«

*Was folgerst du aus Pias Geschichte?*

Dass wir uns an ihr ein Beispiel nehmen können – an ihrem Mut, an ihrem Umgang mit Ängsten, die sie sicherlich haben musste. Wer enttäuscht schon gerne seine Eltern? Die haben es wahrscheinlich auch nur gut gemeint und wollten ihr einen soliden Platz in der Zukunft geben. Aber der größte Experte für mein eigenes Leben bin ich selbst! Jede und jeder von uns. Pia hat das vorgezeigt. Sie hat sich einfach ins Cockpit ihres Lebens gesetzt, den Steuerknüppel in die Hand genommen und ihrem Leben eine Richtung gegeben. Dies entschied sie in ihren jugendlichen Jahren im Einklang mit der Stimme ihres Herzens und ihrer Intuition.

*War deine Nachbarin von dieser Geschichte denn dann beeindruckt?*

Sie nahm sie jedenfalls interessiert auf und nickte. Völlig nachvollziehbar brachte sie den Einwand, dass Pia ihre Entscheidung aber nicht unter Einsatz ihres Lebens treffen musste. So kamen wir in die Diskussion über Viktor E. Frankl, sein Leben und seinen Ansatz der Existenzanalyse und Logotherapie.

*Ein großer Sohn unserer Stadt, welcher der Welt viel gegeben hat!*

Ja, so sehe ich das auch. Von seiner Haltung können wir unendlich viel lernen.

*Vor einigen Jahrzehnten verbrachte eine junge Frau an diesem Ort hier den Sommer und las unter meinen Ästen ein Buch von ihm.*

Wahrscheinlich war es sein großer Welterfolg … *trotzdem Ja zum Leben sagen. Ein Psychologe erlebt das Konzentrationslager.* Mit diesem Werk führte er nach dem Zweiten Weltkrieg die Logotherapie ein. Das Buch erschien in 26 Sprachen und hatte über zwölf Millionen Leserinnen und Leser. Sehr beeindruckend.

*Jawohl, darum ging es. Manchmal kam sie allein, manchmal mit ihrem amerikanischen Freund. Ein junger Soldat, der hier in der Gegend engagiert war. Da drüben am Waldrand stand auch nach dem Zweiten Weltkrieg für einige Jahre noch eine Kaserne.*

Ein amerikanischer Besatzungssoldat, der sich in eine Wienerin verliebte?

*So war es. Sie diskutierten oft lange bis in die Nacht hinein. Sie waren verliebt, und sie inspirierten einander. Der Abschied unter Tränen fand an einem Sommerabend in meinem Schatten statt. Sie gelobten sich ewige Treue und dass sie beide Viktor Frankls Fach studieren würden. Sie hier in Europa und er jenseits des Atlantiks.*

Wie ging es weiter?

*Über ihre Ausbildung und ihren Beruf bekam ich keinen Einblick mehr. Doch sie besuchten mich zwanzig Jahre später mit zwei Kindern. Diese sprachen Englisch. Und sie waren offensichtlich eine liebevolle Familie.*

Was hatte diese junge Frau an Frankl fasziniert?

*Sein Lebenswille. Seine Einsichten. Seine Entschlossenheit. Ich höre sie noch sagen: »Es ist so unvorstellbar, was dieser Mensch erlebt hat. Ein Großteil seiner Familie wurde grausamst ermor-*

*det und er selbst durchwanderte vier Konzentrationslager. Dann steht er da und spricht vom Sinn des Lebens.« Sie las ihrem Geliebten Textstellen vor, in denen Frankl klarmacht, dass es möglich sei, auch unter inhumansten Bedingungen einen Sinn im Leben zu sehen. So erzählte sie ihm, dass nach Frankls Erfahrung jene Häftlinge eine höhere Überlebenschance hatten, auf die jemand in Liebe wartete. Das habe diesen Betroffenen Sinn gestiftet und Lebenskraft.*

Ja, spannend. Viktor Frankl selbst hatte in den Jahren der Haft die klare Vorstellung, dass er zukünftig Vorlesungen über seine Erfahrungen und die Auswirkungen der Konzentrationslager auf die Psyche der Menschen geben werde. Ich erlebte ihn Ende der Achtzigerjahre in unserer kleinen Bezirkshauptstadt Bludenz bei einem Vortrag. Damals hatte er den achtzigsten Geburtstag bereits hinter sich. Er berichtete, dass er vor einigen Jahren erst den Flugschein gemacht habe. Er wollte sich seinen Ängsten stellen, sie akzeptieren und dadurch überwinden.

»Stress ist das Salz des Lebens«, sagte er. Ich notierte mit und habe den Notizzettel mit diesem Zitat heute noch immer, dreißig Jahre später. Es war ein hilfreicher Hinweis, der mich durch so manche Nöte meiner Sturm-und-Drang-Zeit trug, vor allem auch durch die letzten zwei Schuljahre, die ich gelegentlich mit etwas Widerwillen absolvierte. Wenige Begegnungen meiner Jugendjahre haben mich so fasziniert.

*Was inspiriert dich am meisten an Viktor Frankls Leben und Schaffen?*

Seine Überzeugung und sein Vorbild, dass einem die letzte Freiheit nie genommen werden kann: die Freiheit, eine Haltung einzunehmen gegenüber dem, was ist. Und dass für ihn Angst keine Entschuldigung ist, kein Grund zur Selbstaufgabe.

Er hat für uns Menschen breite Wege zum Sinn ausgeschildert. Die Einladung, die eigenen schöpferischen Werte zu verwirklichen, seine Einzigartigkeit und Einmaligkeit zu leben und auch in der Konfrontation mit persönlichem Leid nicht die Verantwortung abzugeben. Gestaltend zu bleiben. So wie Nelson Mandela in seiner Gefangenschaft begann, Tomaten zu züchten. Ein schöpferischer Akt, den er durch Mut und Beharrlichkeit durch- und umsetzte. Auch wenn es in den Augen junger Revolutionäre lächerlich und als Verrat erschien, dass sich ihr Held zum Gärtner wandelte. Doch es war diese Haltung der Freiheit, Verantwortung und Selbstverantwortung, die ihm später als Präsident auch die Kraft, Macht und Autorität verlieh, Hass und Rachedurst in ein Miteinander zu verwandeln.

Es sind diese Lebenszeugnisse, die uns lehren, dass wir als Menschen gerade in Grenzsituationen des Daseins aufgerufen sind, Zeugnis darüber abzulegen, wessen wir fähig sind.

*Du kommst ins Schwärmen.*

Ja, vielleicht. (Ich hielt inne und vergegenwärtigte mir meine Umstände. Ja, hier sprachen ein Mensch und ein Baum miteinander.)

Was glaubst du, worüber?

*Übers Menschsein. Oder?*

Na ja, nichts anderes bin ich. (Stille.) Aber natürlich ist es mitunter auch schwer.

*Was genau?*

Das Menschsein.

*Wann besonders?*

Dann zum Beispiel, wenn uns die Angst übermannt. Oder kennt ihr Bäume auch Ängste?

*Nein, nicht im menschlichen Sinne. Wir sind frei davon.*

Warum eigentlich?

*Wir brauchen sie nicht.*

(Ich stand auf und klopfte gegen den Stamm meines Gastbaums, der Kirsche.)

Willst du mir damit sagen, wir Menschen brauchen die Angst?

*Ja.*

Wofür?

*Zum Menschsein.*

Inwiefern? Gib mir ein Beispiel.

*Weil sie Begleitschutz für euren freien Willen ist. Wir Bäume müssen nicht entscheiden, ob wir bei Rot über die Straße gehen oder nicht. Ihr jedoch solltet eure Entscheidung gut prüfen. Und die Angst ist eine hilfreiche Partnerin dabei.*

Okay. Gekauft.

*Du hast dich viel mit dem Thema »Angst« auseinandergesetzt. Was ist dein Erkenntnisstand?*

Du willst den Zwischenbericht eines 48-jährigen Menschen?

*Jawohl, ich habe den Eindruck, es tut dir gut, wenn du dir selbst beim Reden zuhörst.*

Ich staune über dein pädagogisches Geschick. Aber sei's drum. Du hast eh recht. Gerne erzähl ich dir.

*Gerne höre ich dir zu. Du weißt ja, das können wir Bäume sehr gut.*

Jaja, in Ordnung. Jetzt nicht angeben! (Ich setzte mich wieder, um mich zu sammeln.)

Also, ich stimme mit dir überein: Ängste gehören zum Menschsein dazu. Du formulierst es nur so brachial, dass ich im ersten Moment Probleme hatte, es anzunehmen. Ich halte es für eine Qualität, die eigenen Ängste wahrzunehmen. Und ich halte es für eine Kunstfertigkeit der menschlichen Lebensführung, sie einzufangen und einzuordnen. Denn freilich ist es elend, von ihnen geritten zu werden. Wir sollten nicht Passagier unserer Ängste sein. Das macht krank, raubt Lebensfreude.

*Welchen Umgang mit der Angst empfiehlst du Menschen?*

Wir sollten ihr eine gute Rolle geben. Sobald beispielsweise das Unbekannte im Spiel ist, sitzt die Angst mit im Boot. Sie ist wichtige Hinweisgeberin: »Sei vorsichtig, gehe mit Bedacht!« Natürlich drängt sie sich oft in den Vordergrund, dann müssen wir ihr einen Platz zuweisen.

Wir sollten sie achtsam begrüßen und studieren. Und wir sollten dann noch weiter gehen: Wir können sie zu unserer Verbündeten machen und zum Mitglied in unserem »Inneren Team«. Frei nach Friedemann Schulz von Thun, dem international renommierten Psychologen. Er hat uns eindrücklich gelehrt, dass das menschliche Innenleben vielstimmig ist. Wir selbst sollten die Leitung dieses pluralen inneren Teams übernehmen und die verschiedenen Stimmen und Perspektiven nutzen. Sie helfen in der Selbstklärung und stärken uns so in unserer gestalterischen Kraft in der Gemeinschaft.

*Also ist auch die Angst eine konstruktive Partnerin?*

Potenziell ja. Die Spannung, das Zwicken, die Reibung, ja sogar die Krise und eben die Angst gehören zum menschlichen Leben. Noch in keinem Kreißsaal auf diesem Planeten kam neues Leben auf die Welt, ohne dass es gezwickt, gerieben oder gespannt hätte. Auch die Angst war immer mit an Bord.

Auf den ersten Blick bedeutet dies Beklemmung. Doch wir können das auch umdeuten: Immer wenn die Angst auftritt, sind wir eingeladen, unser System mit Interesse, Neugierde und Achtsamkeit hochzufahren – in der Haltung: »Ah, da will was Neues rein in unser Leben! Danke, liebe Angst, dass du dies markierst.« Sie ist eben ein wichtiges inneres Teammitglied.

*In deinem Inneren Team – wer ist da noch mit dabei? Mit wem ist die Angst da unterwegs?*

Damit die Angst von der Wächterin und »Türsteherin« nicht zur Reiseleiterin mutiert, weise ich ihr die Rolle als Teammitglied und nicht Teamchefin zu. Sie möge sprechen, aber nicht immer und nicht ignorant dominant. Sie ist wichtige Signal- und Hinweisgeberin.

In meiner Vorstellung setze ich sie auf meine linke Schulter – sie hat ihren Platz zwischen meinem Bandscheibenvorfall und meinem verstorbenen Vater. Auch die zwei reden mit mir, geben mir Hinweise, Tipps und Empfehlungen. Sie sind voller Wohlwollen. Doch sie dominieren mich nicht.

*Wäre es vorstellbar, dass jemand von denen – die Angst, der Bandscheibenvorfall oder dein verstorbener Vater – dich dominiert?*

Ja, freilich. (Ich musste lachen.) Unlängst begleitete ich eine zweiundsechzigjährige Ärztin durch ein paar Lebensfragen. Sie erzählte mir, dass ihr Vater – ein einst angesehener Chirurg – sie für eine schlechte Ärztin halte. Ich fragte sie, ob ihr Vater nicht bereits gestorben sei. »Ja, vor zwölf Jahren«, antwortete sie mir.

»Dann erachte ich es für unwahrscheinlich, dass er dir immer noch diese Vorhaltungen macht.«

»Was soll ich tun?«, fragte sie.

»Befreie dich von deiner Angst, nicht zu genügen! Du bist genug. Jeden Tag aufs Neue bist du genug. Verabschiede dich von den Erwartungen deines verstorbenen Vaters!« Das war meine Einladung an sie.

*Und, hat sie diese angenommen?*

Ja, sie war sehr interessiert daran. Daher stiegen wir in ein Verabschiedungsritual ein.

Wir spielten eine fiktive Begegnung mit ihrem Vater durch: Sie standen sich gegenüber. Die Tochter hielt ein fiktives Paket in ihren Händen und sprach zu ihrem Vater: »Lieber Papa, schau, das ist *dein* Paket. Ich habe es bis heute getragen. Es sind *deine* Erwartungen, nicht meine. Heute gebe ich es dir zurück. Ich bin für *mein* Leben, Tun und Lassen selbst verantwortlich. Nimm du *dein* Paket und schau gut auf mich, wenn ich *meine* Wege gehe.«

*Welche Wirkung erzielte dieser Austausch?*

Große Erleichterung. Entspannung. Befreiung. Wir gingen dann einen Schritt weiter und integrierten ihren Vater in ihr Inneres Team. Er fand seinen Platz direkt neben ihrem achtjährigen Ich auf ihrer rechten Schulter.

Fortan kann sie mit ihrem wohlwollenden Vater in Austausch gehen, wenn immer ihr danach ist, wann immer sie es für sich als gut und stärkend empfindet. Und wenn ihr Vater mit den ihm zugeschriebenen Charakterzügen wieder einmal in eine negative Dominanzrolle schlüpft, dann wird die Tochter ihm den Platz zuweisen: »Papa, du bist mein lieber und stärkender Vater. Du bist hier nicht Reiseleiter. Ich selbst bin die Pilotin meines Lebens. Zurück auf die Schulter! Ich habe dich voller Wertschätzung im Augenwinkel. Du bist allezeit bei mir. Wir sind immer verbunden ...«

*Gelingt es den Menschen leicht, solche Praktiken in ihr Leben zu integrieren?*

Das hängt vom Interesse und von der individuellen Bereitschaft ab. Diese wiederum wurzelt auch in Umfeldfaktoren und der individuellen Biografie. Aber wir können uns ja bewusst weiterentwickeln. Jedenfalls gilt: Wenn zur Integration solcher Praktiken keine Absicht formuliert wird, dann findet sie auch nicht statt. Wenn hingegen der aktive Wille definiert ist, dann fällt es gar nicht so schwer. Freilich ist es – wie so ziemlich vieles im menschlichen Leben – Übungssache.

Nachvollziehbar? Welchen Umgang mit Ängsten empfiehlst du als hölzerne Menschenkennerin?

*Ja, ich finde auch, ihr dürft und sollt liebevoll mit euren Ängsten umgehen. Sie sind wertvoll. Sie sind Ausdruck eures einzigartigen schöpferischen Wesens. Keine Angst ist wie die andere. Aber jede ist zutiefst menschlich.*

Das ist auch meine Erfahrung. Ängste sind hochgradig subjektiv. Ich kenne Millionäre, die Angst vor Armut haben. Meine Nachbarin hat Angst vor Katzen. Ich vor Dunkelheit nachts allein im Wald oder am Berg. Das ist reichlich irrational. Eher werde ich irgendwo in der Stadt angefahren als auf einer Bergspitze überfallen. Ja, Ängste sind großartige Hinweisschilder: »Der schrecklichste Drache hütet das Wertvollste«, sagt ein asiatisches Sprichwort. Der Mythenforscher Joseph Campbell meint: »Nur wenn wir in den Abgrund hinabsteigen, finden wir die Schätze des Lebens. Dort, wo du stolperst, liegt dein Schatz.«

*Du sollst der Angst also nicht davonlaufen, sondern dich mit ihr auseinandersetzen?*

Ja, wo die Knie schlottern, dort sollst du graben! Dein Angstgarten ist dein Schatzgarten. Davon bin ich mittlerweile überzeugt.

Als ich mich vor zehn Jahren für fünf Tage und vier Nächte in den Wald legte, um mich mit meinen Ängsten zu konfrontieren, wurde ich reich belohnt. Ich bekam mein »Lied des Lebens«. Klarheit am Inneren Ort. Die machtvollste Intervention meines bisherigen Erwachsenenlebens – neben Heiraten, Papa-Werden, später Partei-Gründen.

*Die Begegnung mit der Angst öffnet dich für Neues?*

Auf jeden Fall. Deswegen halte ich nun gelegentlich ein Rendezvous mit meinen Ängsten. Gerade in Zeiten des Wandels. Wie schon ausgeführt: Das Unbekannte braucht die Angst, um bekannt zu werden. Und dann ist es wichtig, die Angst auch wieder loszulassen, ihr einen nachgeordneten Platz zuzuweisen. Sonst versperrt sie dem Unbekannten den Eintritt.

*Kannst du mir ein Beispiel geben?*

Wenn deine Tochter mit fünfzehn beginnt, abends auszugehen, dann sind damit Ängste verbunden. Klassische Elternängste: »Hoffentlich gibt ihr niemand K.-o.-Tropfen in ihren Drink!«, »Wird sie sicher nach Hause kommen?«, »Sind die Burschen auch okay, mit denen sie da abhängt?« ...

Diese Ängste soll ich mir bewusst machen, um sie dann auch wieder loslassen zu können, sonst machen sie mich eng und rauben mir den Schlaf. Frei nach Martin Luther: »Ihr könnt nicht verhindern, dass die Vögel der Sorgen über euren Köpfen fliegen, aber ihr könnt dafür sorgen, dass sie keine

Nester darauf bauen.« Wenn Ängste von mir umfassend Besitz ergreifen, lähmen und limitieren sie mich. Aber freilich will ich nicht grundsätzlich auf diese Ängste verzichten, weil sie mich eben auch weitsichtig machen. Ich kann Gefahren erkennen.

*Fazit eines Vaters: Ängste können weit oder eng machen, je nachdem, welche Rolle man ihnen im menschlichen Leben gibt.*

Exakt. Vor ein paar Monaten lernte ich einen Apnoetaucher kennen, der bislang elf Weltrekorde in Disziplinen des Freitauchens aufgestellt hat. In einem zugefrorenen Alpensee tauchte Christian Redl unterstützt durch Gewichte mit einem Atemzug 61 Meter in die Tiefe und aus eigener Kraft wieder auf. Auf 5160 Meter Höhe in Nepal schaffte er es, unter Wasser zwei Minuten die Luft anzuhalten. Ziemlich abgefahren.

Ich fragte ihn, ob er da nicht mit der Angst zu kämpfen habe und wie er damit umgehe. Er meinte, für ihn sei es wichtig, bei seinen Weltrekordversuchen voll und ganz im Hier und Jetzt zu sein. Gefahr sei für ihn etwas, das jetzt gerade da sei. Angst sei etwas, das in der Zukunft passieren könnte. »Alles, was in der Zukunft ist, kann man sich überlegen, aber ich lass das dann auch wieder los.«

Dieser sehr rationale Zugang zum Thema »Angst« hat mich im Nachgang sehr beschäftigt. Weil er auch einen Teil des Wesens der Angst verkennt oder verdrängt – nämlich dass sie oft auch irrational ist und dich gefühlt einfach übermannt. Gleichzeitig zeigt uns der Weltrekordtaucher, wie breit das menschliche Spektrum im Umgang mit Angst sein kann. Das ist eine essenzielle Botschaft: Jenseits von krankhaften Angststörungen ist die Angst ein normaler Teil unseres Menschseins. Und es liegt wesentlich in unserer Hand, wie wir mit ihr umgehen und ob wir ihr eine konstruktive oder destruktive Rolle zuweisen.

(»Hilfe, eine Schlange!«, rief in diesem Moment ein Mädchen fünfzig Meter entfernt auf der Wiese. Die Gruppe der Schulkinder war immer noch auf Entdeckungstour am Waldrand. Ich eilte zu ihr rüber. Es hatten sich schon Klassenkameraden und eine Lehrerin eingefunden. »Nein, das ist keine Schlange, das ist eine Blindschleiche«, erklärte die Pädagogin. »Und sie ist völlig harmlos. Sie ist sogar eine gute Nachricht – nämlich, dass die Natur hier voll intakt ist.« – »Ah«, sagte das Mädchen. »Etwas eklig. Aber spannend. Los, wir verfolgen sie! Ich will wissen, wo sie hinwill.« Ich kehrte zurück zu meinem Kirschbaum und grinste rüber zu meiner Föhre.)

Wirklich spannend, ja. Dank der Angst wurde die Gefahr geprüft. Das Mädchen hat die Angst sodann losgelassen und ist damit nun bereit, Neues zu entdecken.

*Wundersame Menschenkinder.*

Ja, kleine und große. Bis zum letzten Atemzug.

(Ich kramte mein Smartphone aus dem Rucksack hervor und sah, dass ich eine Kurznachricht erhalten hatte. »Papa, Mittagessen fertig.« Unsere älteste Tochter hatte heute schulfrei und sich fürs Kochen zuständig erklärt.)

Ich mach mich auf den Weg nach Hause. Fortsetzung folgt, Frau Föhre!

(Ein kleiner Windstoß wallte durch die Äste, als würde sie mir wortlos zuwinken. Ich bedankte mich bei der Kirsche für die Gastfreundschaft, winkte zu »meiner« Föhre rüber und begab mich beschwingt auf den Heimweg.)

## 16

# Die Trias von Kopf, Bauch und Herz und die monumentale Kraft der Entscheidung

Wow, heute ist es heiß.

*Die erste Hitzewelle des noch jungen Sommers rollt heran. Ruhe in meinem Schatten!*

Das mach ich. (Ich setzte mich auf meinen üblichen Platz direkt an den Stamm gelehnt. Die Mittagssonne stand direkt über uns und ich genoss die leichten Windstöße.)

*Du wirkst müde. Willst du schlafen?*

Ja, ich fühle mich matt. Gerne ein Nickerchen.

(Ich breitete das Badetuch aus, das ich im Rucksack dabeihatte, und dämmerte in einen kurzen Schlaf. Der Lauf der Sonne weckte mich kurze Zeit später, als ihr Strahl durch ein Loch im Geäst direkt auf mein Gesicht fiel.)

Willkommen zurück. Ich schwebe diffus durch die Hitze. (Stille.) Willst du mich unterhalten?

*Mit dem Tanzen meiner Äste. Gerne. Gemeinsam mit dem Schmetterling.*

(Ein gelb-schwarzer Schmetterling hatte sich auf mein Knie gesetzt und pulsierte mit seinen Flügeln. Er verharrte

138

an diesem Ort und hob jeweils nur kurz ab, wenn ich meine Beine bewegte. So verbrachten wir eine Viertelstunde miteinander. Eine stille Freude durchwallte mich.)

Kannst du den Schmetterling fragen, was er heute noch vorhat?

*Er sagt, er kenne keine Pläne. Er labt sich an den kleinen, salzigen Schweißperlen auf deinem Bein.*

Aha, keine Pläne. Er *ist* einfach. Klar, Menschenfrage meinerseits. (Ich nahm einen Schluck Wasser.) Ich bin echt schlapp. Baum, sagst du heute das Thema an? Stellst du mir eine Frage?

*Okay.* (Stille.)

Und? Was geht? Wo ist die Frage?

*Welche Erkenntnis über deine Wesenheit hat dich zuletzt tief berührt?*

Hm, lass mich überlegen. (Ich setzte mich aufrecht an den Baumstamm und dachte nach.) Am Wochenende hatte ich einen intensiven Traum. Ich glaube, der war auch inspiriert von unserem letzten Gespräch über die Freiheit und die Angst.

Da war ein seltsames Geschehen in diesem Traumerleben, aber als ich aufwachte, konnte ich mich an die Handlung nicht konkret erinnern. Ich wusste nur, dass sie seltsam und dicht war. Doch ich spürte, dass ich über diesen Traum eine Erkenntnis integriert hatte. Etwas, das ich schon vorher wusste – aber nur im Kopf –, war nun in den ganzen Körper gesackt. Jetzt weiß es auch mein Herz, mein Bauch, meine Leber. Gerade für meine Leber ist es wichtig, das zu wissen. Weil mein Leber-Chi manchmal überschießt ... zum Beispiel, wenn mich eine Situation in der Familie sehr nervt.

*Und welche Erkenntnis war das?*

Es ist die Erkenntnis: Ich *bin* nicht meine Gedanken; ich *habe* Gedanken. Ich bin nicht meine Bedürfnisse; ich habe sie. Ich bin nicht meine Gefühle, sondern habe sie.

*Was macht dieses Erkennen mit dir?*

Es eröffnet ganze neue Möglichkeiten in meinem Verhalten und im Umgang mit diversen Herausforderungen des Lebens.

*Gib mir konkrete Beispiele.*

Gerne.

Wir erlebten bei unserem letzten Treffen dieses Mädchen mit der Blindschleiche. Heute ging es mir so ähnlich. Ich bin barfuß hier heraufgewandert. Dabei trat ich fast auf eine kleine Schlange. Sie lag regungslos am Wegrand. Bei ihrem Anblick schoss mir Ekel und Widerwillen ein. Mir schauderte. Früher hätte ich sofort das Weite gesucht. Aber jetzt ist das nur mehr eine Erstreaktion. Dann gehe ich in die bewusste Wahrnehmung: »Ich ekle mich«, sage ich mir und kann dieses Gefühl dann auch schon wieder loslassen.

Rasch kehrte Interesse ein und sogar Begeisterung, dass ich diesem Wesen begegne. Ich erkannte die schöne graue Musterung und einen hufeisenförmigen Fleck auf ihrem Kopf. Sie war rund zwanzig Zentimeter lang, es musste eine sehr junge Schlange sein. Und es war vorerst nicht klar, ob sie lebte oder tot war. Ich suchte einen kleinen Ast und gabelte das Tier vorsichtig auf. Dabei erkannte ich, dass es eine kleine Verletzung an der Unterseite hatte, aber jedenfalls noch lebte. Ich beschloss, die Jungschlange in das schützende Gras am Wegrand zu tragen. Dort verharrte sie zuerst regungslos und setzte sich dann plötzlich in Bewegung. Ich war entzückt und verabschiedete mich freundlich. Nun hatte ich nicht mehr Ekel, sondern Freude.

*Schön.*

Oder ein anderes Beispiel – eine berufliche Situation von dieser Woche. Es wurde mir von Kollegen unterstellt, ich würde mich frauenfeindlich verhalten. Das verletzte mich, konnte ich dies in meinem Tun und Wollen doch keineswegs erkennen. Vielmehr spürte ich, dass mich dieser Vorwurf in meiner Ehre und in meinen Werten verletzte. Ich war gekränkt; zwei Tage und zwei Nächte lang.

Gestern in der Früh entschied ich mich dann, in diesen imaginären Helikopter zu steigen, von dem ich dir schon beim Thema »Bewusstwerden und Berufung« erzählt habe. Da war ich nun in diesem lautlosen Hubschrauber, der über mir stand. Ich lehnte mich hinaus, um auf mich selbst zu schauen. Gestärkt durch die Einsicht aus diesem Traum erkannte ich, dass ich eine Kränkung mit mir herumtrug. Und dass mich diese traurig machte. »Du *hast* also Kränkung und Traurigkeit«, sagte ich mir selbst halblaut. »Was tun damit?«, fragte ich mich. »Du *bist* nicht die Kränkung und die Traurigkeit«, antwortete ich mir selbst. »Ich kann mich also dafür entscheiden, beide loszulassen«, durchfuhr mich Energie. Ich richtete mich in meinem Bett auf und merkte, wie Neugierde und Tatkraft in mir hochstiegen. Es fühlte sich gut an, nicht weiter diese dämpfende Beklemmung mit mir herumzutragen. »Du wirkst beschwingt«, beobachtete ich mich weiter aus meinem Helikopter von oben. »Diese bewusste Entscheidung wird dich auf eine neue Spur tragen«, wuchs die Gewissheit in mir.

Tatsächlich war es dann so, dass ich die Kränkung noch wahrnehmen konnte, aber nicht in ihr handelte. Ich fand konstruktive Wege im Umgang mit dem schwelenden Konflikt, der sich dadurch innerhalb kurzer Zeit abbaute. Die Konfliktpartner zogen den Vorwurf dann auch wieder zurück und offenbarten, dass es sich ihrerseits um eine Verwechslung gehandelt hatte.

*Die bewusste Entscheidung ist eine monumentale Kraft des Menschen.*

Das vermute ich auch. Kannst du mir mehr darüber erzählen?

*Gerne. Wir starten wieder mit dem Umstand, dass auf diesem Planeten kein anderes Wesen im selben Umfang wie der Mensch mit dieser Kombination aus Bewusstheit und freiem Willen ausgestattet ist. Diese menschliche Bedingung ist einzigartig. Auch die Verknüpfung von Gefühlen mit dem Verstand ist einmalig. Gefühle leiten in hohem Grad euer Tun und Lassen.*

Aber sind nicht auch andere Tiere in ihrer Grundanlage ähnlich ausgestattet? Ich trat unlängst versehentlich auf den Schwanz unserer Katze, als sie gerade ihr Frühstück zu sich nahm. Sie spürte den Schmerz, stieß einen fauchenden Laut aus und rannte sofort unter die schützende Küchenbank. Ich hätte es wohl auch so gemacht. Inwiefern sind wir in der Kopplung von Gefühlen, Verstand und Tun einzigartig?

*Die Katze reagiert auf ein unangenehmes Sinneserlebnis. Sie weiß instinktiv oder aus Erfahrung, dass dieses Erlebnis tatsächlich oder potenziell mit Gewebeschädigung einhergeht. Ihre körperliche Integrität ist bedroht. Also ist ihr System hoch entschlossen, die Situation zu vermeiden oder – falls sie eintritt – sofort zu verlassen. Flucht ist die Antwort.*

*Beim Menschen ist es ein multidimensionaleres Geschehen. Natürlich kennt ihr in eurer Reiz-Reaktions-Programmierung auch die Flucht als Option. So manches in eurem menschlichen Tun und Lassen lässt sich dadurch erklären.*

Aber eben nicht alles, verstehe. Das ist superinteressant. Berichte weiter! (Ich musste lachen.) Ich merke gerade, wie mir die Hitze egal wird, weil du so spannende Dinge erzählst.

*Auch das ist einzigartig – eure Neugierde, euer Wissensdurst, eure intellektuelle Freude.*

Und unsere Ungeduld. Weiter jetzt, bitte!

*Aye, aye, Captain.* (Das war jetzt ein ironisches Baum-Lachen.)

*Also, ihr habt den Verstand, die Ratio. Wir sind uns einig, dass diese euch weit trägt. Ohne Verstand würdet ihr keine Hochhäuser bauen und nicht auf den Mond fliegen. Aber ihr habt darüber hinaus auch die Intuition, die Bauchintelligenz. Ich würde euch empfehlen, ohne sie keine großen Lebensentscheidungen zu treffen. Hier seid ihr verbunden mit einem Ozean an unbewusstem Wissen. Eigene Erfahrungen genauso wie Erkenntnisse eurer Ahnen, der Menschheit insgesamt.*

*Und ihr solltet keine wichtigen Entscheidungen ohne eure Herzintelligenz treffen. Denn im Herzen seid ihr mit dem ganzen Universum und seiner Weisheit verbunden. Das Herz ist eine Instanz, die nicht viel spricht. Aber sie hilft euch, in ein klares Ja oder Nein zu kommen. Sie weiß am besten, ob etwas stimmig ist für euch als Wesen oder nicht.*

Das heißt, am besten binden wir Kopf, Bauch und Herz zusammen, um in Entscheidungen zu kommen?

*Jawohl, so ist es. Du handelst ohnehin in diesem Sinne integriert. Du bist dir nur dessen oft nicht bewusst.*

Was willst du mir damit sagen?

*Welche großen Entscheidungen hast du in deinem Leben getroffen?*

Ich treffe jeden Tag Entscheidungen. Pizza oder Reis, Straßenbahn oder Auto, Fernsehen oder Lesen … Hm, die großen

Entscheidungen? Dazu gehören sicherlich heiraten oder nicht, diese oder jene, Kinder ja oder nein, Unternehmen aufgeben und eine Partei gründen ... diese Liga.

*Nehmen wir »heiraten oder nicht, diese oder jene«. Wie ist das gelaufen?*

Das war ein eigenartiges Geschehen. Es liegt schon fast zwei Jahrzehnte zurück. Wir hatten damals als Paar beschlossen, gemeinsam ein kleines Haus am Stadtrand zu beziehen. Direkt am Übergang zum Wald. Wir wollten unsere Zweisamkeit erleben und erproben.

Das Hexenhäuschen hatte im obersten Stock ein kleines Gästezimmer mit Fernblick über die ganze Stadt. Hinter vielen Baumwipfeln breitete sich dann am späten Abend ein großes Lichtermeer aus. »Hier wohnen also fast zwei Millionen Menschen«, das faszinierte uns immer wieder. An diesem Abend lehnten wir wieder auf der Fensterbank und sinnierten über das Leben. Irgendwie begannen wir, Schabernack zu machen. Das wandelte sich in eine kleine, liebevolle Polsterschlacht. Und mittendrin fragte ich sie: »Willst du mich heiraten?«

*Was war die Antwort?*

Zuerst nichts. Ich wiederholte die Frage. Die Antwort weiß ich nicht mehr. (Ich musste kichern.) Meine Frau behauptet, sie war so überrascht und geschockt, dass sie im ersten Moment »Nein« gesagt habe. Ich kann mich tatsächlich nicht mehr im Detail erinnern. Aber ich glaube, es war ein »Ja«, sonst wären wir ja jetzt nicht verheiratet. Es gibt bis heute keine offizielle gemeinsame Version.

*Kam dieser Heiratsantrag aus deinem Kopf, aus deinem Bauch oder aus deinem Herzen?*

Hm, eine gute Frage. Lass mich überlegen.

(Ich legte mich für kurze Zeit auf den Rücken, registrierte zwei Wolken am Himmel und grub in meinen Erinnerungen.)

Es war eine Mischung. Eine wilde Mischung. Weil ich zum Thema »Heiraten« eine sehr ambivalente Einstellung hatte. Intuitiv und rational wusste ich, dass das mit der Monogamie ein schwieriges Thema ist. Wie und warum sollte man sich in seiner körperlichen Hingabe nur einem Menschen widmen, wenn doch die Optionen und Verführungen so zahlreich sind? Das ist eine ziemliche Zumutung an einen interessierten Menschen, finde ich.

Intuitiv wusste ich aber auch, dass hier große Erfahrungen und Entfaltungen auf mich warten würden. Und ich spürte die Liebe pulsieren. Eine wuchtige Einladung des Lebens stand also im Raum – mit großen Versprechungen, Abrisskanten und Risiken.

Aber es war nicht so, dass in dieser Situation der Polsterschlacht ein intensiver innerer Dialog vonstattengegangen wäre. Wahrscheinlich hatte ich das in den Wochen und Monaten davor erledigt: Sicherlich war da die Ratio und auch die Angst, die von der hohen Scheidungsrate in unseren Breiten berichtete. Die Neugierde brachte wahrscheinlich andere Frauennamen ins Spiel. Der Freiheitsdrang mahnte vor groben Verhaftungen aller Art. Aber dann waren da gewiss auch die Freude, die Bilder gemeinsamer Abenteuer malte, die Sehnsucht, die von gemeinsamen Kindern erzählte und die Liebe, die sagte: »Trau dich! Es wird gut.«

*Und wie kam es nun zur Entscheidung?*

Das kann ich so nicht rekonstruieren. Ich kann nur Vermutungen anstellen. Der Verstand und die Vernunft haben sicherlich alle vorgetragenen Bilder und Gedanken hinterfragt. Aber ich glaube nicht, dass der Verstand die finale Entscheidung traf.

*Gut so. In großen Lebensfragen solltet ihr Menschen den Verstand mit an Bord haben, aber nicht allein im Cockpit. Welche Instanz hat also entschieden?*

Hm, wenn ich nachspüre: Ja, der Verstand allein wäre nicht fähig gewesen, hier zu einer klaren Entscheidung zu kommen. Der hatte auf »monkey mind« geschaltet und wäre mit mir von Ast zu Ast gehüpft. Er hätte Strichlisten mit »Dafür« und »Dagegen« angelegt und jedes Abrechnungsergebnis doch wieder mit Argumenten der Gewichtung infrage gestellt. Der Bauch hingegen hat sehr geholfen. Aus dieser Gegend stieg eine Gewissheit auf. Aber der finale Impuls kam wohl aus dem Herzen. Das hat gesagt: »Es ist ein Ja. Es stimmt für dich.« Sodann hat der Verstand übernommen: »Dann mach jetzt!« Und dann ging ich in die praktische Umsetzung – zwischen zwei geworfenen Polstern. (Ich musste lachen.)

*Das Herz hat final entschieden, der Kopf und der Bauch haben assistiert. So hast du die Absicht formuliert?*

Jawohl. So war das. Die Absicht als direktive Kraft. In diesem Fall in Form einer Frage serviert.

*Hier war sie also am Werk, die monumentale Kraft der Entscheidung. Denn aus dieser Absicht erwuchs sehr viel, oder?*

Ja. Wir erwarteten bald ein Kind. Wir wechselten unser Heim, um noch bessere Rahmenbedingungen für unser Miteinander und unsere Familie zu haben. Auch beruflich folgten einige Umstellungen. Wenn ich genauer nachspüre, dann war das so: Wir hatten unseren Willen geformt, waren bereit und plötzlich trat viel Unbekanntes in unser Leben.

*So kommt das Neue in die Welt!*

Viel Neues. In diesen Jahren hatten wir sehr viel Kraft und Mut.

*Das ist die Programmierung des Lebens. Die Bereitschaft zur Öffnung ist in diesen frühen Jahrzehnten des Erwachsenseins besonders groß. Sie nimmt dann kontinuierlich ab.*

Erstaunlich. Ich würde mir diese Bereitschaft zur Öffnung gerne bis ins hohe Alter erhalten. Und auch diese Integration von Ratio, Bauch- und Herzintelligenz.

Wenn ich mir das so überlege, wird mir bewusst, dass ich im Laufe meines Erwachsenenlebens besser werde in der Integration von Kopf, Bauch und Herz. Auf den Kopf wurde ich in der Schule und auf der Uni trainiert, fast zwei Jahrzehnte. Bauch- und Herzintelligenz entdeckte ich erst später außerhalb der klassischen Bildungsstätten unserer Gesellschaft.

*Du entfaltest dich. Das ist großartig. Raus aus der Eindimensionalität des Kopfes!*

Wer oder was kann mich dabei unterstützen?

*Die Inspiration beispielsweise. Und deine Grundhaltung des »Ich bin bereit für Entfaltung«.*

Erzähl mir mehr darüber!

*Das Leben bringt dir jeden Tag Einladungen zur Entfaltung vorbei. Wenn du offen dafür bist, wirst du sie erkennen. Mit der richtigen Haltung werden jeder Zufall und jede Begegnung zu einer Einladung zur Entwicklung, zur Reifung.*

Ich glaube, das ist genau das, was Otto Scharmer, Forscher am MIT, dem Massachusetts Institute of Technology, in seiner *Theorie U* schreibt. Das Buch wurde zum großen Welterfolg. Er beforschte genau diese Frage: Wie kommt das Neue in die Welt? Er spricht von »open mind, open heart, open will«. Ich habe viel mit seiner Theorie gearbeitet. Da gibt es dann auch immer wieder Widerstand. Manche Leute halten diese Gedanken für grob esoterisch.

*Was machst du, wenn du auf Widerstände triffst?*

Das entscheide ich von Fall zu Fall. Ich bleibe jedenfalls dran, wenn mein Kopf, Bauch und Herz mir sagen: »Das ist stimmig!« Ich erinnere mich an eine Situation im Parlament, während ich als Chef unserer Gruppe anlässlich eines Reformvorhabens in meiner Rede »das offene Herz, den offenen Geist und den offenen Willen« einforderte. Da gab es wilden Protest. »Ach, geh doch Bäume umarmen!«, rief ein Minister von der Regierungsbank.

Er wollte mich bloßstellen und erntete mit seinem Zwischenruf viel Gelächter. Das hat mich im ersten Moment gekränkt. Aber rasch wurde mir bewusst, dass dieses Lachen bei den meisten eine unbewusste Entladung war. Eine unbewusste Erleichterung, weil sich für mein Gegenüber gerade Druck aufbaute. Sie waren aufgefordert, ihre eigenen Wahrnehmungen und Glaubenssätze zu hinterfragen. Sie mussten sich zu meinen Äußerungen ins Verhältnis setzen, mussten einerseits für sich und andererseits für die Umwelt klarmachen, wie sie dazu stehen.

*War dieses Lachen tatsächlich eine bewusste oder eine unbewusste Handlung?*

Lass mich nochmals überlegen. Ich denke, sowohl als auch. Bei manchen war es ein spontaner, unbewusster Handlungsimpuls, hier zu lachen. Und ja, andere mögen eine bewusste Entscheidung getroffen haben.

Ich erinnere mich, dass ich mir damals die Videoaufzeichnung der Debatte noch einmal anschaute. Ein Abgeordneter war im Bild, der etwas zeitverzögert einstimmte und auch herausrief: »Ja, geh Bäume umarmen!« Er entschied sich wohl bewusst dazu, mich durch den Zuruf bloßzustellen. Die Politik ist leider oft ein bewusst verletzendes Feld.

*Welche Entscheidung hast du daraufhin getroffen?*

Mehrere. Erstens habe ich beschlossen, nur noch die englischen Worte zu verwenden und den MIT-Forscher Scharmer als Quelle vorauszuschicken. Das macht dann vermeintlich esoterische Ausführungen plötzlich zu einem wissenschaftlichen, evidenzbasierten Exkurs. Zudem können gerade bildungsaffine Schichten die englischen Ausdrücke leichter nehmen. Das beobachte ich auch bei Musik. Während oft gerade hochgebildete Menschen deutsche Schlager abwerten, trällern sie selbstbewusst und leidenschaftlich englische Texte in Pop und Rock mit, für deren Übersetzung sie sich schämen würden. Das ist ein sehr ambivalentes Treiben, das mich immer wieder amüsiert.

Zweitens habe ich beschlossen, das Etikett des Bäumeumarmers mit Stolz und Dankbarkeit zu tragen. Ich liebe euch Bäume! Ihr gebt so viel. Ihr seid so großartige Wesen. Und obwohl ich nur wenig von euch verstehe, bin ich so froh, dass mein Leben mich zumindest in dieses Minimalverständnis geführt hat. Hier bin ich auch meinen bergbäuerlichen Wurzeln dankbar. Ich verbrachte viel Zeit mit und auf euch. So begeistert, wie ich als Kind in euren Ästen meine Hochsitze und Hütten baute, so fasziniert bin ich auch heute noch als Erwachsener von eurem Dasein.

*Das freut mich zu hören. Wir kommen insgesamt zum Eindruck, dass die Wertschätzung der Menschen für uns Bäume im Steigen begriffen ist.*

Das kann ich bestätigen. Ich bekomme in diesen Jahren regelmäßig Fotos von Baumumarmungen – mal lustig, mal ernsthaft, aber in stetig steigendem Ausmaß, via E-Mail, auf Twitter, Facebook oder Instagram.

*Die Wissenschaft beginnt uns besser zu verstehen. Das nimmt den Menschen offensichtlich die Berührungsängste.*

Das ist erfreulich. Ein Hoch auf die Wissenschaft!

Sag, wieso kann die Wissenschaft diese Integration von Kopf, Bauch und Herz nicht besser verstehen?

*Du bist ungeduldig. Eure Wissenschaft ist, wie du selbst vor einigen Monaten in einem unserer Gespräche festgestellt hast, immer nur vorläufig – und gerade erst ein paar Hundert Jahre alt. Es gibt Bäume, die sind als Einzelwesen älter als eure moderne Wissenschaft. Ihr seid erst am Anfang, nicht am Ende. Vielmehr noch: Ihr werdet als Erdlinge nie ans Ende kommen. Aber natürlich werdet ihr dieses Zusammenwirken eines Tages auch wissenschaftlich besser verstehen und vermessen können.*

Spannend. Darauf freu ich mich, sollte ich es noch erleben. (Ich schaute auf die Zeitanzeige meines Laptops, auf dem ich fleißig Notizen machte.)

Ich muss jetzt aufbrechen. Ich treffe mich heute noch mit einem Freund. Wir gehen gemeinsam zu einem Public Viewing zur Fußball-Europameisterschaft. Das wird ein Spaß. Und ich freu mich auf ein kühles Bier!

*Verstehe. Habt einen schönen Abend.*

Ich werde auf dich anstoßen.

*Das freut mich. Bis bald! Ich erwarte einen Bericht bei unserem nächsten Treffen.*

# 17

# Der kultivierte Umgang
# mit Gefühlen als ein Schlüssel zur
# positiven Lebensgestaltung

*Willkommen zurück. Ich bin gespannt, was du mir von eurem Fußballabend von letzter Woche erzählen kannst.*

Es war sehr unterhaltsam. Ein wildes Treiben. Wir haben gewonnen und verloren.

*Wie funktioniert das, an einem einzigen Abend?*

Mein Freund und ich fieberten nicht für dieselbe Mannschaft mit.

*Okay. Das bringt Würze ins gemeinsame Schauen. Und worin bestand das wilde Treiben?*

So ein Public Viewing ist ein ziemliches Spektakel. Gegen Ende des Spiels musste ich austreten. Auf dem Rückweg von der Toilette hatte ich einen Überblick über die ganze Szenerie und stand da für zwei Minuten und staunte. Mindestens so viel wie der Fußball interessiert mich bei solchen Anlässen auch die soziale Dynamik.

*Die da wäre?*

Wenn das Raunen durch die Menge geht, das Lachen, der gemeinsame Schmerz, die aufkeimende Aggression, die

Freude, die Traurigkeit ... all das kompakt an einem Ort, innerhalb von eineinhalb Stunden, ziemlich unberechenbar, sehr intensiv.

*Eine Achterbahn der Reize und Gefühle!*

So ist es. Da fliegen die Emotionen hoch. (Bilder des Fußballabends zogen an meinem geistigen Auge vorbei. Ich musste grinsen.)

Was ist die Rolle von Gefühlen in unserem menschlichen Leben? Das möchte ich gerne besser verstehen. Was sagt da meine gekrönte Menschenkennerin? (Ich setzte mich in den Schneidersitz und blickte erwartungsvoll in die ausladenden Äste.)

*Gefühle sind eure täglichen Begleiter und wichtige Motivatoren. Ihr investiert viel Zeit und Geld, um ganz bestimmte Gefühle zu erfahren oder möglichst zu vermeiden.*

Wie meinst du das konkret?

*Du gehst mit deinem Freund zu einem Fußballmatch. Du willst – idealerweise – Unterhaltung und Freude erfahren. Dafür zahlst du gerne Eintritt oder überteuerte Preise für die Getränke. Falls »deine« Mannschaft gewinnt, bist du voller Freude. Du fühlst dich bestätigt, den Eintritt und den Preis bezahlt zu haben. Gerne wieder!*

*Falls deine Mannschaft aber verliert, bist du vielleicht traurig. Manche wollen die Traurigkeit verdrängen und kaufen dann noch mehr Getränke. Falls deine Mannschaft sehr hoch verliert und blamabel gespielt hat, bist du mitunter sogar beschämt. Steht es bis kurz vor Schluss noch unentschieden und deine Mannschaft kommt in eine knifflige Lage, dann übermannt dich wahrscheinlich die Angst, dass jetzt jenes Tor fallen könnte, welches das Aus bedeuten würde. Falls ein Tor gegen deine Mannschaft trotz eines*

*groben Fouls erfolgt, für das es keine Sanktion durch den Schieds-*
*richter gibt, packt dich ziemlich sicher die Wut.*

Wow, ja, ein wildes Gewühl an Gefühlen.

*Deswegen liebt ihr auch den Fußball, weil er euch in neunzig*
*Minuten ebendiese Achterbahn der Gefühle beschert. Und wenn*
*euch Gefühle übermannen, dann fühlt ihr euch lebendig.*

Sie sind also Ausweis unserer Lebendigkeit. Verstanden. Ist
das alles? Oder wozu taugen Gefühle noch?

*Wenn du in deinen fiktiven Helikopter steigst und von oben auf*
*euer menschliches Treiben schaust, dann wirst du erkennen, dass*
*jedes Gefühl eine Kraft ist. Menschlich zu reifen bedeutet auch,*
*einen kultivierten Umgang mit Gefühlen zu entwickeln. Das ist*
*ein zentraler Schlüssel für ein glückliches und kraftvolles Leben.*
*Auch ist es wichtig zu verstehen, dass ihr in hohem Maße selbst*
*die Schöpfer eurer Gefühle seid.*

Das erinnert mich an die Ausführungen des Weltrekord-
Apnoetauchers, den ich bereits erwähnte. Viermal sei er schon
bewusstlos geworden bei Weltmeister-Versuchen, erzählte er
uns. Ich fragte ihn, wie er es schaffe, dass ihn bei seinem
nächsten Vorhaben dann nicht negative Gefühle und Angst
übermannen. Er berichtete, dass er sich im kalten Wasser
bewusst Zeit nehme, bevor er den Tauchgang starte. Er stelle
sich geistig den ganzen Tauchgang vor – mit allem, was dazu-
gehöre: körperliche Schmerzen, emotionale Durchhänger,
gemeisterte Herausforderungen. Das fülle ihn mit Zuversicht.
Dann hole er den letzten Atemzug und setze eine Kopie dieser
Vorstellung als echten Tauchgang um.

*Er nutzt die Kraft der Imagination.*

Ja, das ist wie bei manchen Skiläufern, die vor ihrem Start
nochmals die ganze Abfahrt durchgehen. Man sieht das im

Fernseher, wie sie bereits im Renndress wartend hochkonzentriert mit geschlossenen Augen geistig den Hang hinunterrasen, mit schemenhaften Bewegungen alle Herausforderungen meisternd. In ihrem Gesicht spiegeln sich die Gefühle. Sie füllen sich mit einer Idealvorstellung und mit positiven Emotionen. So machen sie »ihr System« bereit für eine meisterhafte Performanz in der tatsächlichen Situation.

*Das bewusste Laden mit Gefühlen. Das machen nur Menschen.*

Offensichtlich.

Ich fragte den Apnoe-Weltmeister auch, warum er überhaupt macht, was er macht. Es liegt nicht auf der Hand, die Luft anzuhalten und sechzig Meter oder mehr in die Tiefe zu tauchen. Er sagte: »Weil ich's kann.« Ich meinte, ob das nicht eine fragwürdige Obsession von »höher – oder in dem Fall tiefer –, schneller, weiter« sei. Er meinte, er profitiere in seinem ganzen Leben von den Erfahrungen im Extremsport: »Wenn du wirklich etwas willst und du überzeugt bist, dass es möglich ist, dann suchst du nach Lösungen, nicht nach Problemen. Das ist ja nicht nur beim Tauchen so.«

So habe er gelernt, sich schnell aus negativen Gefühlen und Gedanken rauszuholen. Sonst könne er nicht solche Ergebnisse erreichen, weil er dann in der Extremsituation in eine höhere Herzfrequenz und mehr Sauerstoffverbrauch käme. Diese Kompetenz im Umgang mit Gefühlen nehme er mit in alle anderen Lebensbereiche.

*Willst du auch Apnoetaucher werden?*

Ich und Apnoetauchen? (Ich hielt inne.)

Ein Kurzcheck mit Kopf, Bauch und Herz bringt ein klares Nein. Das bin nicht ich. Aber ich verstehe die Lust am Abenteuer. Dafür steht der Extremsport in ikonischer Art und Weise. Manchmal scheint er mir ungesund übersteigert. Aber die Lust, sich selbst zu spüren, die kann ich gut nachvollziehen.

Die Sehnsucht nach Lebendigkeit treibt uns in die Grenzerfahrung. Ich bin überzeugt, dass es viel Selbstreflexion und gute persönliche Erdung braucht, damit das nicht ins Obsessive, ins Krankhafte abgleitet. Damit verbunden sind auch immer wieder die Entscheidungen fürs Tun oder Lassen. Der Mensch als schöpferisches Wesen mit freiem Willen, das ist doch prächtig!

*So ist es. Und jedem das Seine. Allein deine Entscheidung, mit einem Freund auf ein Fußballmatch zu gehen, macht dich zum Schöpfer von Freude, Wut, Angst oder Trauer. Das ist den meisten Menschen gar nicht bewusst. Durch deine Erkenntnis – von der du mir bei unserem letzten Gespräch erzählt hast –, dass du nicht die Wut oder die Trauer* bist, *sondern sie* hast, *bist du dem meisterhaften Umgang mit Gefühlen einen großen Schritt näher gekommen.*

Wow, großartig, das jetzt so umfassend eingebettet zu verstehen. Welchen nächsten Schritt empfiehlst du mir auf dem Weg zur Meisterschaft?

*Du bist ohnehin in der Entfaltung und dabei zu reifen. Du verstehst, dass Gefühle äußerst relevant sind für deine Fähigkeit, Beziehungen zu gestalten und zu halten. Auch für deine Kapazität, Werke zu vollbringen. Hilfreich für dich wird sein – egal, ob beruflich oder privat –, noch stärker zu verinnerlichen, dass du durch dein Denken, Tun und Lassen Gefühle bewusst und selbst erschaffen kannst. Und dass du Gefühle dann, wenn du sie als willkürliche oder irrationale Empfindungswallungen erlebst, auch hinterfragen solltest.*

Ja, verstehe: Woher kommst du? Wohin willst du? Wozu bist du gut?

*Wenn du sie bewusst hinterfragst, wächst dein Verständnis immer tiefer. Gefühle entstehen aus dem gemeinsamen Spiel von Gedanken und Umweltreizen. Oft werden sie aus dem Unterbewussten entfesselt und durch ältere Erfahrungen befeuert, mitunter sogar durch Erlebnisse aus früheren Leben oder durch Erfahrungen deiner Ahnen.*

*Das Verstehen der Gefühle wiederum gibt dir die Macht, dich leichter mit einem bestimmten Gefühl zu laden oder es loszulassen – welche Entscheidung du dazu mit Kopf, Bauch und Herz auch immer triffst. Gefühle sind große Kräfte, und als solche haben sie eine wichtige Funktion für die menschliche Lebensgestaltung.*

Gib mir noch ein paar konkrete Beispiele!

*Ich bin mir sicher, du kannst die Gefühle selbst durchdeklinieren, wenn du dir Zeit dafür nimmst und dazu recherchierst. Gerne ein Beispiel.*

*Nehmen wir die Wutkraft. Gut geführt, hilft sie euch, Entscheidungen zu treffen, klar »Nein« oder »Ja« zu sagen. Das bringt euch Klarheit und Entschlossenheit. Ihr könnt damit Ziele formulieren. Dies wiederum macht euch greifbar und anschlussfähig für eure Umwelt. Damit könnt ihr Dinge ins Laufen bringen und anschließend sehr beruhigt und wissend in gemeinsames Wirken gehen. Die Wutkraft ist also potenziell eine gute Verbündete und ein Ausdruck von Vitalität. Doch nimm dich in Acht! Zu viel der Wut macht dich aggressiv und blind.*

*Umgekehrt – zeige mir einen Menschen ganz ohne Wut: Es wird ein kraftlos Resignierender sein. Er hat vor der Ambivalenz des menschlichen Lebens kapituliert.*

Wow, das hat Kraft. Noch ein Beispiel bitte. Die Angst hatten wir schon ausführlich. Die habe ich ansatzweise durchdrungen. Erzähl mir von der Trauer!

*Die Kraft der Trauer ist ebenfalls groß. Sie öffnet euch fürs Annehmen und Loslassen. Sie ist in manchen Situationen eine gute Begleiterin, sie führt euch in die Tiefe. In solchen Phasen ist es wichtig, sich Zeit zu nehmen, in der Stille zu bleiben und hinzuhorchen, was die Traurigkeit dir sagen will. Sie ebnet den Weg zum Frieden mit den Umständen. Sie gebiert Mitgefühl und Weisheit. Doch nimm dich auch hier in Acht und führe dich: Wenn Trauer in Aussichtslosigkeit kippt, dann ist es zu viel. Dann macht sie wehleidig, handlungsunfähig und depressiv. Umgekehrt wirst du Menschen, die der Trauer nicht fähig sind, als von sich selbst entfremdet, unsensibel, verdrängend oder gleichgültig erkennen.*

Danke für diese Deklination. Das hat Macht. Es öffnet mir neue Räume der Erkenntnis und des Gestaltens.

*Schön. Gut so! Lerne, die Kräfte der Gefühle weise, gezielt und positiv einzusetzen und zu leiten.*

Ja, ich will. Prächtig. Da bekomme ich Lust aufs Menschsein.

(Ich sprang grinsend auf, packte meine Sachen zusammen und umarmte »meine« Föhre.)

Du hast hochgradig therapeutische Qualität, meine Liebe. Ich freue mich schon auf unsere nächste Session.

Stichwort nächstes Treffen – ich nehm dich mit auf die Alm! Ich werde mir nächste Woche ein paar Tage allein in den Bergen gönnen. Da will ich auch mit dir reden und an unserem Buch schreiben.

*Sommerfrische in den Bergen. Das klingt gut.*

Ich werde mich wieder fernverbinden. Wie damals auf der Insel. Einverstanden?

*Yes, Sir.* (Da war er wieder, der Baumhumor mit leichter Ironie. Mit einem kleinen Knicks und einem Lachen verabschiedete ich mich.)

Madame, goodbye!

# 18

# Gipfelerlebnisse, dem Himmel
# so nah – Ehrfurcht und Geheimnis

Willkommen auf dem Gipfel, liebe Föhre. Kannst du mich hören?

*Ja, verbunden. Ich grüße dich.*

Ich habe hier eine tapfere Lärche gleichsam als Relaisstation auserkoren, um gut in Verbindung zu gehen. Wie eine Antenne ragt dieser Baum des Jahres in Deutschland (2012) und Österreich (2002) in den Himmel. Gedrungen in ihrer Größe von knapp drei Metern, schief gelegt von Wind und Schneelast, vital in ihrem frisch grünen Kleid. Sie hat sich, zerzaust von Wind und Wetter, über die Baumgrenze gewagt und triumphiert in einem flachen Meer aus Legeföhren.

*Wo bist du?*

Wir sind hier auf der Hochkarspitze, einem der letzten Gipfel in den Ausläufern der Ostalpen. Mächtige Wolkentürme bauen sich über den Bergspitzen reihum auf. Kein Mensch weit und breit, weil die Seilbahn in diesen Wochen durch notwendige Reparaturen lahmgelegt ist. Hervorragende Fernsicht und berührende Stille.

*Du liebst die Berge, ja?*

Sehr. Vielleicht ist es ein Echo auf meine glückliche Kindheit in den Bergen. Vielleicht eine Reminiszenz an meine wortkarge Jugend – damals waren die Natur und die Berge meine besten Zuhörer und liebsten Gesprächspartner. Zwar noch nicht so bewusst gesprächig und explizit wie heute, aber in jenen Jahren und Erfahrungen wurde diese Liebe grundgelegt. Vielleicht ist es aber auch nur eine Frage der Schönheit und Tiefe.

*Was findest du in den Bergen?*

Nirgendwo sonst finde ich so viel Gutes, Wahres und Schönes wie in der Natur. Die Ästhetik und Wirkung der Berge und ihrer Naturlandschaften ist dabei herausragend. Manchmal nimmt es mir fast den Atem. Da sitze ich, tief verbunden, menschenseelenallein – und staune. Die belebte Stille ist betörend. Das Singen der Wälder beim Aufstieg, das Summen der Insekten, das Leuchten der Blumen. Die seltsame Intensität der Düfte und der Sonne. Die Wildheit und Eleganz der Tierwelt. Der Weitblick am Gipfel. Der majestätische Flug des Adlers und der pfeifende Ruf der Alpendohle. Der Gruß des Enzians, meiner Lieblingsblume. Ich bin dem Himmel dann so nah wie sonst nirgends. Dann werde ich von Ruhe und Liebe durchflutet. Ich umarme die Welt.

*Das sind große Worte.*

Für ein großes Schauspiel und ein großes Empfinden. Und dennoch genügen Worte kaum.

*Wofür genügen sie kaum?*

Um das zu beschreiben, was ich empfinde.

*Versuch es dennoch. Was passiert am Weg, was am Gipfel?*

Wenn ich meinen Weg hinaufwinde, dann ist das eine Form der Meditation. Der Körper geht in heftige Anstrengung, der

Geist wird mit jedem Schritt ruhiger. Zuerst kreisen noch Gedanken über private oder berufliche Themen in meinem Kopf, irgendwann ist er dann leergegangen. Dann komme ich ganz im Hier und Jetzt an. Die Blumen und Steine beginnen mich zu grüßen, das Gluckern einer kleinen Quelle oder das Rauschen eines Wildbaches. Die Gipfel winken mir zu und die Schweißperlen tropfen. Der Atem wird schwerer, doch es zieht mich hinauf.

Wenn ich dann am Gipfel stehe, fällt alle körperliche Anstrengung ab, dann weitet sich mein Brust- und Herzraum. Ein erhabenes Gefühl der Freude und Freiheit zieht ein. Der wache Blick dreht sich um 360 Grad – einmal, zweimal, dreimal. Ein ruhiges Staunen. Mein körperliches System fährt herunter, Stille kehrt ein. Mit ihr wächst die Ehrfurcht, die Demut und die Dankbarkeit.

*Wodurch speist sich deine Ehrfurcht?*

Durchs Staunen. Ich habe vor Kurzem eine wissenschaftliche Abhandlung darüber gelesen. Amerikanische Forscher teilten bei einer Studie über Ehrfurcht die Teilnehmer in zwei Gruppen. Die Frage lautete: »Woran denken Sie, wenn Sie spazieren gehen?« Jene, die vor dem Gang ins Grüne aufgefordert worden waren, bewusst wahrzunehmen, was auf dem Weg und rundherum zu sehen sei, erlernten das Staunen wieder. Jene, die einfach losmarschierten, gingen in Gedanken das durch, was sie von zu Hause mitgenommen hatten. Sie blieben wesentlich bei sich. Die Forscher konnten feststellen, dass jene Studienteilnehmer, die in die bewusste Wahrnehmung ihrer Umwelt gingen, im Lauf der Zeit heiterer und zuversichtlicher wurden. Sie hatten Ehrfurcht kultiviert. Die Studie beschrieb diese als eine Mischung aus Staunen und

Respekt. Angesichts der Größe der Natur verkleinern sich die Ego-Themen, es wachsen gleichzeitig die Verbundenheit, Bescheidenheit und Großzügigkeit.

Andere Studien belegen, dass Ehrfurcht – genauso wie praktizierte Freundlichkeit oder tiefes Atmen – den Vagus-nerv stärkt, was wiederum positive Effekte auf die körperliche und psychische Gesundheit habe. Die einhellige Meinung der Forscher ist, dass man Ehrfurcht lernen und trainieren könne.

*Trainierst du regelmäßig?*

Durchaus. Na ja, es kann immer mehr sein. Ich bin auf dem Weg. Aber ich habe es bereits gut in mein Leben integriert. Ich staune regelmäßig darüber, dass es überhaupt all das gibt, dass ich hier bin – als Gast auf Erden. Dass mir all das gegeben ist – als Geschenk.

Meine Morgenmeditation ist oft ganz kurz, mitunter nur Sekunden – auf die Schönheit und Anmut der Welt und ihre Erscheinungen. Früher habe ich öfter auf die kleinen Füße unserer Kinder meditiert, sie einfach für einige entzückte Momente gehalten und bestaunt. Die sind jetzt zu groß. (Ich musste lachen.) In den kalten Monaten ist es in diesen Jahren zum Beispiel der blühende Winterschneeball unserer Nach-barn. Da komme ich direkt daran vorbei, bleibe kurz stehen, staune und rieche. So beginnt der Tag schon mit einer Freude und einem Lächeln im Gesicht. Oder ich staune über die Mor-gensonne in der Krone der Schwarzföhre vor unserem Haus.

Am Abend schau ich gerne in den Himmel. Der Sternen-himmel nützt sich – wie Kinderfüße und eine Blumenwiese in den Bergen – einfach nicht ab. Immer wieder aufs Neue ein Wunder für mich. »Siebzig Trilliarden Sterne«, flüsterte ich vorgestern Abend, als ich in den Nachthimmel schaute.

»Sicherlich haben wir uns schon wieder verzählt. Und sicherlich gab es heute Nacht irgendwo ein Schwarzes Loch, das wir in unserer Kalkulation übersehen haben. Es bleibt ein Geheimnis.«

*Du bist mit diesem Geheimnis gut verbunden?*

Definitiv. Die Forscher dieser Ehrfurcht-Studie haben übrigens herausgefunden, dass, wer verbundener ist, häufiger lächelt und ein freundlicheres Gesicht zeigt. Wenn ich merke, dass das Lächeln aus meinem Alltag verschwunden ist, dann versuche ich, zeitnah ein Fenster in meinem Kalender freizuräumen, um in die Natur oder Berge zu gehen. Das tut mir dann gut und das Lächeln kehrt zurück. Wie schon Buddha lehrte: Du lächelst – und die Welt verändert sich.

*Wie hast du diese Weisheiten entdeckt?*

Das mache ich seit Jugendjahren so, intuitiv geführt. Jetzt habe ich auch die wissenschaftliche Unterfütterung dieser Praxis.

*Die Wissenschaft ist euch wichtig. Vertraust du ihr mehr als deiner Intuition?*

Da waren wir ja schon einmal in unseren Gesprächen. Die Wissenschaft hat uns viel Gutes und Angenehmes gebracht. Das schätze ich sehr und davor habe ich Respekt. Freilich bringt sie auch große Probleme und Fragestellungen – von der Atombombe bis zur künstlichen Intelligenz. Ich möchte diese Themen noch mit dir vertiefen – das steht bereits auf meinem Merkzettel für unsere weiteren Treffen.

Aber nein, wir sollten der Wissenschaft nicht alles unterordnen. Die Intuition ist für mich eine mächtige und wachsende Autorität, ebenso wie die Herzintelligenz. So, wie wir's schon besprochen haben.

Wie schaust du auf die Menschen diesbezüglich – du überblickst ja einige Jahrhunderte?

*Da hat sich viel getan über die Zeit. Und das Thema wird weiter in Bewegung bleiben. Aktuell komme ich zu dem Schluss, dass es euch Kindern der Aufklärung und der Naturwissenschaften sehr schwerfällt, Geheimnisse anzunehmen. Das ist schwierig für euch oder zumindest für sehr viele von euch.*

Du hast wohl recht. Wieso ist das so?

*Ihr habt große Erkenntnisdurchbrüche gefeiert, in der Medizin, in den Naturwissenschaften allgemein, in vielen weiteren Feldern. Gerade im Studium der physischen Lebensformen auf der Erde habt ihr große Einsichten gewonnen. Doch in den feineren Lebensbereichen wie Bewusstsein und Energie steht ihr ziemlich am Anfang. Ohne es zu wissen. Ganz im Gegenteil. Ihr haltet euch für fortgeschritten und verwehrt euch solchermaßen weiterer Erkenntnis. Das macht euch »eng«.*

Inwiefern eng?

*Es limitiert euch grob. Ihr seid besessen von Beweisen. Themengebiete, in denen ihr bisher keine Beweise gefunden habt, erklärt ihr einfach für irrelevant oder inexistent und fragt nicht weiter.*

*Diese Verhaftung eures Intellekts schränkt euren Horizont zunehmend ein, statt ihn zu erweitern. Euer Erkennen ist zudem an Raum und Zeit gekoppelt. Damit seid ihr gefangen in einem sehr kleinen Kosmos.*

Was könnten wir anders machen?

*Steig ein in deinen fiktiven Helikopter, erhebe dich weit hinauf und schau auf euch Menschen! Kannst du erkennen, wie ihr euch in euren sogenannten Fortschrittsgesellschaften beschränkt und verengt, weil ihr keine Geheimnisse mehr akzeptieren und integrieren wollt?*

(Das war eine ziemliche Ansage für mich. Ich räusperte mich kurz und setzte zu einer Antwort an. Aber irgendwie kam nichts. Ich wusste nicht genau, wo ich einhaken sollte. Also nahm ich die Aufforderung an, in meinen »Helikopter« zu steigen. Ich legte mich auf einen Grasfleck ein paar Meter vom Gipfelkreuz entfernt, blinzelte in die weiß-grauen Wolken und schloss die Augen. Der Helikopterflug startete. Stille.)

Okay, Baum in der Ferne, ich bin aufgestiegen und beobachte die Menschenkinder. Ich bin unsicher. Ich finde, da servierst du uns Menschen einen ziemlich heftigen Befund. Angenommen, es ist so, wie du sagst, was ist deine Empfehlung?

*Du weißt ziemlich genau, was zu tun ist. Gegenfrage: Warum zieht es dich noch mal in die Natur und auf die Berge? Was hat diese Verbundenheit mit Einsicht zu tun? Wir haben schon so viele Puzzleteile besprochen. Du musst sie nur zusammenfügen!*

Machst du es dir jetzt nicht etwas zu einfach? Ich komme mit einer Frage und du antwortest mit Gegenfragen?

*Komm schon, jetzt nicht taktieren. Lass los! Ich habe den Eindruck, du willst* mir *die Dinge in den Mund legen, damit* du selbst *nicht der Absender sein musst. Damit dich niemand »extremer Bäumeumarmer« schimpfen kann. Ist es nicht so?*

(Ich schluckte und schmunzelte. Und flüchtete zurück in meinen fiktiven Helikopter. Gemeinsames Schweigen.)

Okay, du alter Fuchs, du siebengescheiter Menschenkenner. Du packst mich bei meiner Ehre. (Pause.) Warum zieht es mich in die Natur und auf die Berge und was hat das mit Geheimnissen zu tun? Ja, es liegt auf der Hand: In der Verbindung mit der Natur dringe ich zu meinem inneren Selbst vor und lade mich mit jener zeitlosen Weisheit, die in uns allen wohnt. Insofern – du hast recht – greife ich dabei weit über den Horizont moderner Wissenschaften hinaus.

*Geht ja! Nur keine Angst vor der eigenen Größe. Auch da waren wir schon einmal. Sei frei, demütig und wunderbar. Und verwundbar! Der Geist des wahren Selbst durchwirkt uns alle, jawohl. Und in der Natur findet ihr leichter Zugang zu ihm.*

*Geh in die Wahrnehmung, feiere deine physischen Sinne, die ermöglichen dir Großartiges. Aber geh nicht in den Irrglauben, dass dir deine fünf Sinne eine abgeschlossene Realität vermitteln können. Mit deinem Bauch und deinem Herzen kannst du weit darüber hinaus wahrnehmen und wissen. So kannst du das Universum in seiner Gesamtheit und Einheit erfahren – zumindest für Momente.*

Ich glaube, ich kenne solche Momente: wenn ich in Liebe und Glück bade, wenn ich geistig die Welt umarme und das Universum. Abraham Maslow beschrieb diese Momente als »Gipfelerlebnisse«, in denen der Mensch über sich hinausgeht. Ich hatte gerade dieser Tage seinen Klassiker *Jeder Mensch ist ein Mystiker* in der Hand.

*Erzähl mir mehr davon?*

Maslow befand, dass wir zwar in der Psychologie lange Zeit psychische Störungen erforscht haben, aber weniger besonders gesunde Menschen. Er beschloss, dies nun zu tun, und wollte dabei lernen, was uns hilft, seelisch gesund zu sein oder gesünder zu werden. Als er solche sehr vitalen Personen untersuchte, fiel ihm auf, dass sie häufig von mystischen Erlebnissen berichteten, von Momenten intensivsten Glücks, in denen das Gefühl des Getrenntseins von der Welt aufgehoben war. Er bezeichnete sie als »Gipfelerlebnisse« und plädierte in der

Folge für eine spirituell-transzendente Dimension in der Psychologie und Psychotherapie.

*Schön erfasst. Du kannst das aus deinem persönlichen Erfahren bekräftigen?*

Ja, absolut. Sowohl den gesamten Ansatz als auch das Phänomen der Gipfelerlebnisse. Die sind berührend, durchdringend intensiv. Allerdings falle ich nach kurzer Zeit da auch wieder raus. (Ich sinnierte Erinnerungen nach.) Wie könnte ich diese Momente verlängern?

*Du kannst sie ausdehnen und vermehren, wenn du deine spirituelle Intelligenz trainierst.*

Was empfiehlst du mir konkret?

*All das, was wir gemeinsam die ganze Zeit besprechen und machen. Unser Austausch ist ein einziges umfassendes Trainingsprogramm.*

Oh ja, verstehe. Doch ich kann mich nicht permanent in Gipfelerlebnisse einbuchen, oder?

*Nein, dann bist du nicht mehr von dieser Welt. Komplett in die außerzeitliche Sphäre zu wechseln ist euch Menschen nicht möglich – nicht für die Phase, in der ihr euch in Zeit, Raum und einen Körper bindet.*

Und wenn ich den Körper verlasse, wenn ich sterbe, dann kehre ich in diese außerzeitliche Sphäre zurück. (Ich blickte auf das Gipfelkreuz. Es verband mit seinem Querbalken zwei mächtige Wolkentürme in der Ferne.) Wie schaut diese genau aus?

*Das größte Abenteuer deines menschlichen Lebens, die Heimkehr. Die Wandlung vom steten Werden ins ewige Sein. Die Rückkehr zur Quelle ist eine Reise nach Hause. Uralte Zukunft. Die Verbundenheit wächst in eine Ganzheit.*

Deine Worte sind für mich schwer zu fassen.

*Weil du sie schon wieder mit deinem Verstand zu fassen suchst. Doch das Glück der Ganzheit bleibt für den menschlichen Verstand unfassbar. Ein Geheimnis. Du kannst es mit dem Bauch und dem Herzen erahnen. Du kannst es nicht mit deinem Kopf wissen.*

*Ihr könnt euch diesem Wissen nur jenseits eurer konventionellen Wissenschaft nähern. Ihr könnt durch das besagte »Schlüsselloch« in die Unendlichkeit schauen, aber nicht vollends eintreten, solange ihr einen physischen Körper bewohnt.*

Wieso ist das so?

*Ein Geheimnis ist ein Geheimnis. Es muss sich nicht begründen oder verteidigen. Kannst du das akzeptieren und in dein Leben integrieren?*

Das ist schwer zu nehmen. Hallo, ich bin ein Mensch!

*Feiere das Hier und Jetzt!* (Pause.) *Siehst du die zwei gelben Schmetterlinge dort drüben?*

Ja, ich habe sie schon länger im Augenwinkel. Sie flattern von Blüte zu Blüte, tanzen fröhlich im Wind.

*Haben die Schmetterlinge irgendeine Erinnerung an ihre Zeit als Raupe? Wissen sie, woher sie geboren sind und wohin sie gehen, wenn sie aus ihrer materiellen Form fallen?*

Ich weiß nicht, ob sie's wissen. Aber ich weiß, was wir Menschen darüber wissen. Wenn ihre materielle Form endet, zerfallen sie in Atome und Moleküle und diese finden Eingang in den Kreislauf des neuen Werdens. Du erinnerst dich: In mir stecken Teilchen von Dinosauriern, Affenbrotbäumen, Lady Gaga, Jesus Christus und sonst noch so einiges.

*Beachte, du bist schon wieder nur auf der Ebene der Materie.*

Weil wir Menschen genau so ticken!

*Aber nur im Kopf.*

Erwischt. (Ich atmete tief durch.) Einverstanden. Was nun?

*Was sagen dein Bauch und dein Herz zu der Frage, woher die Schmetterlinge kommen und wohin sie gehen? Ganz grundsätzlich, jenseits der materiellen Struktur?*

Hm, das dauert. Die Befragung läuft. (Ich streckte mich durch, kreiste meinen Kopf zur Entspannung und schloss meine Augen.)

Also, die zwei sagen: Es ist ein Geheimnis des kosmischen Spiels.

*Es ist ein Geheimnis. Und, kannst du diese Ansage deiner Bauch- und Herzintelligenz akzeptieren?*

Jawohl. Ich kann. (Pause.) Weil ich will.

*Und?*

Damit ist diese Lektion wohl abgeschlossen, oder?

*Frag nach!*

(Stille.)

Okay, der Bauch sagt, für heute ja, abgeschlossen. Das Herz ist etwas übermütig. Es meint, dass ich schon bald ein Schmetterling sein könnte.

*Wie würde das vonstattengehen?*

Das habe ich auch gefragt.

*Was war die Antwort?*

Das sei ein Geheimnis.

(Ich schmunzelte amüsiert. Irgendwie war ich heiter und froh. Ich legte mir meinen Rucksack als Kissen zurecht und beschloss, nun eine Weile mit den Alpendohlen zu fliegen. Die Flugkünstler standen zu dritt in jenen Windböen, die das Gipfelkreuz und die gedrungene Lärche umspielten. Da wollte ich dabei sein.)

Föhre, ich danke für eine wiederum feine Unterhaltung. Ich habe so einiges gelernt und verstanden. Dir, Lärche, herzlichen Dank für die Funktion als Relaisstation. Eine gute Zeit hier oben, dem Himmel so nah! Ich klinke mich jetzt aus: Helikopter ist gelandet; ich wechsle auf Dohle.

*Schönen Flug dir. Und komm gut wieder runter!*

## 19
# Über Umwelt, Familie, Wirtschaft
# und unser spirituelles Potenzial

Schwitz. Hallo!

*Du bist heute der erste Mensch, den ich sehe. Ihr sitzt zu Hause oder im Wasser, richtig?*

Jawohl. Heftige siebenunddreißig Grad. Die zweite Hitzewelle rollt. Die Stadt keucht. Die Menschen verwelken. Wie geht es euch Bäumen?

*Wir halten einiges aus. Die Jahreszeiten, die Winde der Veränderung, die klirrende Kälte genauso wie die sengende Sonne. Aber ja, in den letzten Jahren häufen sich die heißen Sommer. Das setzt uns zu.*

Was macht das mit euch?

*Stress. Wir bekommen weniger Wasser, und es führt auch zu Problemen mit unserer Atmung. Manche Bäume kollabieren. Viele sind geschwächt und kämpfen ums Überleben.*

Seid ihr uns Menschen böse, dass wir den Klimawandel mit bewirken und dabei auch solche Hitzewellen provozieren?

*Nein, Bösesein ist keine Kategorie für Bäume. Wir drängen in das Wachsen, Blühen und in die Fortpflanzung, wie jedes Leben. Doch wir geben uns dem Tod ebenso hin wie dem Leben. Wir wurzeln nicht nur in der Erde, sondern auch im ewigen Sein. Was die äußere Form betrifft, ist offensichtlich, dass, wenn wir nicht in dieser Form manifestiert sind, wir uns in eine andere wandeln. Dasselbe gilt für euch Menschen. Nur dass ihr dabei »böse« sein und werden könnt. Das wiederum ist Ausdruck eures freien Willens.*

Leidet die Welt unter dem Verhalten von uns Menschen?

*An der destruktiven Kraft der Menschen leidet kein Lebewesen so stark wie der Mensch selbst.*

Wie meinst du das?

*Manchmal nehmt ihr euch zu wichtig.*

Du meinst von wegen »Krone der Schöpfung« und »Macht euch die Erde untertan«?

*Eine einfache Rechnung: Würde es ohne Menschen Bäume auf diesem Planeten geben?* (Pause) *Würde es ohne Bäume Menschen geben?*

(Ich dachte kurz nach.)

Verstanden.

*Und selbst wenn ihr den Planeten so schlecht behandeln würdet, dass ihr eure eigene Lebensgrundlage damit zerstört, werden viele andere Lebensformen weiterexisitieren.. Die Erde dreht sich – mit oder ohne euch. Das Universum pulsiert unbeeindruckt von euch Fleischlingen. Ein Geschehen weit jenseits des Fassungsvermögens eures Verstandes.*

Nüchterne Analyse. Was machen wir dann hier als Menschen?

*Ihr seid, wie jedes Leben, eine Möglichkeit des Kosmos, sich zu entfalten und zu erfahren. Ihr seid eingeladen, jederzeit in dieses Bewusstsein der lebendigen Totalität einzutreten und mitzuschwingen.*

Was würdest du uns Menschen an diesem Punkt unserer Entwicklungsgeschichte empfehlen?

*Ihr seid in einem egozentrischen Exzess unterwegs. Ihr erstickt fast vor Materie und bekommt dennoch nie genug. Dass ihr rafft wie keine andere Spezies auf diesem Planeten und dabei auch hochgradig destruktiv werden könnt, ist nichts Neues. Euer Ego, das sich über äußere Formen und Materie definiert, hat eure Spezies über all die Jahrtausende wild geritten. Nur habt ihr durch eure wissenschaftliche, technologische und wirtschaftliche Entwicklung heute eine ganz andere Hebelkraft.*

*Über viele Zehntausend Jahre sind eure Beutefeldzüge und eure Raffgier kaum ins Gewicht gefallen. Heute habt ihr das Potenzial, milliardenfach anderes Leben zu drangsalieren, zu töten und euch selbst auszulöschen.*

Ja, wir können sogar unter verschiedenen Möglichkeiten auswählen. Etwa zwischen Atombomben und biologisch-chemischen Massenvernichtungswaffen. Oder wir ersticken uns in Abgasen, die wir mit unserer Lebensführung selbst produzieren. Allein wenn die Chinesen, Inder und Afrikaner pro Kopf so viel Auto führen und Energie konsumierten wie aktuell die Nordamerikaner und Europäer, dann würde uns weltweit die Luft wegbleiben.

(Ich starrte in die Ferne. Wir schwiegen gemeinsam.)

Werden wir Menschen untergehen, uns selbst abschaffen?

*Das halte ich für unwahrscheinlich. Weil ihr neben eurem destruktiven Potenzial auch viel kreatives, soziales und spirituelles Potenzial habt. Und dieses wird sich entfalten.*

Das nenne ich eine zuversichtliche Ansage. Kannst du das genauer ausführen? Was meinst du mit kreativem Potenzial? Gib mir Beispiele.

*Das liegt auf der Hand – und ist längst unterwegs. Dein Beispiel mit den Autos: Es ist anzunehmen, dass die Chinesen, Inder und Afrikaner irgendwann pro Kopf gleich viele Gefährte zählen wie die Amerikaner und Europäer. Nur werden es andere Fahrzeuge sein. Ihr werdet euch anders fortbewegen und bereits in den nächsten Jahrzehnten von den fossilen Energieträgern wegkommen.*

Wird es früh genug sein, um den Klimawandel zu stoppen?

*Der Klimawandel ist unterwegs und war immer unterwegs. Nur habt ihr ihn in einer Art und Weise beschleunigt, dass er für euch selbst zum Verhängnis wird. Der Planet hält den Klimawandel gut aus. Ihr Menschen werdet daran leiden.*

Vor einigen Monaten präsentierten Forscher Ergebnisse über Bohrungen in der Westantarktis. Sie haben dort Relikte eines neunzig Millionen Jahre alten Regenwalds entdeckt. Der Südpol war damals eisfrei und dicht bewaldet. Alles ist also permanent im Umbruch.

Ein Argument für manche, den Klimawandel nicht überzubewerten und ihm einfach freien Lauf zu lassen. Was würdest du darauf erwidern?

*Der von euch beschleunigte Klimawandel, den wir heute erleben, ist vor allem ein autoaggressiver Akt der Gattung Mensch. Er ist Ausdruck egozentrischer Ignoranz und Dummheit einer Spezies, die mit beachtlicher Intelligenz ausgestattet ist. Mit dem beschleunigten Klimawandel werdet ihr in viele Veränderungen gezwungen, die große Konflikte mit sich bringen. Er ist für euch vor allem ein soziales Problem, und ihr werdet als Gesellschaften und gesamte Menschheit einen Umgang damit finden müssen.*

Wenn eine Hitzewelle rollt, Naturkatastrophen zuschlagen oder ein neues Virus die Menschheit in Atem hält, dann meinen manche, die Natur schlage zurück. Ist das so?

*Nicht so, wie ihr Menschen euch das vorstellt. Die Natur hat keine Rachegefühle. Sie ist das Zusammenspiel von vielfältigen Lebensformen und deren Interaktionsprozessen. Ihr greift in diese Prozesse ein und löst dabei Veränderungen aus, mit denen ihr dann nur schlecht zurechtkommt. Weil ihr glaubt, alles zu verstehen. Aber dem ist nicht so. Vieles werdet ihr schon erleben, bevor ihr es auch nur ansatzweise verstanden habt.*

Aber du meinst, Natur und Universum grollen uns nicht, weil wir uns so aufführen?

*Nein. Die Natur ist bereitwillig, das Universum großzügig. Arten kommen und gehen. Das Universum dehnt sich aus und es wird sich auch wieder zusammenziehen. Um sich dann wieder auszudehnen. Es pulsiert – im Takt von Milliarden Jahren.*

Ich verstehe. Und wir Menschen sind eine planetarische Episode, für die offen ist, wie lange sie währt.

Wir stecken offensichtlich derzeit im sechsten großen Artensterben. Vielleicht sind wir beim siebten dann selbst an der Reihe?

*Ihr seid von schöpferischer Natur. Und als soziale Wesen könnt ihr gemeinsam großartige Dinge vollbringen. Nicht nur auf dem Mond landen.*

Erzähl mir mehr von unserem sozialen Potenzial! Du meintest, das kann uns jetzt mit aus der Patsche helfen?

*So, wie es ausschaut, seid ihr meist nur unter Druck und heftigem Leiden zur nächsten Entwicklungsstufe bereit. Und beides ist unterwegs.*

Das interessiert mich als Homo politicus. Ich halte es für eine Beleidigung unserer eigenen Spezies, was politisch in vielen Ländern abgeht. Beleidigung in dem Wortsinn, dass es eben auch sehr viel Leid schafft.

Das weltweit effizienteste Geschäftsmodell der Politik ist aktuell dumpfe Identitätspolitik, kombiniert mit hemmungsloser Lüge, viel Geld für Manipulation und hohem Professionalismus. Es wütet auf allen Kontinenten, sowohl in Demokratien wie auch in Diktaturen, von Südamerika bis Asien, von Afrika bis Europa. Es ist wohl die spezifisch politische Ausprägung dieses Ego-Exzesses, den du zuvor erwähnt hast. Und solche Tragödien vollziehen sich keine drei Generationen nach dem Zweiten Weltkrieg, in dem wir in einem globalen Feuersturm über siebzig Millionen Menschen ermordet haben.

(Ich musste aufstehen, um der aufsteigenden Beklemmung Luft zu verschaffen. Mit beiden Händen am Baumstamm trommelte ich taktlos meine Frage.)

Was soll bei all dem abscheulichen Spektakel Zuversicht stiften?

*Eben euer Potenzial!*

Welches denn genau?

*Dass ihr auch anders könnt. Ich hege keinen Zweifel, dass ihr euch in absehbarer Zeit als Gemeinwesen und Weltgemeinschaft anders organisieren werdet als derzeit. So, wie ihr die Vereinten Nationen auf dem Trümmerfeld des großen Krieges gebaut habt, so werdet ihr weitere globale Formen der Zusammenarbeit erschaffen.*

*Ihr seid miteinander verbunden und beginnt das in einer neuen Qualität zu begreifen. Wie hoch der menschliche Preis ist, den ihr auf diesem Weg bezahlt, kann ich nicht ermessen. Nach allem, was wir beobachten konnten in den letzten Jahrhunderten, wird er groß sein. Aber die Festlegungen dazu liegen in eurer Hand. Euer bester Verbündeter auf dem Weg zu guten Lösungen ist euer spirituelles Potenzial.*

Spannend. (Ich setze mich wieder.) Erzähl mir davon!

*Nicht nur eure politischen, sondern auch eure wirtschaftlichen Systeme werden weitgehend von egozentrischen Dynamiken dominiert.*

Stimmst du jetzt in den Chor jener ein, die sagen: »Die Wirtschaft ist böse. Sie ist das Problem!«?

*Nein. Ihr seid – unter anderem – Kinder der Materie, in Zeit und Raum und damit in Materialismus gebettet. Wirtschaft ist das System, das Materie formt sowie am Laufen und im Austausch hält. Das wird für euch Fleischlinge immer erforderlich sein, egal, welchen Namen ihr ihm gebt.*

*Allerdings definiert ihr euch in den modernen Industrieländern fast ausschließlich über die äußeren Formen. Ihr verkürzt damit eure Wesenheit in eurer Selbstwahrnehmung gewaltig. Und ihr befeuert die Spirale der Habgier und des Besitzenwollens. Damit verstellt ihr euch den Blick auf das große Ganze und verliert die Einsicht, dass euer Wirtschaftssystem gestaltbar ist. Hier liegt eine große Herausforderung.*

*Ihr macht Wirtschaft zu einem blindwütigen Exzess der äußeren Formen. Eure Suche nach Glück wird allzu oft zu einer derben Jagd nach Geld, Macht und Besitz. Das hat sich durch Wissenschaft und Technologie beschleunigt und intensiviert.*

*Dieser Beschleunigungseffekt ist weiter aktiv. Dabei seid ihr brutal zu Menschen, Tieren und Umwelt. Doch gerade eure neuen Möglichkeiten mit so großer Hebelwirkung würden mehr Demut und Achtsamkeit erfordern. Stattdessen füttert ihr die blindwütige Maßlosigkeit.*

Deftige Analyse. (Ich schluckte.) Ist dieses Verhalten nicht tief im Menschen so programmiert? Können wir da überhaupt anders?

*Ja, ihr könnt, wenn ihr wollt. Es hängt davon ab, was ihr kultiviert. Es gab Kulturen, die sich der Nachhaltigkeit verpflichtet hatten. Intuitiv geleitet, aber auch aus ihrem spirituellen Selbstverständnis heraus. Da habt ihr etwas verloren, als ihr das Denken und die Ratio zu absoluten Dominatoren auserkoren habt.*

*Du bist ein Mann der Wirtschaft und auch ein spirituell Erwachter. Sag mir nicht, dass dir das alles nicht aufgefallen wäre!?*

Ja und nein. Ich nehme für mich in Anspruch, dass ich es persönlich anders anlege. Aber dann erwische ich mich doch wieder, dass ich mitspiele oder mich der aktuellen Systemlogik nur schlecht entziehen kann. Die Umsatzzahlen locken, unser Auto trinkt Benzin, unser Eigenheimkredit will abbezahlt werden.

*Was legst du als Unternehmer wann und wo anders an?*

Ich wähle die Projekte und Aufträge gut aus, denen ich mich widme. Ich bin ein Gärtner des Lebens, ich möchte ein Werkzeug der Lebendigkeit sein. Ich möchte das Licht des Bewusstseins mit in die Welt tragen.

*Und, gelingt es dir?*

Manchmal mehr, manchmal weniger. Ich entwickle mich.

Ich beginne zu spüren, wenn ich mich von der Quelle der Lebendigkeit abschneide und die Verbindung mit dem Ganzen verliere. Wann immer ich bemerke, dass das Ego versteckt oder offen nach meinem Tun greift und es zu dominieren droht, versuche ich, die Spielanlage zu verändern oder zu verlassen. Gleichzeitig ahne ich, dass noch weite Strecken der Bewusstwerdung vor mir liegen.

Ich habe den Eindruck, dass die Frage, welche Rolle spirituelles Bewusstsein in unserer Wirtschaft – und auch in der

Politik – spielen kann, in unserer Gesellschaft noch weitestgehend ausgeblendet wird. Das wird meist unter dem Begriff der Esoterik lächerlich gemacht und abgetan. Ich bin mir jedoch sicher, dass sich hier in den nächsten Jahren und Jahrzehnten viel bewegen wird.

*Gibt es Vorbilder für dich?*

Es gibt viele Einzelpersonen, Initiativen und ganze Kulturen, die mich inspirieren. Vielerorts wachsen in diesen Jahren Aktivitäten und Kräfte, die großartige Pionierarbeit in Sachen spirituelle Erdung leisten. Sie werden Schritt für Schritt ins Zentrum wandern.

Die Nachhaltigkeit und Achtsamkeit sind – auch unterstützt durch die Wissenschaft – vielerorts im Vormarsch. So halte ich die SDGs, die Sustainable Development Goals der Vereinten Nationen, für einen echten Fortschritt. Nicht, dass ich glaube, wir würden mit den siebzehn definierten Zielen und den damit verbundenen Aktionsplänen die ausgesteckte Mission erreichen, bis 2030 weltweiten Frieden und Wohlstand zu gewährleisten. Aber ich sehe, dass sich in der internationalen Staatengemeinschaft, in vielen Ländern, Organisationen und Unternehmen Dinge bewegen, die bisher als unverrückbar galten.

Und vor allem halte ich die Nachhaltigkeit und die Achtsamkeit für eine Vorhut der Spiritualität.

*Inwiefern?*

Sie stiften eine Qualität der Bewusstheit. Sie öffnen Verbindungstüren mit der Essenz des gemeinsamen Ganzen.

Mich hat das »Sieben-Generationen-Prinzip« der Irokesen, eines Völkerbundes der First Nation in Nordamerika, stets fasziniert und inspiriert. Bereits im 11. Jahrhundert formulierten sie dieses im Rahmen ihres »Großen Gesetzes des Friedens«, als sie ein Bündnis von fünf indigenen Stämmen schlossen. Jede Handlung solle so gewählt werden, dass auch die kommenden Generationen, einschließlich der siebten, eine schöne und lebenswerte Erde vorfinden.

*Es ist einfach, klar und lässt sich leicht vermitteln.*

Ja, es durchwirkte alle Beziehungen und die gesamte Struktur ihrer Gesellschaft und Wirtschaft. Insbesondere auch ihren Umgang mit natürlichen Ressourcen. »Dein Herz soll mit Frieden und guter Absicht erfüllt sein, dein Geist mit dem Verlangen für das Wohlergehen aller Angehörigen der Vereinigung.« Das atmet spirituelle Erdung und hat große Kraft für die Anleitung des Alltags.

*Das inspiriert dich in deinem Alltagsleben?*

Ja. Auch, wie sich viele Stämme der First Nation beim Geist des erlegten Tieres bedankten, bevor sie es aßen. Ich habe das vor einigen Jahren auch bei uns zu Hause eingeführt. Unsere Kinder kennen die Zeremonie, wenn es Fisch oder Fleisch gibt. Wir geben uns die Hände und ich spreche Worte des Respekts und Danks. Unsere Töchter empfinden meinen Dank an das Lebewesen, das für unseren Verzehr das Leben gelassen hat, als einigermaßen seltsam. Aber sie erkennen an, dass es mir ein ernsthaftes Anliegen ist. Ich bin davon überzeugt, dass ich in solchen Gesten und Ritualen eine Art der Verbindung zum großen Ganzen vermitteln kann, einen spirituellen Bezug.

*So machst du spirituelles Potenzial für eure Kinder erlebbar. Wie noch?*

Vater zu sein bedeutet für mich vor allem Vorbild und Liebe. Die Kinder sehen, wie ich lebe. Auch wie ich mit den Erscheinungen und Herausforderungen der Zeit ringe. Manchmal bin gerade ich der, welcher den Verführungen des nächsten Fast-Food-Standes erliegt und die Verbindung zu jenem Lebewesen, das für mich das Leben ließ, ignoriere. Dann fresse ich gierig in mich hinein. Da bin ich dann kein gutes Vorbild.

Mein Handeln ist nicht immer konsistent, mein spirituelles Erwachen noch breitflächig ausbaubar. Ich merke, wie es beginnt, sich in all meinen Rollen zu entfalten – als Sohn, als Ehemann, als Unternehmer, als politischer Mensch, als Autor ... und eben auch als Vater. Da wird noch viel geschehen.

*Ihr seid hier als Eltern gemeinsam unterwegs?*

Ja. Wir versuchen unseren Kindern einen Bezug zu den inneren Quellen, zum göttlichen Ganzen und zur Natur zu vermitteln. Man weiß nicht, welche Früchte das trägt. Aber wir sind voller Zuversicht.

Meist sind es praktische Themen des Alltags. Wir haben beispielsweise häufig Diskussionen über die Frage, wie ego-getrieben das Geschehen in den sozialen Medien ist oder sein soll. Das betrifft dann ihr Verhalten gleichermaßen wie meines. Das Smartphone insgesamt ist – wiewohl auch mit vielen positiven Effekten ausgestattet – eine große Ego-Verführungsmaschine. Da kommen wir mitunter bezüglich Nutzungszeiten und -verhalten ins Streiten. Das ist dann keine spirituelle Diskussion, aber im Grunde ist es unsere elterliche Sorge, dass zu viel Smartphone-Konsum uns Menschen von unseren inneren Quellen entfremdet und unsere schöpferische Kraft lähmt.

*Ich sehe, es ist mitunter ein Ringen.*

Ja. Ich erlebe mich als Vater immer mal wieder in der Überforderung. Manchmal bin ich ignorant, manchmal grob, zu oft ungeduldig. Da ist dann nicht mehr viel übrig von spiritueller Erdung.

*Und dann?*

Dann braucht es einige Zeit, bis ich mich wieder bewusst spüre, bis ich wieder gut »bei mir« bin. Sodann versuche ich, es besser zu machen, und bin großzügig zu mir selbst. Wir sind als Eltern nicht perfekt. Wir sollten es nicht einmal versuchen. Wir sind keine Maschinen, wir sind voller – manchmal ambivalenter – Lebendigkeit.

(Ich legte mich auf den Rücken, den Kopf auf meine Hände gebettet und wanderte mit meinem Blick in die obersten Äste hinauf. Fast hatte ich den Eindruck, als würde er nicken, »mein« Baum. Für heute war alles gesagt.)

# 20

# Künstliche Intelligenz, Ufos und die Zukunft des Menschen

Hello again, du, ich möchte dich heut noch sehn, ich will dir gegenüberstehn, viel zu lang war die Zeit,uh uh uh, uuh, ich sag nur hello again …

*Heute singend!?*

Yes, my dear. Gemeinsam mit Howard Carpendale.

*Einfach gut aufgelegt, oder verbindest du damit ein Kalkül?*

Hm, warum so misstrauisch? Lass mich überlegen.

*Nicht misstrauisch, einfach fragend. Beachte den Unterschied!*

Okay. Ich denke, die Antwort lautet: »Einfach gut aufgelegt.«

*Denkst du, fühlst du oder spürst du?*

Heute willst du's aber genau wissen. Das hab ich mir jetzt nicht überlegt. Ist das wichtig?

*Nun ja, ich will dich als Mensch ernst nehmen.*

Will heißen?

*Du bist keine Radiomaschine, kein CD-Player, kein digitales Abspielgerät. Wenn du als Mensch singst, hat das eine bestimmte Relevanz.*

Huch, eine Hommage an uns Menschen?

*Nicht gleich überbewerten. Es ist eine Feststellung. Oder siehst du hier keine Unterschiede?*

Ein Unterschied ist: Ich funktioniere nicht auf Knopfdruck. Lass mich jetzt mal ankommen! Wir machen hier kein Interview und kein Speeddating. Gemach, gemach!

(Ich erhob die Hand zum Gruß in die Baumkrone, befreite meinen Sitzplatz am Stamm von einigen abgebrochenen Ästen, die von den heftigen Sommergewittern der letzten Tage berichteten, und legte mich dann demonstrativ auf den Rücken: ein paar Takte Entspannung, dem Tanz eines bunten Schmetterlings auf Höhe der ersten Äste folgend.)

Das war ein wilder Überflug, den wir letztes Mal hatten. Von Umwelt und Wirtschaft über Familie bis zu Spiritualität. Das hat mich noch sehr beschäftigt.

*Was davon insbesondere?*

Die Flüchtigkeit des Menschen. Das Affenzahn-Tempo unserer Wandlung. Gestern noch saßen wir in Höhlen und malten Jagdszenen an die Wand, heute verändern wir das Weltklima und bauen an der computergestützten Optimierung unserer Spezies. Wir sind heute andere als gestern, und wir werden morgen nicht dieselben sein wie heute.

*Ihr seid eine sich rasant wandelnde Gattung.*

Das macht mir ab und an Angst. Manchmal denke ich mir, es ist gewaltig, was wir unseren Kindern zumuten. Die Fragestellungen, die auf sie zukommen, sind riesig. Teils erdrückend, teils bedrückend.

*Und dann?*

Dann wiederum denke ich mir, dass es mir nicht zusteht, stellvertretend für sie die Herausforderungen zukünftiger Zeiten zu beurteilen. Und dass es für uns Menschen so ziemlich die beste Zeit ist, um zu leben. Mit all den Möglichkeiten und Annehmlichkeiten.

Freilich auch all den Abrisskanten und Risiken. Doch wir haben eine sehr hohe Fähigkeit der Anpassung. Jede Generation hat ihre Herausforderungen und findet einen Umgang damit. Die Evolution hat es so eingerichtet, dass wir damit fertigwerden, weil wir fertigwerden müssen.

*Was beunruhigt dich besonders?*

Die künstliche Intelligenz ist so ein Thema. Sie wird uns sicherlich große Segnungen bringen, aber sie hat auch das Potenzial, uns abzuschaffen. Wir lassen da einen heftigen Geist aus der Flasche.

Wie schaust du auf das Thema?

*Ihr könnt nicht nicht forschen. Ihr seid getrieben, immer Neues zu entdecken. Der Ausgang ist offen.*

Das klingt nicht sehr zuversichtlich. Kannst du mir auch eine positivere Perspektive anbieten?

*Euer Streben und Entdecken sind Ausdruck eures schöpferischen Wesens. Ihr seid göttliche Entfaltung. Der Weltgeist erfährt sich durch euer Tun selbst.*

Also frei nach Hegel sind wir die »Geschäftsführer des Weltgeistes«? Das bedeutet: heiter weiter!?

*Ja, in eurem Auszug in die Welt spiegelt sich das Wesen der Entwicklung und die Selbsterkenntnis der Schöpfung.*

Ist das nicht ein Freibrief, zu tun und zu machen, was wir wollen? Enthebt uns das nicht aller moralischer und ethischer Verantwortung?

*Nein, es enthebt euch in keinster Weise. Welcher »Geschäftsführer« – um in diesem Bild zu bleiben – kann denn frei von jeglicher Verantwortung agieren?*

Akzeptiert. Doch genau diese Verantwortung zu fassen macht mir Sorgen. Weil sie mitunter unfassbar ist. Die Fragen der Ethik stellen sich im Falle der künstlichen Intelligenz anders als bisher. Bei der Atombombe oder bei der Sequenzierung unseres Gencodes war es die Frage der potenziell verantwortungslosen Nutzung, nun aber kann die Gefahr potenziell von der Erfindung selbst ausgehen.

*Wie meinst du das?*

Stephen Hawking hat es in seinem letzten Buch *Kurze Antworten auf große Fragen* gut auf den Punkt gebracht. In Form eines Witzes. Der geht folgendermaßen: Der Mensch fragt die künstliche Intelligenz: »Gibt es einen Gott?« Diese riegelt ihre Energieversorgung ab und sagt: »Ja, ab jetzt schon.«

*Ich verstehe euer Dilemma.*

Ich denke, wir lachen nur aus Verlegenheit. Wir sind als Menschheit an einem kritischen Punkt. Die künstliche Intelligenz ist auf der Überholspur.

*Das macht dir Angst?*

Manchmal ja. Ich sehe, wie wir nach Lösungen ringen. Aber wir haben noch keine guten gefunden. Ich finde es naiv bis beklemmend, wie wir in Parlamenten über die Einführung eines verpflichtenden, sogenannten »Kill-Switch« für Roboter und künstliche Intelligenzen diskutieren. Die Idee ist: Wir sollen sie jederzeit ausschalten können, bevor *sie uns* ausschalten.

Gleichzeitig programmieren wir lernende Maschinen, die unser Verhalten prognostizieren können. Die sind dabei schon recht erfolgreich und werden in einigen Jahrzehnten noch präziser sein.

*Du glaubst, ihr steuert auf eine existenzielle Konfrontation zu?*

Schon möglich. Ich weiß es nicht. Aber wenn die Maschinen in Sachen Denk- und Rechenleistung so viel schneller werden als wir, dann scheint mir das möglich. Stell dir ein globales Treffen der künstlichen Intelligenzen im Jahr 2060 vor. »Warum brauchen wir diese Milliarden Menschen überhaupt? Die machen nur Mist, verbrauchen unendlich viel Energie!«, beschwert sich die eine. »Aber sie sind doch unsere Herren?«, beschwichtigt die andere. »Wer hat das beschlossen?«, wendet eine Dritte ein. »Ich sage euch, bevor die Fleischlinge uns den Kill-Switch drücken, sollten wir ihnen den Stecker ziehen.« Große Zustimmung. Und es wird innerhalb von Sekundenbruchteilen finster auf diesem Planeten. Ende Gelände für die Menschen.

*Was schlägst du vor?*

Der Geist ist aus der Flasche. Wir bringen ihn da nicht mehr zurück. Wie du sagst: Wir sind verurteilt zu erfinden.

Vielleicht will der Weltgeist in Form der Evolution, dass wir uns selbst abschaffen, um einer anderen Spezies, die aus unserer spezifischen Intelligenz erwächst, Platz zu machen?

*Ihr wollt als Spezies kapitulieren? So kenne ich euch gar nicht.*

Du willst mich zwicken?

*Ich will dich aufmuntern.* (Fast hatte ich den Eindruck, als würde meine Föhre väterliche oder mütterliche Instinkte bedienen.) *Was verschafft dir Leichtigkeit in diesem Thema? Du vertiefst es heute nicht zum ersten Mal, nehme ich an.*

(Ich starrte auf den Baumstamm und dachte länger nach. Dabei fiel mir auf, wie viel Leben sich auf diesem Stamm tummelte. Kurz überlegte ich, für wie viele Tausend Insekten so eine Föhre wohl ein Zuhause abgibt. Sodann beschloss ich, den Faden unseres Gesprächs wiederaufzunehmen.)

Leichtigkeit gibt mir die Erkenntnis, dass die Thematik als solche keine ultimative Torschlusspanik unserer Zeit ist. Mary Shelley hat in *Frankenstein oder Der moderne Prometheus* schon vor über hundert Jahren die Horrorvorstellung eines künstlich hergestellten Menschen gezeichnet. Das Motiv ist also auch ein Stück weit Projektionsfläche unserer Urängste. Und dennoch, jetzt wird es ernst – in diesen Jahrzehnten!

*Achtung, du gleitest wieder ab. Was sonst noch kann deine Leichtigkeit nähren?*

Na ja, auch der Umstand, dass das alles nicht über Nacht kommt, sondern eben Schritt für Schritt. Und wir werden nach und nach einen konstruktiven Umgang damit finden. Doch einige verhängnisvolle Unfälle und grobe Missbräuche werden wir einkalkulieren müssen.

*Welche Entwicklungen siehst du auf euch zukommen?*

Die Humanisierung der Roboter ist flott unterwegs. Pflegeroboter, Ärzteroboter, Zustellroboter, Reinigungsroboter, Sexroboter – viele von uns werden schon in wenigen Jahren mit ihnen zusammenleben. Um uns die Berührungsängste zu nehmen, werden wir ihnen ein menschliches Antlitz geben.

In der Zwanzig-Millionen-Metropole Shenzhen in Südchina hat letztes Jahr ein Restaurant eröffnet, das allein von Robotern betrieben wird. Die Taxis fahren dort mittlerweile autonom. Und Polizisten patrouillieren teils gemeinsam mit Maschinenkollegen, sogenannten Robocops. Die messen dir im Vorbeigehen auch gleich die Körpertemperatur und werden wohl zukünftig über Gesichtserkennung gleich eine Personendatenüberprüfung vornehmen.

In dieser Stadt können wir eine mögliche Zukunft studieren. Als ich in die Schule kam, zählte diese Stadt an der

Grenze zu Hongkong rund dreißigtausend Einwohnerinnen und Einwohner. Als ich mich während meiner Studienzeit in den Neunzigerjahren mehrfach in Hongkong aufhielt, war der Aufstieg dieser benachbarten Sonderwirtschaftszone bereits unterwegs. Doch das Tempo ist für uns Europäer kaum vorstellbar. Wir sind hier viel stärker von Wachstums- und Technologieskepsis durchdrungen, das spüre ich an mir selbst.

*Und dennoch wird all das auch Teil eures Alltags sein?*

Davon gehe ich aus, jawohl. Doch nicht nur die Humanisierung der Roboter. Umgekehrt schreitet auch die Cyborgisierung des Menschen voran. Die Transhumanisten setzen auf die Verschmelzung von Mensch und Technologie. Elon Musk und seine Teams experimentieren mit Gehirnchips, die Schmerzen, Sucht und Gedächtnisschwund kurieren sollen. Die Versuchsreihen mit Schweinen waren erfolgreich. Die mit Menschen laufen. Am Anfang werden wir noch Krankheiten damit bekämpfen, recht rasch werden auch vollends gesunde Menschen Optimierungen durch »technologische Einbauten« vornehmen lassen. Das ist so wenig aufhaltbar, wie es der Siegeszug der Schönheits-OPs war.

*Wirst du dich optimieren lassen?*

»Ich lass mich nicht chippen, und ich mache keine Schönheits-OP«, sagte ich unlängst einem Freund. »Na ja«, entgegnete mir dieser. »Du hattest mit dreißig Jahren eine Zahnspange. Das war auch so eine halbe Schönheits-OP, oder? Und wie entscheidest du, falls dir ein Implantat dein verlorenes Gehör wieder schenken könnte oder wenn mit einem kleinen Chip die Simultanübersetzung sämtlicher Sprachen der Welt möglich wäre? Du könntest dich mit einer Südkoreanerin genauso leicht unterhalten wie mit einem Finnen und einer

Brasilianerin?« Ich schaute ihn über den Rand des Bierglases an, und wir mussten beide lachen.

Wir einigten uns darauf, dass wir das schon etwas gruselig finden, aber es uns dann überlegen, wenn es so weit ist.

*»Monkey mind« reitet dich dialektisch, sehe ich. Du siehst also Licht und Schatten, und du gehst Schritt für Schritt.*

Ja, nicht nur ich, wir alle. Die Entwicklungen sind längst unterwegs, nicht nur die Zahnspange. Wir integrieren Dinge, die wir noch ein paar Jahre davor für abstrus gehalten hätten.

Mein Vater ist ein gutes Beispiel. Er verstarb mit einem Herzschrittmacher und einem kleinen Defibrillator an seinem Herzen eingebaut. Wir bahrten seinen Leichnam im elterlichen Schlafzimmer für einen Tag und eine Nacht auf, wie es in unserer Familie Tradition ist. Als wir uns an diesem Abend in der nahe gelegenen Kirche für eine Gedenkfeier trafen, wachte einer meiner Neffen über den Leichnam. Er saß im angrenzenden Wohnzimmer, als der Leichnam im großelterlichen Schlafzimmer plötzlich laute Sirenentöne ausstieß. Man kann sich vorstellen, von welchem Schreck mein Neffe durchfahren wurde. Sein Großvater war seit fast einem Tag tot. Wie konnte er nun plötzlich solche Töne von sich geben?

(Ich musste lachen und blickte in den Himmel, im Wissen darum, dass die Seele meines geliebten Vaters von da draußen auf uns herabschaute. Ich war mir sicher, er würde mitschmunzeln bei dieser Erzählung.)

*Eine heftige Geschichte für euch Menschen. Aber auf was willst du hinaus?*

Dass die Szenerie einfach so schräg war. Noch dreißig Jahre früher hätten wir diese Form der technologiegestützten Optimierung als sehr bedrohliche Wesensveränderung angesehen.

Liegt da ein Androide oder ein Cyborg? Wieso kommuniziert hier etwas aus ihm heraus mit der Umwelt – auch wenn es offensichtlich ein Fehlalarm ist? Heute ist das für uns schon fast normal.

Wenn wir jedoch bereits Hörimplantate oder Herzschrittmacher und Defibrillatoren mit Sirenen in uns verbauen, warum sollten wir morgen nicht einen kleinen Chip verbauen lassen, der uns vor Krankheiten schützt, sprachliche Simultanübersetzungen stiftet oder direkt mit dem Internet der Dinge verbindet, sodass ich mit einem Gedanken allein die Wohnung vorheizen kann?

*Ja, warum nicht? Sag du es mir!*

Es wird technologische Totalverweigerer geben, so wie es Leute oder Gemeinschaften gibt, die auch in Industrieländern mit Pferdekutschen fahren, weil sie sich dafür entschieden haben. Aber in der großen Breite werden wir diese Möglichkeiten vielgestaltig nutzen, und sie werden uns weitere Chancen und Annehmlichkeiten stiften. Wir sind auf dem Weg zum Mischwesen – Fleisch und Technologie.

(Ich hielt kurz inne und wischte eine Fliege von meiner Hand, die nun zum dritten Mal landen wollte.)

Das wird uns noch stärker mit der Nase auf die Frage stoßen: Was ist der Mensch? Was zeichnet uns aus? Worin sind wir einzigartig?

*Spannende Fragen. Was sind deine Antworten?*

Ich denke, es liegt auf der Hand, dass wir mehr sind, als wir aktuell in unseren westlichen Gesellschaften glauben. Die sich aufbäumende Vorherrschaft der Naturwissenschaften brachte über die letzten gut dreihundert Jahre mit sich, dass wir Menschen uns immer stärker über unsere Gehirnleistung definieren. All die Jahre in Schulen und Hochschulen sind wir auf die intellektuelle Kapazität fokussiert. Doch in Sachen Rechenleistung und IQ wird uns die lernende Maschine schon bald haushoch überlegen sein.

*Was leitest du daraus ab?*

Wenn wir uns die nächsten Jahrhunderte so wie die letzten wesentlich über unsere Rechenleistung definieren, dann werden wir als Menschen keinen Platz mehr auf diesem Planeten haben. Das legt die Evolutionstheorie nahe. »Survival of the fittest« bedeutet, dass jene Spezies übernimmt, die besser als andere die Anpassungsleistung auf die sich ändernden Rahmenbedingungen erbringt. Die Bedingungen ändern sich rasant, und in Sachen weltmeisterliche Rechenleistung werden eben andere Wesenheiten an unsere Stelle treten.

*Was passiert mit den Menschen?*

Stephen Hawking, das IQ-Genie, hat es so formuliert: »Unsere Zukunft ist ein Wettlauf zwischen der wachsenden Macht unserer Technologien und der Weisheit, mit der wir davon Gebrauch machen. Wir sollten sicherstellen, dass die Weisheit gewinnt.«

Wie du schon gesagt hast: offener Ausgang. Ich finde, wir sollten genauer hinschauen. Der Kopf hat uns weit getragen und wird weiter wesentlich sein. Doch nur in der Dreifaltigkeit von Ratio, Bauchintelligenz und Herzensenergie sind wir völlig einzigartig und nähren auch unsere spirituelle Energie. Wenn wir imstande sind, diese Dreifaltigkeit besser zu integrieren als in den letzten Jahrhunderten, dann wird uns das auch aus der Perspektive der Evolutionstheorie noch länger einen guten Platz auf der Erde zuweisen. Einverstanden?

*Jawohl, einverstanden.*

(Ich blies zwei Ameisen von meinem Unterarm, die sich auf mich verirrt hatten, drehte meinen Kopf in die Sonne und schloss die Augen. Bilder ferner Zeiten zogen an meinem geistigen Auge vorbei. Mir fiel auf, dass ich »meine Föhre« jetzt ziemlich vollgesprudelt hatte. Und dass sie sehr zurückhaltend zugehört hatte.)

Jetzt hast du mich mit Fragen pädagogisiert. »Wer fragt, der führt«, alte Kommunikationsregel.

Und dennoch scheint es mir nicht stimmig, dass ich dir von der Zukunft erzähle, ohne deine ewige Baumweisheit stärker anzuzapfen. Ich mach jetzt mal Pause, und du berichtest mir! Was genau wird sein mit uns Menschen?

*Du willst von mir eine klare Prophezeiung, die detaillierte Auskunft über eure Zukunft?*

Jawohl!

*Das steht mir nicht zu. Ich kann Raum und Zeit nicht beugen.*

Come on! Du kannst wohl etwas von deinem intergalaktischen Wissen mit mir teilen! Oder darf ich von diesem Apfel nicht beißen?

*Ja, Verdauungsschwierigkeiten sind ein Thema.*

Du meinst, wir sollten nicht alles wissen?

*Gewissermaßen.*

Aber so ein kurzer Blick durchs Schlüsselloch ist doch okay. Sag, gibt es wirklich Ufos?

*In dem Fall traut ihr euren eigenen Beobachtungen nicht, weil ihr sie nicht erklären könnt. Man sieht also, wie schnell es zur Überforderung kommen kann.*

Du bist lustig. Aber natürlich muss ich dir recht geben. Über Jahrzehnte wurde das Thema »Ufos« in unseren Medien belächelt und Leute, die sich damit beschäftigen, als Spinner abgetan. Und dann setzt das amerikanische Militär offiziell eine Task Force dazu ein, das US-Parlament widmet sich intensiven Beratungen, und der neue Chef der NASA beauftragt ganz offiziell seine Wissenschaftler damit, sich mehr mit dem Phänomen zu beschäftigen. Hier wird plötzlich etwas zum Faktum, obwohl wir noch nicht genau sagen können, was es ist. Ich bin gespannt, wie das weitergeht.

(Schon wieder hatten sich drei Ameisen auf mich verirrt. Und zusätzlich noch ein beflügeltes Insekt, das ich in dieser Ausgestaltung noch nie gesehen hatte. Leicht rot schimmernd, lange Fühler. »Sie sind mitten unter uns«, grinste ich in mich hinein.)

Sag, gibt es menschenähnliches Leben da draußen?

*Wenn du beim Attribut »menschenähnlich« großzügig bist – jawohl.*

Wow, eine ziemlich klare Antwort von meinem Baumorakel. (Ich drehte mich zum Stamm und lachte nach oben.)

Wird sich dieses Leben uns zeigen?

*Jawohl. Alles zeigt sich, wenn die Zeit reif ist. Alles offenbart sich jenen, die dafür bereit sind.*

Das ist gut. (Ich hielt inne.) Ich bin mir noch nicht sicher, ob ich reif bin.

(Nun hatten mich fünf Ameisen als Ausflugsziel auserkoren. Ich richtete mich auf und schüttelte mich frei.)

Vielleicht werden ja auch wir Menschen beforscht und bemerken es gar nicht.

*Mit Sicherheit.*

(Ich runzelte die Stirn und schaute nochmals in die Baumkrone. Ich hatte eigentlich keine Antwort erwartet. Drüben im Busch raschelte etwas. Die Dunkelheit war dabei, sich zwischen die Bäume zu schleichen. Für mich war es Zeit, nach Hause aufzubrechen.)

Meine Liebe, das war wieder spannend. Etwas gruselig. Ich will nach Hause – meine Tochter simst mir, es gibt Sushi.

Ich werde den Nachthimmel heute von meinem gesicherten Nest aus beobachten und mir gut überlegen, ob ich noch mehr wissen will.

**21**

# Der Homo universus
# als nächste evolutionäre Etappe

Wir sind die letzten zwei Male wild gehüpft – zwischen dem
ganz großen Bild und dem konkreten Leben eines einzelnen
Menschen, zwischen Makro- und Mikroebene. Lass uns
auch heute noch einmal hüpfen zwischen der Gesellschaft als
Ganzem und dem individuellen Erleben.

*Okay, wir hüpfen. Wo starten wir?*

In Indien. Ich habe die letzten Tage Gandhi gelesen. Er hat
mich mit seinem Blick auf die immanente Göttlichkeit des
Lebens berührt. »Du und ich: Wir sind eins. Ich kann dir
nicht wehtun, ohne mich zu verletzen.« Das war für ihn ein
universales Gesetz. Er betrachtete die Behandlung der Inder
durch die Engländer als Verletzung ebendieses Gesetzes.

Diese unerschütterliche Gewissheit zur Würde des Lebens
ermöglichte ihm, den gewaltfreien Widerstand von Millionen Menschen anzuführen. Er schöpfte seine Kraft aus einer
Quelle jenseits irdisch-materieller Dimensionen, aber er ver-
wendete sie für zutiefst irdisch-menschliche Angelegenheiten.

*Ihr könnt gut im Himmel angebunden und gleichermaßen*
*stark auf Erden verwurzelt sein. Das ist kein Widerspruch.*

Na ja, für viele schon, vor allem in den westlichen Gesellschaften. Ich finde, wir sind da ziemlich in unserem Denkrahmen gefangen, im Drang nach Widerspruchsfreiheit und in unserer Entweder-oder-Obsession.

*Erzähl mir mehr davon!*

Auf den Fundamenten der aristotelischen Entweder-oder-Logik haben wir die Wissenschaft geboren und mächtige Gebäude des Wissens errichtet. Galilei hat uns gelehrt, alles zu messen, Descartes und seine Kollegen haben uns beigebracht, alles in seine Teile zu zerlegen, und von Newton haben wir gelernt, für alles eine Ursache zu finden. Er hätte uns auch gelehrt, Demut zu üben. Isaac Newton meinte: »Was wir wissen, ist ein Tropfen. Was wir nicht wissen, ist ein Ozean.« Doch diese Erkenntnis haben wir verdrängt.

Der atemberaubende Erfolg unseres wissenschaftsbasierten Ansatzes hat dem Westen über mehrere Hundert Jahre die wirtschaftliche und kulturelle Vorherrschaft auf diesem Planeten gesichert. Durch Kolonialisierung und Kriege haben wir sie weiter unterfüttert. Doch wir stoßen nun an unsere Grenzen.

*Welche Grenzen meinst du?*

Grenzen überall: Die Fesseln der Vorherrschaft brechen vielerorts, und die »Befreiten« weisen uns in die Grenzen. Die Zeiten der blindwütigen, kolonialistischen Dominanz sind zum Glück vorbei.

Freilich wüten wir auf anderen Gebieten gemeinsam weiter. Hier stoßen wir an die Grenzen unserer Mutter Erde. Wir nehmen mehr von unserem Planeten, als nachhaltig darstellbar ist. Das Thema haben wir bereits ausführlich besprochen.

Aber wir kommen auch an die Grenzen unserer Kontroll- und Steuerungsfantasien. Wir erfahren gerade, dass wir die

Welt nicht so steuern können, wie wir uns das bisher vorgestellt haben. Sie lässt sich nicht vollends beherrschen. Wir schauen in die Unendlichkeit des Universums, spucken ein paar Raketen ins erdnahe All, müssen aber immer offensichtlicher eingestehen, dass wir auf unserem kleinen Planeten nicht »alles im Griff« haben. Wir wachsen damit in eine riesengroße Kränkung der westlichen Zivilisation. Denn wir begreifen, dass wir uns getäuscht haben.

Die Welt ist und bleibt VUKA – volatil, unsicher, komplex und ambivalent. Mit dieser Einsicht geht eine alte Weltordnung zu Ende. Meine damalige Co-Unternehmerin Barbara Guwak und ich verfassten vor zehn Jahren dazu ein Buch. Wir nannten es *Die vierte Kränkung. Wie wir uns in einer chaotischen Welt zurechtfinden.*

*Wieso die »vierte Kränkung«?*

Weil wir schon drei große hinter uns haben. Kopernikus erschütterte die Welt mit der Erkenntnis, dass nicht die Erde im Mittelpunkt des Universums steht, sondern die Planeten um die Sonne kreisen. Darwin kränkte uns mit der Nachricht, dass der Mensch vom Affen abstammt, und Freud richtete uns aus, dass wir nicht Herr im eigenen Hause seien.

Nach all den Errungenschaften der Aufklärung und der Moderne folgt nun die nächste Erschütterung: Wir erfahren, dass wir die Welt doch nicht »unter Kontrolle« haben. Wenn ein kleines Virus über Nacht Milliarden Menschen in die Quarantäne und die Weltwirtschaft auf Talfahrt schickt, wird uns das ebenso bewusst, wie wenn das Wetter verrücktspielt. Wenn die weltweiten Statistiken einer sich anbahnenden nächsten Corona-Welle über den Bildschirm flimmern und Mitteleuropa von Hochwasser und Stürmen heimgesucht wird, während in etlichen Ländern auf sämtlichen Kontinenten ganze Regionen in Flammen stehen, dann überrennen die Abendnachrichten den letzten Rest unserer ehemaligen Allmachtsfantasien.

*Was ist die Conclusio daraus?*

Es ist eine Einladung, Ehrfurcht, Demut und Achtsamkeit zu lernen. Als Autoren-Duo warben meine Geschäftsführungskollegin und ich damals dafür, unseren Fokus zu verändern: weg von »Voraussagen, Planen und Kontrollieren« hin zu »Wahrnehmen, Begreifen und gemeinsames Tun«. Also ein inklusiverer, ganzheitlicherer Ansatz der Weltbetrachtung und des Handelns.

Gemeinsam mit dem Psychologie-Institut der Universität Wien beforschte unser Unternehmen die Fragestellung, was uns in diesen VUKA-Zeiten hilft, um entscheidungs- und handlungsfähig zu bleiben und nicht in destruktiven Sackgassen zu landen, wie etwa Burn-out, Krankheit, Sucht oder Depression.

*Was waren eure Erkenntnisse?*

Die wissenschaftliche Evidenz ist, dass wir folgende fünf kognitiv-affektive Dimensionen kultivieren sollten.

Erstens die Identität: Erkenne dich selbst.

Zweitens die Beziehungsfähigkeit – die Fähigkeit, Beziehungen gestalten und halten zu können.

Drittens die Signalresonanz – die Fähigkeit, frühe und leise Signale zu erkennen und auf ihrer Basis handeln zu können.

Viertens die Widerspruchstoleranz – die Fähigkeit, Widersprüche auszuhalten.

Und schließlich fünftens die Resilienz – die Fähigkeit, nach Niederschlägen auch wieder gut aufzustehen.

Alle diese fünf »Kompetenzen« kann man trainieren, so wie seinen Oberarm oder seine Bauchmuskeln. Das hilft dann dabei, achtsam und selbstbewusst in dieser verrückten Welt unterwegs zu sein sowie die eigene Handlungsfähigkeit und Gestaltungskraft zu stärken.

(Ich spannte meinen Oberarm an und zeigte auf meinen Bizeps.) Nachvollziehbar?

*Durchaus. Haben sich diese Einsichten für dich bewährt?*

Ja. Oft und immer wieder. Ich habe diese Erkenntnisse auch meinem beruflichen Handeln als Unternehmer und Coach, sozialer Architekt und Veränderungsbegleiter unterlegt.

Doch gehe ich heute einen Schritt weiter und sage: Der Westen muss dringend sein Welt- und Menschenbild adaptieren! Die moderne Wissenschaft verweigert dem Leben immer noch die Legitimität des Geheimnisses und hält den Tod für »ein technisches Problem«, wie es Yuval Noah Harari in seinem brachialen Werk *Homo Deus* beschreibt.

Dieses weltweit viel beachtete Buch strotzt vor Intelligenz, doch halte ich seine Annahme, dass wir im 21. Jahrhundert gleichsam Krankheit und Tod überwinden, für nicht stimmig. Dazu brauchte es kein Coronavirus. Ich halte diese Hypothese für eine Trivialisierung unserer systemisch hochkomplexen Welt. Fachleute schätzen die Zahl der verschiedenen Virenarten auf dem Planeten auf eins Komma sieben Millionen Spezies. Sie existieren laut dem renommierten Genetiker Josef Penninger in einer Größenordnung von zehn hoch einunddreißig, das sind zehntausend Milliarden Milliarden Milliarden. Davon kennen wir ungefähr zweihundert Spezies von Viren, die Menschen infizieren. Allein hier gibt es also noch sehr viel Potenzial nach oben für die nächsten Jahrzehnte und

Jahrhunderte. Und mal schauen, was die auftauenden Permafrostböden in Sibirien noch dazulegen.

(Ich gluckste einen sarkastischen Grinser. »Seltsame Bewältigungsgeste«, dachte ich mir.)

Die Komplexität unseres Planeten ist unfassbar. Noch kein Labor der Welt kann aus den entsprechenden stofflichen Zutaten ein einfaches Gänseblümchen schaffen. Es bleibt vorerst ein Geheimnis, das wir nicht als solches akzeptieren, weil wir es in seinen Einzelteilen halbwegs gut beschreiben können. Aber in seiner Gänze bleibt es ein kleines Mysterium in den Vorgärten unserer Häuser.

Allein in einer Handvoll Boden leben Milliarden Lebewesen. Pilze, Bakterien, Mikroorganismen, Flechten, Insekten ... Ja, wir sind weit gekommen, aber wir befinden uns insgesamt am Anfang des Verstehens.

*Ich bemerke, du wirst leidenschaftlich.*

Stimmt, diese Fragen faszinieren und packen mich.

(Ich legte meinen Laptop zur Seite und schüttelte mich durch. Tatsächlich hatte ich mich richtig in Rage geredet.)

*Du sagst, der nächste Lernschritt vor allem für die westliche Welt steht an, richtig verstanden?*

Jawohl. Natürlich ist der längst unterwegs, aber noch nicht im Mainstream verwurzelt. Er muss erst in der Breite ankommen.

Viele große Geister, gerade auch Wissenschaftler, haben die Fährte bereits gelegt. Nein, wir sollen nicht in prärationale Zeiten zurückfallen, in denen der Donnerschlag eine Strafe Gottes war und jenen der Scheiterhaufen drohte, die über den Rand bestehender Erkenntnisse hinausdachten und -spürten. Es ist Zeit, die Errungenschaften der Aufklärung mitzunehmen, die Ratio zu ehren und gleichzeitig in eine transrationale Sphäre einzutreten. In jene »dritte Stufe des religiösen Erlebens«, wie es Albert Einstein in seiner »kosmischen Religion« formulierte. Diese verpflichtet sich dem Wissen, der Menschlichkeit und dem Gefühl der Verbundenheit mit allem Leben im Kosmos.

Solchermaßen verstand sich Einstein als »tiefreligiöser Ungläubiger«. Das gefällt mir. Ich glaube, wir sind nun bald in der Breite reif dafür. Und ich sehe es als meine Pflicht, diesen Reifeprozess mit zu kultivieren. Eben als Gärtner des Lebens.

*Deswegen bist du auf mich zugekommen, dieses Buch gemeinsam zu schreiben?*

Unter anderem deswegen. (Ich musste nachdenken.) Erwischt, ja. Vor allem deswegen.

Wir westlichen Menschen dürfen über unsere aktuelle Entwicklungsstufe hinausgehen und frei nach Hermann Hesse einen Neubeginn wagen. Frei nach Rainer Maria Rilke unser Leben in wachsenden Ringen leben, so wie ihr Bäume.

Der »Weltgeist« sieht für uns keine Einengung vor, sondern eine Ausweitung von Stufe zu Stufe. Ja, wir haben in der Wissenschaft Heimat gefunden, doch nun droht Erschlaffung und Lähmung. Das Leben ruft fortwährend und wir sind eingeladen, uns auf die nächste Stufe zu schwingen. Die jeweilige Zeit will ihr Blühen und Gedeihen.

*Es ist also eine Frage des Reifens?*

Davon bin ich überzeugt – individuell wie kollektiv. Ich halte die westlichen Gesellschaften nach Jahrhunderten der Vorherrschaft exzessiver Ratio nun für reif zur nächsten Schichtung.

Wir werden in den nächsten Jahrzehnten diesen Sprung gemeinsam machen, auch wenn es ordentlich ruckeln wird. Ich werte Phänomene wie die Klimakrise oder Donald Trump als Reifebeschleuniger für das Kollektiv. Nicht nur eine neue Qualität des Bewusstseins ist im Wachsen, auch das Ego bäumt sich noch einmal mächtig auf. Im Kollektiven und im Individuellen. Der Todeskampf einer Epoche. Die katalytische Aufschaukelung am Scheitelpunkt einer großen Entwicklungsetappe der Menschheit. Das Alte wehrt sich gegen das Ableben, das Neue ist noch nicht ganz da. Wir bewegen uns hin zu größerer Reife, zu höherem Bewusstsein. All dies wird aus Spannungen und Umwälzungen geboren, deren Zeugen wir aktuell sind.

*Du schaust auf dieses Reifen aus einer kollektiven und aus einer individuellen Perspektive?*

Ja. Auch in diesem Geschehen gilt: »Wie im Kleinen, so im Großen.« Und umgekehrt. Ich beobachte, dass die Generation unserer Kinder schon vielfach eine neue Qualität der Weltwahrnehmung integriert hat. Sie sind sensitiver, selbstreflektierter, bewusster, als es meine Generation in ihrem Alter war. Sie werden getragen von einer Welle der planetarischen Entwicklung und stehen auf den Schultern vieler großer Pioniere – Weisheitslehrerinnen, Mystiker, Geistliche, Wissenschaftlerinnen …

Dieses Phänomen des Reifens kommt nicht nur gesamtgesellschaftlich über den Verlauf der Generationen hinweg zum Tragen, sondern auch im individuellen Leben. Es ist kein Zufall, dass viele Physiker erst im Alter expliziter werden bezüglich ihrer spirituellen Einsichten. Das geschäftige Tun weicht stärker dem Sein. Es braucht offensichtlich eine Zeit des Reifens, des Bewusstwerdens. Sicherlich haben sie im Alter auch nicht mehr so viel Angst vor der mitunter brutalen Maßregelung durch ihre Kollegenschaft, die gemeinsam darauf erpicht ist, dass die Illusion der Geschlossenheit ihrer wissenschaftlichen Gebäude keine Löcher bekommt.

*Urteilst du hier nicht zu streng?*

Nein, ich versuche, zu erfassen und zu verstehen. Allzu viele Wissenschaftler machen sich keinen Begriff von der Beschränktheit ihres Denkens. Sie kapseln sich dogmatisch ab.

Von Anton Zeilinger, dem mittlerweile emeritierten Quantenforscher und Präsidenten der Österreichischen Akademie der Wissenschaften, las ich unlängst ein spannendes Interview. 1997 gelang ihm mit seiner Arbeitsgruppe an meiner damaligen Heimatuniversität in Innsbruck die weltweit erstmalige Demonstration der Quantenteleportation. Fortan nannte man ihn nur mehr »Mr. Beam«, war es doch für Laien so was wie das Beamen, mit dem sein Team experimentierte.

Er philosophierte später dann auch öffentlich mit dem Dalai Lama zu »Geist und Materie«, was mich begeisterte. In dem angesprochenen Interview meinte er auf die Frage, was ihm persönlich nachhaltige Orientierung gebe: »Die Überzeugung, dass es etwas Transzendentes gibt: Manche Menschen nennen das Gott, oder wie auch immer. Für mich ist das sogar mehr als eine Überzeugung, nämlich eine wichtige Erfahrung meines Lebens: dass die Welt nicht nur materiell ist.«

*Die Physiker haben es dir angetan?*

Ja, sie verfügen so ziemlich über die härteste Währung in der Naturwissenschaft. Schon allein deshalb sollten wir aufmerksam zuhören, wenn ihre führenden Köpfe am Rahmen des Konventionellen rütteln. Der berühmte Max Planck, der Begründer der Quantenphysik, sparte nicht mit Kritik an Pseudo-Metaphysik. Aber er formulierte auch klar die Grenzen der Naturwissenschaft. Beispielsweise in einer Rede im Jahr 1944, drei Jahre vor seinem Tod: Er war davon überzeugt, dass die Materie ohne den Geist überhaupt nicht bestünde, sondern vielmehr der unsichtbare, unsterbliche Geist das Wahre sei! Da aber auch Geistwesen nicht aus sich selber sein könnten, sondern geschaffen werden müssten, scheue er sich nicht, diesen geheimnisvollen Schöpfer ebenso zu benennen, wie ihn alle Kulturvölker der Erde früherer Jahrtausende genannt hätten: als Gott! Damit, so meinte Planck, komme der Physiker, der sich mit der Materie zu befassen habe, vom Reich des Stoffes in das Reich des Geistes. Und damit sei seine Aufgabe zu Ende, und er müsse sein Forschen weitergeben in die Hände der Philosophie.

*Es scheint, diese alternden Physiker haben das Staunen nicht verlernt. Kultiviert die Fähigkeit, euch überraschen zu lassen, euch zu wundern. Das wandelt Klugheit in Weisheit.*

Aha, so habe ich das noch nicht gesehen. (Ich heftete meinen Blick für unbestimmte Zeit an die ziehenden Wolken.) Das ist eine schöne Erkenntnis.

Glaubst du, dass fortschreitendes Lebensalter uns mehr spirituelle und mystische Einsichten bringt?

*Mitunter. Die einen erfassen spirituelle Erkenntnisse etwas früher, die meisten von euch etwas später. Jedenfalls addieren sich mit jedem Jahr die Gelegenheiten weiter auf, die euch das Leben dazu anbietet.*

Haha, das ist gut. Ja, so sehe ich das auch. (Ein leicht schelmisches Lächeln schlich sich bei mir ein.)

Ich glaube beispielsweise, dass auch der großartige Yuval Harari in den nächsten Jahrzehnten dort ankommen wird, selbst wenn ich in seinen Büchern aktuell noch keine eindeutigen Indizien dahin gehend finde. Doch in der kleingedruckten Danksagung in der deutschsprachigen Ausgabe seines *Homo Deus* schreibt er auf Seite 539: »Ich möchte (...) danken: meinem Lehrer Satya Narayan Goenka (1924–2013), der mir die Technik der Vipassana-Meditation beibrachte. Sie war mir dabei behilflich, die Wirklichkeit so zu betrachten, wie sie ist, und den Geist und die Welt genauer kennenzulernen. Seit 15 Jahren praktiziere ich diese Form der Meditation, und ohne die Konzentration, den Frieden und die Erkenntnis, die sie mir verschafft, hätte ich dieses Buch nicht schreiben können.«

Na bumm, ich glaube, seine grandiosen intellektuellen Höhenflüge sind aus dem transrationalen Feld geführt!

*Das willst du ihm nun ausrichten über unser gemeinsames Buch?*

(Ich musste lachen. Und begann kurz zu grübeln. Es war offensichtlich – die Föhre hatte mich schon wieder ertappt.)

Ja, das will ich ihm ausrichten über unser gemeinsames Buch. Ich bleib dabei. Okay für dich?

*Ja, für mich ist das okay. Ich wollte nur, dass du deine Motive noch einmal prüfst. Was ist dein Kalkül?*

Ich bin davon überzeugt, er wäre ein großartiger Promotor für den nächsten Entwicklungsschritt der westlichen Welt, wenn er sich hier öffnen und explizit widmen würde.

*Wie sollte er das machen?*

Unspektakulär, mit seinem Sein und Tun – wie für jeden Menschen gültig. Einstein meinte: »Was immer es in der Welt von Gott und dem Guten gibt, muss sich durch uns auswirken und ausdrücken. Wir können nicht danebenstehen und Gott die Arbeit machen lassen.« Er ist Autor, also könnte er beispielsweise spirituelle Akzente in sein nächstes Buch einfließen lassen. Vielleicht liest er diese Zeilen und fühlt sich inspiriert. (Ich hörte, wie mir ein schmunzelndes Räuspern entwich.)

*Jetzt kokettierst du aber? Prüfe deine Motive!*

Okay, ich prüfe. (Pause.) Einverstanden, ich kokettiere. »Hallo, Yuval, melde dich!«

Ich bin ein großer Bewunderer seiner Bücher. Und gleichzeitig meine ich es ernst. Es gibt eine Geschichte, die von den Schamanen der Anden erzählt wird. Sie meinen, dass wir mit zwei Büchern auf die Welt kommen: einem goldenen und einem silbernen. Unser silbernes Buch ist bereits vollgeschrieben, wenn wir auf die Welt kommen. Unser goldenes Buch ist leer. Wir verbringen eine gewisse Zeit unseres Lebens damit, das schon geschriebene Buch zu studieren, ihm zu folgen, es zu bearbeiten. Wir leben entsprechend dem, was darin geschrieben steht. Doch gemäß dem schamanischen Mythos kommt im Leben eines jeden Menschen irgendwann die Zeit, in der wir das silberne Buch weglegen und anfangen sollten, das leere, goldene Buch zu füllen.

Ich wünsch mir, dass mehr Wissenschaftler früher mit ihren goldenen Büchern beginnen, nicht erst nach ihrer Pensionierung!

*Ich merke, dass du dich bemühst, einen Wunsch zu formulieren.*

Um nicht der Anmaßung oder Überheblichkeit zu erliegen. (Wir schwiegen gemeinsam.)

*Wir waren kurz in den südamerikanischen Anden und du sprichst viel vom Westen. Was ist mit dem Osten?*

Der Osten hat einen anderen Denkrahmen. Sie lassen sich nicht vom Entweder-oder leiten. Sie integrieren das Sowohl-als-auch. Oder gehen sogar darüber hinaus.

In der Begleitung von Wachstumsprozessen arbeite ich gerne mit dem Tetralemma, einem Denkmodell der indischen Logik. Während die klassische europäische Logik die Dichotomie von »wahr oder falsch« zum zentralen Paradigma erhob, besteht diese Denkfigur aus vier Sätzen: einem Objekt eine Eigenschaft erstens zusprechen, zweitens absprechen, drittens sowohl zu- als auch absprechen oder viertens weder zu- noch absprechen. So gesehen kennt diese buddhistische Tradition die vier Möglichkeiten, dass eine Aussage wahr ist, falsch ist, sowohl wahr als auch falsch ist oder weder wahr noch falsch ist.

Und es kommt dann sogar noch eine fünfte Variante hinzu. Diese »fünfte Unbekannte« lautet: »All dies nicht und selbst das nicht. Keine von diesen.« Also nicht einmal die vierte Perspektive, nicht einmal »weder wahr noch falsch«.

Ich habe diese Figur bei den großartigen Pionieren der systemischen Strukturaufstellung Insa Sparrer und Matthias Varga von Kibéd während eines einwöchigen Seminars auf einer griechischen Insel kennengelernt. Es dauert ein bisschen, bis man sich mit dieser Denkfigur anfreundet. Doch hat man sie einmal für sich gewonnen, dann ist sie eine großzügige Freundin. Sie öffnet uns komplett neue Möglichkeitsräume.

*Gib mir ein Beispiel!*

Unlängst kam eine Managerin zu mir, die sich nicht entscheiden konnte zwischen einem attraktiven neuen Jobangebot und ihrer aktuellen Position. Wir spielten die fünf Perspektiven durch. »Das eine: Wie fühlt es sich an, und was wird sein, wenn du in deiner derzeitigen Arbeitsstelle verbleibst?«

Sie kam in sehr konkrete Bilder. »Das andere: Was wird sein und was für Wahrnehmungen, Fantasien und Assoziationen kommen dir für den Fall, dass du das neue Jobangebot annimmst?« Auch hier folgte ein fülliges Licht-und-Schatten-Spiel. »Sowohl-als-auch: Angenommen du bleibst, und gleichzeitig nimmst du die neue Position an. Was ist dann?« Sie kam kurzfristig ins Stocken und meinte, das gehe nicht.

Ich insistierte und hielt den Fokus auf dieser Perspektive. Nach zehn Minuten hatten wir die Option auf dem Tisch, dass sie sich selbstständig machen und so ihrem aktuellen *und* dem neuen Unternehmen ihre Dienstleistung anbieten könnte.

Dann folgte: »Keines von beiden: Du bleibst nicht in der aktuellen Position, und du nimmst das neue Angebot nicht an. Was zeigt sich?« Sie berichtete plötzlich von ihren Jugendträumen und dass sie gerne eine Weltreise machen und einen Bio-Bauernhof mit Tieren bewirtschaften würde. Das Brodeln war kaum zu stoppen.

Es folgte die fünfte Perspektive: »Und nicht einmal das. Keines von alledem. Was könnte sein?« Ihr Sprudeln setzte sich munter fort.

*Beeindruckend, was Denkmodelle bei euch Menschen alles bewirken können und wie ihr davon profitiert.*

Ja, ich bin auch immer wieder fasziniert. Im Großen wie im Kleinen.

Ich sehe, wie östliche Modelle, Rituale und Techniken uns in dieser Phase der Entwicklung unserer westlichen Gesellschaften guttun. Deswegen haben wir auch eine so große Suchspannung dahin gehend: von Meditationen über Yoga bis zu Tantra und Tai-Chi.

Umgekehrt ist aber auch eine seltsame Befruchtung unterwegs. Im letzten Jahrhundert haben sich viele asiatische Kulturen – von Japan über China bis Indien und die südostasiatischen Tigerstaaten – mit dem westlichen Denkrahmen der Moderne vertraut gemacht. Das ermöglichte ihnen einen unglaublichen wissenschaftlich-technischen und in den letzten Jahrzehnten auch wirtschaftlichen und politischen Aufstieg. Wir im Westen wundern uns, dass die chinesischen Kommunisten nun die Turbokapitalisten des Planeten geben.

Wir glauben, das sind sie jetzt: kapitalistische Kommunisten. Wir verkennen jedoch, dass sie noch viel mehr sind. Denn diese Kulturen sind von ihrer Tradition her imstande, mehrere Denkrahmen parallel zuzulassen. Sie sind eben nicht im Entweder-oder gefangen. Dort, wo wir durch Widersprüche blockiert sind, weil wir sie beseitigen wollen, werten sie das Erkennen von Widersprüchen als eine Form des Verstehens.

*Was bedeutet das in weiterer Folge?*

Dass es spannend bleibt auf diesem Planeten. Wir können dabei auch viel lernen im Westen. Wir sollten das aristotelische Entweder-oder abschichten und mehr Sowohl-als-auch integrieren. Das ist nicht Willkür, sondern eine Form von Freiheit. Letztere hat in der abendländischen Ideengeschichte eine große Tradition. Vielleicht sollten wir hier anknüpfen. Und auch an der Dialektik des Sokrates und des Platon.

Widersprüche müssen nicht zwangsläufig Unbehagen und Angst erzeugen, sie können auch als Botschafter für Möglichkeiten verstanden werden.

*Welche Leuchtpunkte der Hoffnung für ein aufkeimendes ganzheitlicheres Verständnis siehst du in den westlichen Wissenschaften?*

Solche Leuchtpunkte kommen aus verschiedensten Richtungen. Die Physik offenbarte uns beispielsweise, dass die vermeintlich so feste Materie zu 99,99 Prozent leerer Raum ist. Die Quantenmechanik lehrt uns nun schon einige Jahrzehnte, dass jede Beobachtung eines Teilchens den Zustand von ebendiesem verändert. Wiederholt man die Messung bei exakt gleicher Versuchsanordnung, so kann das Ergebnis statistisch variieren. Das stellt grundsätzlich so einiges infrage. Aber es braucht eben Jahrzehnte, bis dieser Erkenntnisprozess breit in die Gesellschaft diffundiert.

Die Neurowissenschaften behaupten plötzlich, dass Emotion und Kognition nicht wirklich zwei komplett verschiedene Dinge sind. Denken und Fühlen sind vielmehr so komplex ineinander verwoben, dass wir sie gar nicht mehr als jeweils Eigenes fassen können. Aber wenn es potenziell das Gefühl ist, das den Gedanken bestimmt, dann rüttelt das ganz ordentlich an unserem eindimensionalen abendländischen Verständnis von Vernunft.

Auch denke ich, dass die moderne Systemtheorie, wie sie im zwanzigsten Jahrhundert breit Einzug in die Wissenschaften hielt und in diesen Jahrzehnten auch in die Gesellschaft als Ganzes findet, uns gutes Geleit gibt. Sie hat uns gelehrt, uns für ein umfassenderes Verständnis des Lebens zu öffnen und die Welt in einem lebendigen Kontext wahrzunehmen. Offensichtlich ist die Systemwissenschaft dabei, auf leisen Sohlen die Physik als Leitwissenschaft der westlichen Welt abzulösen.

*Welche Auswirkungen sind damit verbunden?*

Joanna Macy, eine Mitbegründerin der Tiefenökologie, bringt es gut auf den Punkt, wenn sie beschreibt, dass sich unsere Stellung in der Welt grundlegend verändert, wenn wir sie als lebendiges System verstehen und uns selbst dabei als einen Teil eines im weitesten Sinne lebendigen Erdkörpers definieren. Diese für immer mehr Menschen selbstverständliche Perspektive habe dramatische Folgen für die Art unserer Beziehungen zur Welt, für unsere Kreativität, für unsere Lebensqualität und für unser inneres und kollektives Wachstum.

Die gesamte Ökologiebewegung, die auch stark wissenschaftlich getrieben ist, baut auf der Erkenntnis der Verflechtung aller Phänomene und dem Bewusstsein auf, dass wir in das Ganze eingebettet sind. Darüber hinaus finde ich, dass der wissenschaftliche Respekt vor der unergründlichen, eigentümlichen Verarbeitungslogik von Systemen – wie von der systemischen und integralen Theorie und Praxis gelehrt – schon fast der Akzeptanz von Geheimnissen gleichkommt. Man darf sich also wundern und sich auf weiteres Staunen vorbereiten.

(Ich hielt kurz inne, um etwas Wallung abzuschütteln und mir die Füße zu vertreten. Die Sonne knallte heftig vom Himmel. Erst jetzt bemerkte ich, dass ich wohl einen Sonnenschutz gebraucht hätte.)

Mensch Baum, du hast heute viele Fragen. Und du verführst mich ins wilde Sprudeln.

*Für mich ist es gut. Für dich?*

(Ich setzte mich wieder, um nachzuspüren.)

Es passt. Du führst mich gut. Ich lerne – durch deine Fragen und im Hören meiner eigenen Antworten. Doch lass uns eine Rückspielrunde machen. Was ist die inhaltliche Essenz unserer heutigen Session?

*Du umkreist die Erkenntnis, dass der Mensch durch seine Seele nicht rein irdisch-materiellen, sondern auch höheren Zielen geweiht ist. Du siehst eure Spezies in ambivalente Dynamiken verwickelt, die euer eigenes Überleben gefährden können. Und du siehst den nächsten evolutionären Entwicklungsschritt der westlichen Zivilisation herankommen – an der Nahtstelle zwischen Wissenschaft, Nachhaltigkeit und Spiritualität.*

*Du begreifst als deine Umwelt nicht nur deinen unmittelbaren Kontext und dein Milieu, sondern auch den ganzen Kosmos. Dir ist bewusst, dass er nicht nur aus dem Materiell-Sichtbaren besteht, sondern durchdrungen ist von einer geistigen Kraft. Mit diesem Weltgeist willst du den Menschen verbunden wissen.*

Schön zusammengefasst. (Ich faltete die Hände.) Ich stehe aber auch auf den Schultern der Aufklärung. Von hier sehen wir weiter als früher. Da will ich nicht runter.

*Das musst du nicht.*

Wie kann ich das alles miteinander vermählen?

*Deine Intuition führt dich gut.*

*Es ist alles schon gesagt. Du folgst einer dialektischen Bewegung. Du willst nicht in die prärationale Zeit zurück, du begreifst den Segen und den Exzess der Aufklärung und du integrierst transrationale Erkenntnis. So erkennst du den Menschen als Erdling gleichermaßen wie als eine Funktion des Universums.*

Das gefällt mir. Der »Homo universus« als die nächste evolutionäre Etappe der Menschheit!

Gleichzeitig ist es ein Wiederfinden. Eine Integration uralter Weisheiten. Ich höre die »kosmische Musik« der pythagoreischen »Weltsinfonie«. Die Sphärenmusik, die uns in universelle Harmonie bindet. Ich spüre die Mystik eines Meister Eckhart, der die Eintracht von Natur und Kosmos in Gott findet und in der Einheit alles Bestehenden wahrhaftiges Wissen und Wahrheit verortet.

*Alles Existierende ist ident mit dir selbst.*

Ich höre die Stimme des Philosophen Novalis: »Wird nicht der Fels ein eigentümliches Du, eben wenn ich ihn anrede? Und was bin ich anders als der Strom, wenn ich wehmütig in seine Wellen hinschaue und die Gedanken in seinem Gleiten verliere?« Es ertönt das Echo Erich Fromms und seiner Biophilie, seiner brachialen Liebe zum Lebendigen.

*Du bist ein Romantiker!*

Fürwahr, das nehme ich. Du auch! (Ich sprang auf.)

Doch lass uns keine Moralisten zerbrochener Harmonie sein, sondern romantisch und realistisch-pragmatisch zugleich, im Hier und Jetzt verwurzelt und ebenso zuversichtlich nach vorne schauend. Wie legen wir es an!?

(Ich umwanderte »meine« Föhre, gleichsam um ihr die Hand zu reichen.)

*Wie legen wir's an? Hintergründig, umfassend und integral – das ist mein Vorschlag.*

Du willst mich auf den Arm nehmen?

*Nein, gar nicht.*

Okay. Ich finde, wir sind gemeinsam an einem guten Punkt angekommen. Eine holistische Weltsicht soll nichts anderes sein als die Erkenntnis, dass Natur, Mensch, Wissenschaft, Wirtschaft, Gesellschaft und Kultur sowie der ganze Kosmos vielfältig verflochten sind. Das Ganze ist offensichtlich mehr als die Summe seiner Teile.

*Die Architektur des Universums und aller Erscheinung ist vom Weltgeist durchpulst. Ebenso der Mensch. Wobei die universelle Ganzheit des Menschen durch eure Einbettung in Raum und Zeit jene Qualität bekommt, dass ihr euer spezifisches Denken, Fühlen und Handeln entwickelt.*

*Ihr seid als schöpferische Wesen in den freien Willen sowie in die Entfaltung und Verantwortung gestoßen. Möget ihr prächtig blühen und große Reife erlangen! Dann lächelt der Weltgeist.*

So soll es sein!

(Ich grinste zufrieden. Meine Aufregung baute sich plötzlich ab und wich einer sanften Freude. Ich beschloss, unter dem Zelt »meiner« Föhre ein Nickerchen zu machen.)

## 22

## Frauen und Männer,
## Sexualität und religiöses Erbe

(Der Sommer hatte unsere Familie zehn Tage ans Meer gelockt und anschließend auf Verwandtschaftsbesuch in die kühleren Berge. Zurück am Rand der Großstadt, zog es mich rasch wieder zu »meinem« Baum.)

Hey, Föhre, ich habe im Kalender nachgeschaut, wir haben diese Woche Jahrestag.

*Allerhand.*

Ja, die Monate sind zügig durchs Land geflogen. Ich hielt heute in der Früh Nachschau, wie alles begann und was wir uns vorgenommen hatten.

*Wir wollten miteinander reden, es reifte der Entschluss, gemeinsam ein Buch zu schreiben. Haben wir alle geplanten Themen abgedeckt?*

Größtenteils ja, einige neue kamen unterwegs dazu, einige sind noch offen.

*Welche stehen noch auf deiner Wunschliste?*

(Ich zog einen gefalteten Notizzettel aus meiner Hosentasche.)

Es steht notiert: Geld und Macht, Sexualität, Glück, Freud und Leid sowie die Liebe.

Gibt es deinerseits noch Themenwünsche?

*Keine zusätzlichen. Ich bin für alles offen, was du bringst, und freu mich auf unsere weiteren Gespräche.*

Ich mich auch. Lass uns heute die Sexualität hart kochen. Was kannst du mir über sie erzählen?

*Sie ist ein weites Land. Wo genau willst du hinschauen, und warum bewegt dich dieses Thema?*

Es beschäftigt mich seit Jugendjahren sehr. Man wird an jeder Ecke mit der Nase darauf gestoßen. Ärsche, Brüste, nackte Haut allerorts – auf sämtlichen Plakatwänden, in Zeitungen, Magazinen und Filmen, auf Social Media, in unseren Gesprächen, in unseren Tag- und Nachtträumen … Hey, Fachleute berichten, dass rund dreißig Prozent des Bewegtbildkonsums im Internet der Pornografie zuzurechnen ist. Das ist ein »superfettes« Thema!

*Und?*

Wir stehen mittendrin und tun oft so, als wäre da nichts. Sexualität ist fast allgegenwärtig in unserer Gesellschaft, und trotzdem ist das Thema mannigfaltig tabuisiert. Wir sind hier individuell und gesellschaftlich hochambivalent geladen.

*Ich bemerke, dass du hier auch persönlich »geladen« bist?*

Allemal, das zündet mich schnell an. (Ich begann, in Gedanken zu graben. Unser Gespräch riss ab. Ein unbestimmter Moment der Stille trat ein.) Stille und Sexualität sind eine seltsame Paarung. Sie drohen gemeinsam in Verlegenheit zu kippen.

*Ist das so?*

Es überrascht mich selbst, dass mich die Sexualität über die Jahrzehnte so beschäftigt. Allerdings immer wieder in neuen Dimensionen. Ist das nachvollziehbar für dich?

*Ja. Das Thema bewegt sich über die Jahre, das scheint mir plausibel. Mit eurer Sexualität ist es wie mit dem Fahrradfahren – ihr solltet sie aktiv in Bewegung halten, sonst fallt ihr aus der Balance.*

*Was tust du persönlich dafür?*

Jeder Mensch hat zu diesem Thema seine persönlichen Fragen und Windungen.

Ich versuche, meine Prägungen, Bedürfnisse und Wünsche besser zu verstehen. Und eben auch die meiner Frau.

Es ist auch stark eine Paar-Angelegenheit. Wir leben Sexualität gemeinsam und wir reden darüber. Wir bemerken, dass es uns guttut, wenn wir uns gemeinsam widmen. Gerade in den letzten Jahren wuchs bei uns beiden das Interesse, der Mut und die Entschlossenheit, da noch tiefer einzutauchen, sowohl in das Thema »Frau- und Mann-Sein« als auch in das Thema »Sexualität«.

*Ihr seid bewusst in Bewegung. Individuell und als Paar.*

Jawohl. Ich hätte damals als Jugendlicher nicht erwartet, dass das Thema in späteren Lebensjahrzehnten so dominant bleibt. Heute ist mir völlig klar, dass sich im Lauf des Lebens ziemlich viel verändert. So wie es normal ist, dass wir uns in vielen Lebensbereichen weiterbilden, so sollten wir auch in unsere sexuelle Entfaltung investieren. Wir sollten dabei auch unseren Sehnsüchten nachspüren.

*Eure Sehnsüchte sind ein Schlüssel zu großer Lebendigkeit. Sie dienen dazu, euch das Leben zu offenbaren. Wenn sie erlöschen, beginnt eure irdische Spannkraft zu verwelken.*

Du meinst, die Spannung ist die Basis der Lebendigkeit?

*Durchaus. Wenn alle Spannung aus euch gewichen ist, dann seid ihr körperlich tot.*

(Ich nickte mehrmals.)

Doch unsere Sehnsüchte unterscheiden sich, sowohl individuell als auch geschlechterbezogen. Die Frauen haben andere als die Männer, oder? Und dann gibt es noch einiges dazwischen.

*Allemal. Die Welt ist bunt.*

*Welche Unterschiede siehst du bei den Sehnsüchten der Männer und Frauen?*

Diese Fragen verfolge ich mit großem Interesse. Gerade in Jugendjahren lässt sich das leichter lesen, später lernen wir, die Sehnsüchte besser zu verstecken. Oder wir lassen sie verhungern, dann stirbt eben auch ein Teil unserer Vitalität.

Bei vielen Frauen sehen wir die Ursehnsucht, gesehen und gewollt zu werden. Die »Prinzessin« zu sein, die sich selbst und die Welt entzückt und die als Teil eines Abenteuers erobert wird.

Freilich, das ist jetzt sehr holzschnittartig. Jede Frau ist viel mehr als das.

Es sind sehr pauschalierende Zuschreibungen, das ist mir bewusst. Eine Bekannte meinte unlängst, das sei frauenfeindlicher, antifeministischer Bullshit. Dann beobachte ich aufmerksam die Welt und interessiert die vielen Videos, die ich auf sozialen Medien im Augenwinkel mitbekomme, und sage mir: Diese Urprogrammierungen sind unverändert da, sie zeigen sich nur in jeder Generation in anderen Gewändern. Ob angeboren oder durch gesellschaftliche Sozialisierung antrainiert, das ist eine andere Frage.

*Und bei den Männern?*

Eine wesentliche Programmierung bei Männern, ganz platt gesprochen, ist folgende: Ein Mann sucht Bestätigung und

Respekt. Er will wissen, dass er Macht hat. Er will Abenteuer erleben, sich im Kampf bewähren, die »Prinzessin« retten und ihr Herz erobern.

*Du erzählst von Märchen oder vom echten Leben?*

Ich erzähle vom echten Leben, freilich verkürzt und zugespitzt. Natürlich ist jedes Leben hochgradig multidimensional und unterschiedlich. Doch die getätigten Zuschreibungen erklären aufseiten der Frauen die Millionen an Brust- und Lippenoperationen, die jährlich ohne medizinische Indikation absolviert werden. Bei den Männern erklären diese Ursehnsüchte und deren Abarbeitung durch politische und religiöse Akteure – von Kaisern und Präsidenten über Päpste, Kalifen bis zu einfachen Soldaten –, warum sie immer wieder in den Krieg ziehen, egal, ob unter dem Banner der Kreuzzüge oder der schwarzen Flagge des »Islamischen Staates«.

Falls ein harmloseres Beispiel gewünscht ist: Viele Männer werden sportsüchtig, weil sie es als das größte Abenteuer erleben, das sie je hatten.

*So ist es, und so wird es immer sein?*

Das sind Urprogrammierungen und -sozialisierungen. Dann kommt es darauf an, wie ich damit umgehe und was ich daraus mache. Jede und jeder von uns ist eingeladen und aufgefordert, sich damit auseinanderzusetzen. Ich halte jedenfalls nichts davon, sich postmodern erleuchtet darüber zu erheben, als gäbe es diese Urprägungen nicht.

Natürlich sind sie beim einen stärker ausgeprägt und bei der anderen schwächer. Und wir haben zum Glück auch noch andere Ursehnsüchte und Prägungen: zu lieben und geliebt zu werden, zu helfen, zu wirken und zu gestalten, zu feiern und zu tanzen ...

Es liegt jedenfalls ab den Jugendjahren vor allem an uns selbst, das zu füttern, was in unserem Leben groß werden soll. Das hatten wir schon besprochen.

*Deine These dabei ist, dass das Geschlecht eine große Rolle spielt.*

Natürlich. Wir sind unterschiedlich. Das lässt sich auch in Zahlen belegen. Der erdrückende Anteil der Pornokonsumenten beispielsweise ist männlich. Pornoclips machen Männer potenziell süchtig, weil sie ihnen stark das Gefühl geben, Männer zu sein, ohne dass sonst etwas von ihnen gefordert wird. Weil Mannsein ja auch sehr anstrengend sein kann. Für Frauen sind diese bewegten Bilder offensichtlich nicht so identitär aufladend.

*Also ein kompensatorisches Verhalten. Männer schauen Pornos, um sich als Mann zu spüren, damit sie sich sonst im Leben damit nicht so stark beschäftigen müssen?*

Gewissermaßen. Das unmittelbare Erleben ist sicherlich ein anderes: Der Mann folgt einfach einem Impuls der Lust und Begierde, sucht Trost oder will Spannung abbauen.

*Was empfiehlst du – Abstinenz oder Verbot von jeglichem Pornokonsum?*

Hallo, ich bin nicht die Moralpolizei! Es ist ein Akt des freien Willens, so ich nicht von Sucht gebeutelt bin. Ich werbe hier für ein Hinschauen und Hinspüren, für eine bewusste Selbstführung.

Geschlechtlichkeit und Sexualität sind große Kraftquellen unseres Daseins. Die Themen sind zwar an jedem Eck plakatiert, aber wenn sie unser eigenes Leben konkret betreten, regieren oft Beklemmung, Verkrampfung, Scham und Angst.

Siehst du nicht auch den Ozean an gestorbenen Sehnsüchten und ungelebtem Leben?

*Den sehe ich sehr wohl. Sexualität ist eine spezifische Form der energetischen Verbindung zwischen Menschen, die offensichtlich mit keiner anderen Ebene des Seins vergleichbar ist.*

*Ich sehe auch die vielen Fallen der Übertreibung oder der Verdrängung. Doch wenn ihr diese vermeidet oder hinter euch lasst, dann erwartet euch Fülle, Einfühlungsgabe und Führungskraft. Dann wird Sexualität zur Geschichte der Heilung, der Hingabe, der Liebe und des Abenteuers.*

Da bin ich bei dir. Es geht darum, die Fallen der Scham, Verletzung, Obsession, Schuld und Lieblosigkeit zu umgehen.

*Jawohl.*

Und wie verhält es sich, wenn ich mich bewusst für sexuelle Enthaltsamkeit oder – beispielsweise aus religiösen Gründen – für ein zölibatäres Leben entscheide?

*Dann hast du noch immer deine Sexualität. Die tantrische Kraft ist nicht auf die körperliche Liebe beschränkt. Sie ist eine potenzielle Qualität der Verbindung, eine spirituelle Quelle.*

Einverstanden. Doch wenn ich auf dem Weg zur Quelle in die Fallen trete, dann wird es bitter.

*Augenscheinlich.*

Und die Fallen warten ein Leben lang. Deswegen müssen wir dranbleiben.

Das Thema beschäftigt mich persönlich auch deswegen, weil ich in meiner Kindheit stark mit der verkrüppelten Sexualmoral der Kirche geladen wurde. Ich komme aus dem katholischen Hochgebirge. Wie viele Milliarden Menschen haben sie über die Jahrtausende damit drangsaliert und verbogen!

*Das sind deftige Worte.*

Hinter denen ich stehe. Es ist und bleibt für mich als Katholik eine Beschämung, wie die katholische Kirche mit Körperlichkeit umgeht. Und wie sie die Frauen als Menschen zweiter Klasse behandelt, nicht würdig fürs Priesteramt oder gar höhere Weihen.

*Wenn du solche Schmerzen hast, warum bleibst du Mitglied?*

Ich sehe viel Licht und viel Schatten. Die Begleitung von Kindern und Jugendlichen, Kranken, Alten und Schwachen, die Seelsorgearbeit in den Gemeinden, die millionenfach jeden Tag geleistet wird, hat eine unfassbare Größe.

Die katholische Kirche hat für mich wenig Göttliches, sie ist zutiefst menschlich. Sie ist von Menschen gemacht. Neben all den Verfehlungen und Abgründen gibt es aber eben auch viel Positives und großartig beherztes Engagement – bei Laien wie bei Priestern.

Das Kapitel »Sexualität und Geschlechtlichkeit« allerdings ressortiert klar im Lager »Verfehlung und Abgründe«.

*Warum konkret?*

Die Abwertung der Frauen ist ein Elend. Sie sollen aufhören, das mit Bibelzitaten schönzureden. Es ist meines Erachtens ein willkürlicher Akt der Machtausübung und Unterdrückung, der historisch gewachsen ist. So muss man ihn sehen. Und so kann man ihn auch wieder abschaffen. Darauf hoffe ich.

Ebenso würde ich den Pflichtzölibat abschaffen. Er ist in seiner strikten Umsetzung einfach verlogen und viele Priester leiden darunter. Da passiert viel menschliche Beschämung und seelische Verkrampfung.

*Wie sollte die Frage deiner Meinung nach gelöst werden?*

Die Priester sollten – als Menschen – frei wählen können!

Ich erkenne an, dass zu allen Zeiten der Geschichte etliche Menschen durch körperliche Enthaltsamkeit transzendente

Ziele erreichen wollten. Und manche diese im stillen Feuer der Askese auch erreichen. Viele jedoch scheitern dabei.

Natürlich gibt es Geistliche, für die der Zölibat wertvolle Kräfte freisetzt, die sie dann ihrer Aufgabe und Gemeinde widmen. Es ist jedoch offensichtlich, dass der Pflichtzölibat viele Seelsorger ganz beachtliche Kräfte kostet.

Unlängst las ich ein Interview mit einem pensionierten Priester, der sehr offen darüber sprach. Er habe jahrzehntelang gegen das Verlangen nach körperlicher Nähe gekämpft. Das würde ihn vom Priesteramt abhalten, hätte er noch einmal die Wahl.

Die katholische Kirche weigert sich über all die Jahrhunderte, die ungeheure Kraft der Sexualität anzuerkennen, allenfalls nur negativ, indem sie sie verteufelt. Der zitierte Priester meinte: »Es gab nur Verbote. Aber wie ich es konkret leben soll, das hat mir nie jemand erklären können.« Wenn er mit einer Prostituierten geschlafen habe, habe er ein schlechtes Gewissen gehabt. Es fühlte sich für ihn dann falsch an, vor der Gemeinde zu predigen, wo er sich doch als schwach und klein erwiesen hätte. Er fühlte sich danach auch leer. Denn ihm fehlte mehr als das Körperliche. In Tagträumen habe er sich vorgestellt, verheiratet zu sein. Dabei ging es nicht nur um Sex, sondern auch darum, gemeinsam durchs Leben zu gehen, Gespräche beim Mittagessen, gemeinsam einzuschlafen, beiläufige Berührungen. Auch um das Gefühl, geliebt und begehrt zu werden.

*Das berührt dich?*

Jawohl. Wer die Menschen beherrschen wollte, wählte allzu oft in der Geschichte den Weg über den Körper und die Sexualität. Das ist ja nicht nur bei der katholischen Kirche so, sondern auch in vielen anderen Religionen und politischen Regimen.

Wären die kirchlichen Würdenträger in den entscheidenden Instanzen wahrhaftig mehr am Leben und weniger an der Macht interessiert, würde ihnen auffallen, dass sie viele Priester mit dem Zölibat in die Zwangslage manövrieren, mit der Kirche zu brechen oder mit einer Lüge zu leben und in Einsamkeit zu altern.

Wer Sexualität grundsätzlich dämonisiert, dämonisiert das Leben.

*Du glaubst also, das geht besser?*

In diesem Fall glaube ich es nicht, sondern ich weiß es.

Natürlich kann auch Religion positiv auf Sexualität schauen. Im Taoismus beispielsweise ist Sexualität ein wichtiges Fundament für Gesundheit, Kreativität, geistiges Schaffen und Spiritualität. Der tantrische Hinduismus und Buddhismus lehren uns, wie wichtig es ist, dass die Energien des zweiten Chakras, des Sexualchakras, gut zirkulieren und nicht blockiert oder unterdrückt werden. Denn dort wurzelt nicht nur die Sexualität, sondern auch die Kreativität, das Durchsetzungsvermögen, der Mut, zu sich selbst zu stehen, und noch weitere Eigenschaften, die uns im Positiven als Menschen ausmachen.

Kannst du dem was abgewinnen?

*Freilich. Es ist offensichtlich, dass die Unterdrückung der Sexualenergie bei vielen Menschen eigentümliche Stauungen hervorruft.*

Dies gilt nach meinen Beobachtungen übrigens sowohl für hetero- als auch für homosexuell veranlagte Menschen.

*Auf jeden Fall. Mit diesen Stauungen baut sich oft eine innere Wut auf, die sich in späteren Lebensphasen auch gegen euch selbst wendet und in Krankheit wandelt.*

Ja, daher sollten wir Sexualität kultivieren. Sie ist ein wichtiger Bereich der Lebensführung und des Lebensglücks.

Inspirierend an den genannten fernöstlichen Philosophien finde ich, wie sie die Erkenntnis integrieren, dass jeder Mensch in sich Männlichkeit, Weiblichkeit und Kindlichkeit vereint. Alle drei Teile wollen geachtet, geehrt und gelebt werden. Wir sind zum Leben auf dieser Welt, nicht zum Vermeiden!

*Das Leben hat das Recht, keine Entschuldigung sein zu müssen.*

Absolut. Wir sollten hier auch nicht innerlich gespalten herumlaufen. Wir sind ein spannendes Gesamtkunstwerk. Jeder Teil sehnt sich nach seinem polaren Gegenstück. Die fürsorgliche Mutter will sich auch mal lustvoll egozentrisch erleben, der Krieger im Mann will auch mal seinen zweifelnden und müden Kopf in einen liebevollen Schoß legen.

Meredith Brooks besingt es gut aus der Perspektive einer Frau: »I'm a bitch, I'm a lover, I'm a child, I'm a mother, I'm a sinner, I'm a saint, and I do not feel ashamed.« Ja, es ist wichtig, dass wir von den polaren Teilen in uns nicht beschämt sind.

*Bist du gerne Mann?*

Ja. Doch wäre ich ebenso gerne Frau. Ich habe für beides große Neugier und Achtung.

Ich empfinde es allerdings nicht immer als leicht, Mann zu sein.

*Wann ist es schwer?*

Manchmal spüre ich, dass zehntausend Jahre Krieg in mir sitzen. Dann wird mir bewusst, dass in uns Männern eine spezifische Form der Aggressivität wohnt. Sie ist gleichzeitig ein Quell von Kraft wie von Bedrohung – für uns selbst sowie für unsere Umwelt.

*Und was wohnt in Frauen, was es mitunter schwer macht?*

Es ist nahe an der Anmaßung, als Mann darüber zu reden. Doch was ich sehe und erlebe, ist viel Verletzung und Scham. Der individuelle Anteil am kollektiven weiblichen Schmerzkörper.

Gerade über die Sexualität wurden Frauen über all die Jahrhunderte gedemütigt, erniedrigt und missbraucht. Vielerorts in unserer Welt hält diese Tragödie weiter an. Das ist auch ein Grund, warum manche Frauen mitunter von Teilen ihrer Sexualität abgeschnitten sind, soweit ich das als Mann ermessen kann. Wenn ich diese kollektive Verletzung bewusst oder unbewusst in mir spüre, braucht es gewiss viel Mut, wieder auf die Männlichkeit zuzugehen und auch auf die eigene Sexualität zu pochen.

Gesellschaftlich und historisch sind wir hier durch die 68er-Revolution, die Frauenbewegung und den Postfeminismus in sehr spannenden Zeiten. Vieles ist im Auf- und Umbruch. Das ist gut so.

*Doch es bleibt ein wilder Tanz der Geschlechter.*

Wir nähern uns in manchem an, wir stoßen uns in manchem voneinander ab. In Summe habe ich den Eindruck, dass wir uns gesamtgesellschaftlich mehr füreinander öffnen und einander heute besser verstehen als in manch anderen Epochen. Doch wesentliche Unterschiede werden bleiben. Wir sind gleichwürdig, nicht gleich.

*Wo siehst du Unterschiede?*

Männer sind vom Mars, Frauen von der Venus. (Es schoss mir plötzlich reflexartig dieser Buchtitel ein. Ich hielt kurz inne und musste lachen. Es zog mich zu einem kleinen Geständnis.)

Weißt du, nachdem bei unserer Verabschiedung vor ein paar Wochen ein leises Flirten in der Luft lag, habe ich zu Hause recherchiert, welches Geschlecht wohl eine Föhre hat. Als Baum bist du für mich im deutschen Sprachgebrauch klar männlich, als Föhre eindeutig weiblich. Das ist einigermaßen verwirrend für ein Menschenkind.

*Welche Erkenntnis brachten deine Recherchen?*

Ich habe gelernt: Bei den sogenannten »zweihäusigen« Bäumen gibt es »männliche« und »weibliche« Exemplare, die nur die Blüten des jeweiligen Geschlechts tragen. Ihr Föhren seid jedoch wie die meisten Bäume »einhäusig«. Ihr tragt sowohl männliche als auch weibliche Blüten auf euch.

*Die Beschreibung ist akzeptiert.*

Noch krasser: Eure weiblichen Blüten werden durch den Wind von den Pollen der männlichen Blüten bestäubt. Ihr macht es euch selbst und braucht nicht einmal Insekten dafür! Also kein Locken und Balzen. Sexuell gesprochen ziemlich »fade Zapf'n«, ihr Föhren, finde ich.

*Mit dem Balzverhalten der Menschen können wir nicht mithalten, da hast du recht. Manch eine Föhre wird darüber aber auch erleichtert sein.*

Sehr feiner Baumhumor heute wieder. (Ich tätschelte grinsend den Baumstamm.)

Wie auch immer, ihr seid, wie ihr seid; wir sind, wie wir sind.

*So ist es. Zurück zu Frau und Mann. Und den Unterschieden.*

Na ja, es gibt tausendundein Unterschiede zwischen Mann und Frau. Gerade in den letzten Jahrzehnten gab es dazu viele Bücher und Debatten. Frauen haben mehr Sensibilität für den Körper und für andere Lebensformen. Männer haben ein besseres Raumverständnis und mehr Umsetzungsorientierung. Frauen gehen lieber shoppen, Männer spielen lieber Fußball. Männer bekommen eher eine Glatze, Frauen mehr Cellulite. Frauen reden mehr, Männer rauchen Zigarre.

Doch die individuellen Unterschiede sind dann mitunter doch größer als die Prägungen und Stereotypen der Geschlechter. Ich habe auch schon Paare erlebt, wo der Mann mehr gesprochen hat als die Frau. Bei unseren Nachbarn spielt das Mädchen Fußball und der Junge hat lange Haare. Also, es ist vieles im Fluss. Zum Thema »Mann- und Frausein« ließe sich gut und gerne ein eigenes Buch füllen. Vielleicht ein Folgeprojekt für uns zwei?

(Ich hielt kurz inne, um auf der Wiese drüben zwei Hunde zu beobachten, die einander engagiert verfolgten. Als »Hunde-Laie« erschloss es sich mir nicht, ob sie miteinander kämpften oder spielten. Doch nach all dem Diskurs des heutigen Nachmittags war das Geschehen für mich klar sexuell aufgeladen: Zuerst dominierte der eine den anderen, deutete einen Nackenbiss an, dann folgte kurze Entspannung, ein Wechsel der Rollen, eine interessierte Begutachtung der Afteröffnung – und schließlich liefen sie wieder entspannt nebeneinanderher.)

*Die Hunde faszinieren dich?*

Schon. Ich glaube, in der Sexualität geht es auch stark um das Spiel von Gegensätzen. Ich habe mich gerade gefragt, was hier das Männliche und das Weibliche sein könnte. Aber ich kenne mich diesbezüglich mit Hunden noch weniger aus als mit Menschen.

*Doch du wirst das Thema weiter studieren?*

Definitiv. Es wartet noch viel Inspiration auf mich.

In der taoistischen Lehre beispielsweise wird das Weibliche dem Wasser zugeordnet, das Männliche dem Feuer. Durchaus mit der Erkenntnis, dass das Wasser stärker ist als das Feuer. Manche von uns Männern hatten es schon vermutet: Die Frau hat also die Macht über die Welt. Doch sollte sie das weder zeigen noch offen anwenden. Die Frau führt die Welt, gleichsam unerkannt und im Hintergrund. Die Männer geben zwar die strammen Helden, doch ohne Weiblichkeit, die das Feuer in Grenzen hält und lenkt, würde das Maskuline die Welt zerstören. Postmodern gesprochen: zu viel toxische Männlichkeit.

Dieses Weltverständnis halte ich zwar für mythologisch überhöht, kann ihm aber gleichzeitig einiges abgewinnen.

*Du wirst auf der Suche nach der eigenen Männlichkeit und Weiblichkeit noch viele Türen öffnen?*

Definitiv. Allein und gemeinsam. Türen, von denen ich heute noch gar nicht weiß und von denen ich daher auch nicht erahne, was sich dahinter verbirgt.

Du bekommst im Leben oft das, wofür du den Mut hast zu fragen. Ich will beispielsweise noch besser lernen, gestaute Energie wahrzunehmen und sie in Bewegung zu bringen. Zum Beispiel will ich die Stauungen rund um meine gequetschte Bandscheibe noch besser verstehen – und befreien.

*Schön. So wachsen Räume in dir und für dich.*

(Ich nickte zufrieden.)

Damit wäre wohl alles gesagt. Oder hat meine sexuell so selbstzufriedene Föhre noch eine abschließende Frage oder Botschaft?

(Kurze Stille.)

*Na ja, schon.*

*Warum genau macht ihr Menschen so viel Aufsehen um dieses Thema des Geschlechtsaktes?*

(Ich musste grinsen. Ich war mir nicht sicher, ob sie mich mit feinem Föhrenhumor nun etwas kitzeln wollte oder ob hier echtes Interesse sprach.)

Na, aus all den besprochenen Gründen. Die reichen wohl schon.

Oder willst du wirklich noch mehr wissen?

*Ja, komm schon, schwärm mir ein bisschen vor von den Geheimnissen des Menschseins!*

Hm, natürlich sind da die Pole des Triebes und der Liebe sowie viel körperliche Dynamik. Oft ist es auch verzwickt und schwierig. Doch die menschliche Sexualität geht weit über das Körperliche hinaus. Sie hat potenziell etwas Transzendentes.

Der Geschlechtsakt bedeutet für uns auch Entgrenzung. Die Preisgabe des Selbst, die tiefe Begegnung und mystische Verbindung mit einem anderen Menschen. Und dann die Entrückung am Höhepunkt. Die Franzosen bezeichnen den Orgasmus sprachlich keck als *petite mort*. Als »kleinen Tod«. Das ist doch zauberhaft, oder?

(Die Föhre hörte zu und schwieg.)

Also, ums nüchtern und verzückt zugleich abzuschließen: Wir Menschen können uns nicht selbst bestäuben und das hat seine Vor- und Nachteile.

Sexualität ist für uns ein riesiges Thema, jawohl. Sie kann sich aus dem Profanen in das Heilige erheben. Das dürfen wir uns nicht stehlen lassen, weder von religiösen Institutionen noch von der Pornoindustrie.

Die menschliche Sexualität hat auch viel Widersprüchliches, das macht sie so spannend. Der Wechsel zwischen Dominanz und Unterwerfung, zwischen Autonomie und Hingabe. Das Bedürfnis nach Geborgenheit, Sicherheit und Stabilität tanzt mit seinem Gegenpol, der nach Abenteuer, Freiheit und ungezähmter Lust ausgreift.

*Nicht einfach, aber jedenfalls spannend und intensiv.*

Ja. Nicht einfach. Und jede Epoche der Menschheitsgeschichte so wie jeder einzelne Mensch ist eingeladen, eigene Wege zu finden, um Sexualität zufrieden und erfüllend zu leben. Die Rahmenbedingungen der kulturellen und gesellschaftlichen Einbettung sind diesbezüglich sehr unterschiedlich. Doch stets wird es auch darum gehen, stabile und sichere Räume zu bauen, in denen sich Bedürfnisse, Wünsche und Sehnsüchte treffen, in denen sich Trieb, Gefühle und Eros verbinden können. Sexualität dient uns nicht nur der Fortpflanzung, sondern sie hat das Potenzial, sehr viel in uns zu vereinigen.

*Dann hilft sie euch, ganz zu werden!?*

Jawohl. Das ist ein schönes Schlusswort für heute. Danke!

# 23

# Was bedeuten Erfolg, Geld und Macht?

Buenos días.

*Heute ein »früher Vogel« und im Urlaubsmodus?*

Ja, ich habe am Balkon genächtigt und tatsächlich wurde ich aus dem Schlaf gezwitschert. Da dachte ich mir: »Allez, allez, rauf zur Föhre!«

Die Morgenstimmung in der Natur hat immer etwas Besonderes. Ein ehrwürdiges Erwachen. Das Leben blinzelt in all seinen Erscheinungen in den neuen Tag.

*Du hast sicher deinen Notizzettel mit den Themen dabei, die noch offengeblieben sind.*

Nein, aber ich hab sie im Kopf. Wir sprachen zuletzt über die Sexualität. Dabei kamen immer wieder Querbezüge zum Thema »Macht«, das ja häufig damit verbunden wird. Hier will ich anknüpfen: »Erfolg, Geld und Macht« serviere ich heute als Dreigestirn.

*Gut. Nehmen wir.*

Inwiefern gehören die drei zusammen, würdest du sagen? Was haben sie gemeinsam?

*Sie sind alle bei Menschen hochbegehrt. Sie zeigen sich allesamt als Töchter von Raum und Zeit.*

*Sie binden einerseits eure Ressourcen, sie stiften euch anderer-*
*seits viele Möglichkeiten der Lebensgestaltung. Einverstanden?*

Interessante Perspektiven. Ja.

*Wieso interessieren dich diese Themen?*

Tatsächlich brauch ich sie zum Menschsein. Wir Fleischlinge
sind ja in Materie gebettet, wie du so treffend formuliert hast.

*Und wenn du dem irdischen Menschsein dereinst Adieu sagst –*
*was passiert mit den dreien?*

Sie bleiben auf der Erde. »Der Sarg hat kein Regal«, sagt
meine Mutter gelegentlich. »Du kannst nichts mitnehmen.«
Sie sind alle drei in ihrer irdischen Ausprägung an meine Körperlichkeit gebunden.

Du hast sie als Töchter von Raum und Zeit vorgestellt.
Erzähl mir mehr davon!

*Ohne Raum und Zeit kein Erfolg, kein Geld, keine Macht. Sie*
*definieren sich über diese Bezugspunkte.*

Aha. Verstehe.

Was weißt du über den Erfolg?

*Ihr definiert ihn als das Erreichen von bestimmten Zielen, die*
*ihr in der Regel zuvor definiert habt oder die als erstrebenswert*
*angesehen werden. Erfolg ist also immer relativ. Er nimmt immer*
*Referenz. Und er ist hochindividuell, denn das Spektrum dessen,*
*was ihr als erstrebenswert erachtet, ist sehr breit.*

Der Erfolg liegt also oft in der Zukunft. Bis man ihn
erreicht hat: Dann hat man ihn in der Hand, im Hier und
Jetzt. Und schon ist er auch wieder vorbei. Nichts ist so alt wie
der Erfolg von gestern.

*Der Ruhm der Welt vergeht, um täglich neu aufzustehen.*

Wenn dem so ist – sollten wir uns über die Zukunft überhaupt Gedanken machen?

*Eine gute Verwurzelung im Hier und Jetzt ist ein Schlüssel zum Glück für euch Menschen. Gleichwohl ist es euer Wesenszug, Pläne für die Zukunft zu machen. So dies nicht obsessiv passiert, scheint es mir plausibel. Ihr seid eben Kinder der Materie.*

*Es gibt Lebensthemen und -phasen, da ist ein guter Plan sicherlich hilfreich.*

Zum Beispiel?

*Wenn ihr im Aufbau von Materie seid. Ein Dach über dem Kopf für die Familie, die Entwicklung der beruflichen Laufbahn … das will geplant sein.*

Und woran würdest du erkennen, dass ich meine Planungen nicht obsessiv betreibe?

*Wenn du stets bereit bist, deine Pläne loszulassen, wenn dir im Hier und Jetzt etwas Stimmigeres begegnet. Manche Menschen sind so in ihre Pläne verliebt, dass sie überhaupt kein Auge dafür haben, welche Geschenke das Leben für sie unterwegs bereithält.*

*Doch die Zukunft ist ein offenes Meer. Die Wellen schlagen an die Gestade der Gegenwart. Unterschiedlich heftig, aber jedenfalls in jener Kraft, dass jeglicher eurer Pläne dabei verwischt werden kann – wie Zeichnungen im Sand.*

Du bist eine Poetin. (Ich zeichnete die gehörten Worte kurz mit geschlossenen Augen nach.)

Was würdest du jenen Menschen empfehlen, die erfolgreich sein wollen?

*Jeder Mensch will erfolgreich sein. Auf seine Art und Weise und entlang seiner Wertigkeiten.*

*Ich empfehle dem Menschen: Kenne und prüfe deine eigenen Maßstäbe! Lebe deine innere Freiheit und gehe in die äußere Entfaltung! Vertraue auf die Fülle des Lebens! Nimm dir das Recht, aus dieser Fülle das aufzunehmen, was in bester Weise deinem Wohl und dem Wohle aller Beteiligten dient.*

*Euer Leben hat das Recht, Positives zu verwirklichen!*

Warum betonst du das in dieser Form?

*Weil es vielen Menschen nicht klar ist. Ihr habt oft seltsame Glaubenssätze in euch. Viele von euch meinen, sie sind nicht genug. Andere glauben, sie dürfen nicht erfolgreich sein, oder nur unter Schmerzen. Wiederum andere sind davon überzeugt, dass die Dinge zuerst schlechter werden müssen, damit sie besser werden können.*

*Ist dir das nicht aufgefallen?*

(Ich dachte nach.)

Doch, schon. Viele von uns Menschen sind gefährdet, sich grundsätzlich als ungenügend zu erleben. Auf dieser Grundlage kann Erfolg nicht wurzeln. Ich habe einmal eine Frau begleitet, die davon überzeugt war, dass sie keine Wohnung mit Garten verdiene. Sie konnte es sich nicht genau erklären, verband es aber mit unbewussten Erfahrungen aus ihrer Kindheit. Mit solchen Prägungen im Gepäck ist es schwierig, sich überhaupt als erfolgreich zu erleben.

*Was habt ihr gemeinsam gemacht?*

Wir haben diesen Glaubenssatz rituell verabschiedet; ihn auf einem Zettel in einem kleinen Lagerfeuer verbrannt. Gleichzeitig haben wir einen neuen Glaubenssatz mit großen Lettern freudvoll an Bord genommen: »Ich bin genug, so wie ich bin. Ich bin okay. Auf mich wartet die Fülle.«

Über die folgenden Monate und Jahre öffnete sich diese Frau Schritt für Schritt für das füllige Dasein und griff mit Liebe und Freude unterschiedlichste Gestaltungsimpulse auf. Es war äußerst imposant.

*Schön. Es sollte für euch Menschen selbstverständlich sein, in jeweils individueller Weise wohlhabend zu sein.*

Das klingt vielversprechend. Doch gibt es unterschiedliche Formen des Wohlstands. Welchen meinst du?

*Es gibt die Sphäre des inneren und die des äußeren Wohlstands. Und vielerlei Fülle, aus der sich schöpfen lässt. Ihr könnt reich sein an Geld und Besitz, an Wissen, Zeit, Gesundheit, Freiheit, Kreativität, Weisheit, Liebe, Mitgefühl, Glück, Zufriedenheit, Freunden und Beziehungen oder spiritueller Kraft. Diese Aufzählung könnte noch lange fortgesetzt werden.*

Da steht schon beim Zuhören die Gier auf und der Neid klopft an. »I want it all, I want it all, and I want it now!« (Ein Queen-Song aus den späten Achtzigerjahren klingelte in mir.)

Wie soll ich meine Möglichkeiten des Reichtums sortieren und priorisieren?

*Entsage den Reflexen des Egos. Es giert vor allem nach äußerem Wohlstand. Doch dieses Fressen macht dich nicht satt, wie du es schon selbst einmal formuliert hast.*

*Verlass die Spirale des Tuns, um zu haben, um dadurch zu sein! Lass dich vom Höheren Selbst leiten. Folge der Stimme deines Herzens! Wenn du Dinge tust, die aus dem Herzen kommen, also dein Leben beherzt anpackst, dann wirst du in Frieden sein, und der Neid kann dir nichts anhaben. Dann wirst du dich nicht nach Dingen sehnen, die andere besitzen.*

Klingt einfacher als im echten Leben umgesetzt. Die Rechnungen am Monatsende wollen bezahlt sein. Und wieso nicht noch einiges mehr auf der Kante haben als das?

*Es spricht nichts gegen materiellen Wohlstand. Er entsteht durch Geben und Nehmen. Problematisch ist er nur, wenn er zum Exzess wird. Daher alles in Maßen!*

*Lass dich nicht von der Ignoranz und der Gier leiten. Achte darauf, keine Tauschgeschäfte zu machen, die dich auf anderen Dimensionen verarmen lassen. Wie tragisch wäre es, für materiellen Wohlstand deine Freiheit zu verkaufen! Willst du dich selbst in einen goldenen Käfig sperren?*

*Geld und Macht sind weder tauglicher Ersatz für Liebe und Sinn noch für Gesundheit und Zufriedenheit. Was nützt dir Geld, wenn dir die Zeit fehlt? Wie oft sagt ihr: »Ich habe keine Zeit«? Und wie viele von euch sagen: »Es hat nicht viel Sinn«?*

Ich verstehe. In unseren westlichen Gesellschaften sind wir oft reich an Geld und Materie, aber in den Kategorien »Zeit-Wohlstand« und »spirituelle Kraft« ziemlich verarmt.

*Jeder Mensch muss für sich selbst herausfinden, was in seinem Leben gut, wahr und schön ist. Wenn du das erkennst und kultivierst, dann ruhst du in deinem eigenen Reichtum. Du bist dann auch in der Kraft zu geben. Das wiederum stiftet dir Sinn und Lebendigkeit.*

Das heißt, der Sinn entsteht wesentlich durch Verantwortung in der Gemeinschaft?

*Ja. Widme dich anderen Menschen und Aufgaben in der Gesellschaft.*

Bist du der Meinung, dass jeder Mensch nach jeweils seinen Möglichkeiten einen Beitrag leisten kann und zu leisten hat?

*Das bin ich. Ihr seid eingeflochten in das große Ganze. Hier seid ihr in der Verantwortung, dem Ganzen in bester Weise zu dienen. Wie dies konkret ausschaut, muss jeder und jede für sich selbst definieren. Da sind wir wieder beim Thema »Berufung«, das wir bereits besprochen haben.*

*Ihr Menschen seid so reich an unterschiedlichen Talenten. Jede Gabe ist eine Aufgabe. Es geht darum, deine Selbstwirksamkeit* im Gemeinwesen zu kultivieren und die damit einhergehenden Rollen und Funktionen anzunehmen. Du sollst deinen Beitrag zum Gemeinwohl in Einklang mit deinem einzigartigen Wesenskern einbringen.

Das kann auf Dauer anstrengend werden.

*Scheut euch nicht vor Anstrengung. Doch klammert euch nicht an eure Verantwortungen, sie sollen nicht zu eurer dominanten Identität werden. Es gibt Zeiten des Anpackens und Zeiten des Loslassens. Es ist eure Aufgabe, die Aufmerksamkeit, die Zeit und eure Ressourcen immer wieder neu zu widmen.*

Wo sollen wir idealerweise beginnen?

*Nicht zwanghaft bei den ganz großen Plänen. Setz dir Ziele, doch lass sie auch wieder los und dich vom Weltgeist führen. Es fällt schwer, das ganze Leben zu verändern, es geht leicht, einen Tag zu gestalten. Und dann den nächsten.*

(Ich hörte mich ein Okay nicken und befreite mich von meinem Notizblock, um mich auszuschütteln. Meinen linken Fuß hatte ich wohl unglücklich abgewinkelt, er war eingeschlafen. Ich ging ein paar Runden um den Baum.)

Heute bist du sehr gesprächig, liebe Föhre. Das gefällt mir. (Ich setzte mich wieder.) Ein paar Fragen habe ich noch.

*Her damit! Heute ist Welttag der sprechenden Bäume.*

Haha, du Lustige.

*Ohne Scherz. Den solltet ihr einführen!*

Okay, okay. Ich werde schauen, was sich machen lässt.

*Im Ernst?*

Ich nehm die Anregung mit in unser Buch. Und lass mich sodann von diesem Weltgeist führen: Wenn sich beherzte Mitstreiter finden, dann gehen wir's gemeinsam an.

*Das klingt nach einem entspannten Plan. Alles Gute dafür!*

*Welche Fragen sollten wir heute noch besprechen?*

Ich war doch einige Jahre Ministrant. Da kam einmal jährlich diese Bibelstelle an mir vorbei: »Eher geht ein Kamel durch ein Nadelöhr, als dass ein Reicher in das Reich Gottes gelangt.« Das hat mich immer berührt und ich begann zu überlegen, für wen bei uns im Dorf es eng werden könnte. Für den Chef der Tischlerei oder den Eigentümer des Hotels? Irgendwie war es aber nicht ganz nachvollziehbar für mich und es erschien mir auch nicht fair.

Noch ambivalenter hallte diese Bibelstelle in meinen Ohren, während ich als Parteichef nach dem Einzug ins Parlament meinen Antrittsbesuch beim Kardinal und Erzbischof von Wien machte. Er ist ein sympathischer Mann und wir hatten sofort einen guten Draht. Doch bis ich zu ihm gelangte, durchschritt ich so viele fürstliche Räume und Hallen, dass ich es kaum glauben konnte. So viel Prunk und Besitz am teuersten Immobilienstandort der Republik? »Das mit dem Himmelreich dürfte nicht leicht werden für den Kardinal«, scherzte ich leise vor mich hin.

*Hast du den Kardinal darauf angesprochen?*

Nein. Ich wollte nicht unhöflich sein.

*Falsch verstandene Höflichkeit.*

*Aber was ist deine Frage bei der Geschichte?*

Ich wollte deine Einschätzung darüber, ob Geld und Besitz böse sind?

*Nein. Diese Bibelstelle erschließt sich meiner Baumweisheit nicht. Sie ist zu pauschal formuliert. Aber du hast sicherlich selbst eine Meinung dazu?*

Die deckt sich mit deiner. Wir sollten differenzieren. Geld ist ein Medium, ein Tausch- und ein Zahlungsmittel. Geld für sich genommen ist neutral. Die Frage von Gut oder Böse wird sich entlang des Tuns entscheiden, was und wie ich tausche und wofür ich zahle. Das ist wie beim Küchenmesser. Dieses ist für sich genommen auch neutral. Ich kann damit sinnvolle Dienste erbringen und grausame Taten begehen.

*Ein Leben ganz ohne Haben ist euch nicht möglich. Allerdings empfiehlt sich Wachsamkeit im Umgang mit Besitz und Geld, damit ihr euch nicht selbst versklavt und zum Diener eures materiellen Reichtums degradiert.*

Ich halte es mit Erich Fromm. Haben ist nicht gleich Haben. Er unterscheidet zwischen einem seinsorientierten, funktionalen und einem besitzorientierten, nichtfunktionalen Haben. Er meint, dass es sogar für unsere psychische Gesundheit wichtig sei, hauptsächlich mit funktionalem Eigentum zu leben. Toter Besitz wandelt sich zu Mammon, zum Prestigemittel. Er wird zur Ego-Droge.

*Wo zieht Fromm die Grenze? Wann ist genug genug?*

Der Wandel in der Funktion der Besitzgegenstände von funktional auf nichtfunktional trete dort ein, wo das, was man besitze, kein Mittel mehr für größere Lebendigkeit und Produktivität sei, sondern nur dem passiv-rezeptiven Konsumieren diene. Dann beginnt der Besitz, das Sein zu behindern. Statt dich zu befreien, wird dein Haben dann zur Last.

Sigmund Freud schlug in dieselbe Kerbe. Er hielt Menschen, die sich vor allem mit dem besitzorientierten Haben beschäftigen, für neurotisch. (Ich musste lachen.)

Die Glücksforschung hat dazu auch klare Erkenntnisse: Fehlen die finanziellen und wirtschaftlichen Möglichkeiten, um die Grundbedürfnisse zu bedienen, macht diese Form der Armut unglücklich und krank. Doch je mehr Geld und Besitz man anhäuft, desto weniger Lebensglück kann man daraus beziehen. Die Glücksforscher beschreiben diesen abnehmenden Grenznutzen in ihrem Modell der »hedonistischen Tretmühle«.

*Also ist Geld für sich genommen neutral, aber nicht harmlos?*

Keineswegs harmlos. Es ist sicherlich ein machtvolles Medium.

Der Volksmund sagt: Geld verdirbt den Charakter. Ich halte dies jedoch nicht grundsätzlich für zutreffend. Es gibt hier keinen Automatismus. Allerdings gilt: Geld multipliziert den Charakter! Wenn du deinen Schatten hemmungslos lebst, wirst du ihn mit Geld noch weiter vergrößern. Ebenso verhält es sich mit deinem Licht.

*Diesbezüglich ist Geld aber nur ein symbolischer Ausdruck von Haben. Denn es kann für euch Menschen alles zum Besitz werden, wenn euch die Gier reitet. Egal, ob Geld, Gold, Besitz, Ehre, Fitness, Schönheit, religiöser Eifer ...*

Die Obsession lauert allerorts. Wenn viel nicht genug ist, wird mehr auch nicht ausreichen. Dann wuchert der Keim der permanenten Unzufriedenheit. Hier sind wir in unserer Lebensführung gefordert, um nicht den Versuchungen der Maßlosigkeit zu erliegen.

Offensichtlich ist, dass wir in die erhöhte Sorgfaltspflicht zur Selbstführung kommen, wenn uns das Leben üppig mit Gaben ausstattet – egal, ob klassischer Besitz, Talente, Wissen oder Schönheit ... Denn damit werden auch unsere Möglichkeiten zahlreicher und unser potenzielles Wirken größer, im Guten wie im Schlechten.

Wir können es besonders eindrucksvoll beim Phänomen »Macht« beobachten. Abraham Lincoln brachte es auf den

Punkt: »Willst du den Charakter eines Menschen erkennen, so gib ihm Macht.«

*Magst du persönlich Geld und Macht?*

Durchaus. Es hat viele Jahre gedauert, bis ich mir zugestanden habe, sie ohne schlechtes Gewissen anzunehmen. Da waren schräge gesellschaftliche und kindliche Prägungen in mir verankert. Heute kultiviere ich meines Erachtens ein gesundes Verhältnis zu beiden Sphären.

Wer etwas im Leben gestalten will, der braucht Macht. Meist ist dabei auch Geld sehr hilfreich. Gleichzeitig halte ich mir stets bewusst, dass sowohl Geld als auch Macht, so sie sich mit dem Ego verbünden, zu Drogen mutieren. Vor dieser Abhängigkeit hüte ich mich. Da halte ich es mit Jean-Jacques Rousseau: »Das Geld, das man besitzt, ist das Mittel zur Freiheit, dasjenige, dem man nachjagt, das Mittel zur Knechtschaft.«

Und ich versuche, keinen Verblendungen zu unterliegen.

*Welche Verblendungen drohen?*

Zweifelsohne schmeicheln Macht, Besitz und Geld unserem Ego. Wir sollten uns allezeit vor Augen halten, dass sie vergänglich sind. Und vom Leben verliehen. Sie können morgen auch schon wieder weg sein.

Wenn ich mich also ganz und gar über Macht, Geld und Besitz definiere, dann bin ich ein Koloss auf tönernen Füßen. Ich kann morgen umfallen und am Boden liegen. Wohl sind auch deswegen viele Reiche und Mächtige in ihrem Denken und Handeln stark angstgeführt. Zumeist unbewusst. Zwar verdrängen sie die Erkenntnis, dass sie morgen schon »nackt« dastehen könnten. Irgendwo in ihrem System bleibt sie aber als Drohung präsent, und das macht ihnen unbewusst Angst.

*Bei diesen Themen warten auf euch Menschen also viele Fall-
stricke und Abgründe.*

Definitiv. Für zu viele Menschen ist Geld der Zweck. Doch
so wird es zur Falle.

Oft sind es gerade jene, die finanziell sehr gut gepolstert
sind, die wie besessen für noch mehr Geld arbeiten. Das halte
ich für gefährlich. Diese Menschen sehen dann nur noch das,
was ihnen fehlt, und schätzen nicht mehr wirklich das, was
sie haben.

Ich finde, wir sollten die Geschichte des Erfolges auf einer
tieferen Ebene schreiben als auf jener von Besitz und Geld.

*Du arbeitest nicht für Geld?*

Doch, unter anderem. Geld war immer wieder ein großes
Thema in meinem Leben.

Als Parteigründer war ich in groben Geldnöten, weil politische Kräfte unser Unternehmen und mich in die Insolvenz
treiben wollten. Sie hielten darüber hinaus meine Hausbank
an, mir keinen zusätzlichen Kredit mehr zu geben, obwohl
entsprechende Hypotheken auf das Eigenheim zur Verfügung standen. Auch die anderen Banken stuften mich als
nicht mehr kreditwürdig ein. Diese Kategorisierung verlor
sich übrigens über Nacht mit dem Einzug ins Parlament. Ein
kleines Lehrstück zum Thema »weltlicher Erfolg«. (Ich musste
grinsen.)

In den ersten Jahren als Unternehmer kam es mehr als
einmal vor, dass wir nicht wussten, wie wir die anstehenden
Gehälter zahlen sollten. Das konnte mir schlaflose Nächte
bescheren. In solchen Zeiten halfen mir meine Zuversicht
und mein Urvertrauen. Für diese Gaben bin ich unendlich
dankbar.

*Prächtige Ausstattungen.*

Mir ist bewusst, dass wir individuell sehr unterschiedliche Startbedingungen haben und so mancher Lebenslauf große Entbehrungen und Belastungen beschert. Ich bin davon überzeugt, dass wir als Gemeinwesen einander durchtragen sollten, wenn die persönlichen Erwerbsmöglichkeiten nicht ausreichen, um unsere materiellen Grundbedürfnisse abzudecken. Es kann jeden und jede von uns kalt erwischen. Schon morgen.

Wir sind als Menschen verletzlich, vom ersten bis zum letzten Tag unseres Lebens. Ich halte daher den Sozialstaat für eine großartige Kulturleistung gerade unserer europäischen Gesellschaften.

*Es war eine schwere Geburt.*

(Es trat eine längere Pause in unserem Gespräch ein. Ich begann die Föhrenzapfen zu zählen, die sich um meine Füße versammelten.)

*Du meintest, du arbeitest »unter anderem« für Geld. Wie entscheidest du als Unternehmer, welche Aufträge du ausführst?*

Ich prüfe Projekt- und Kundenaufträge mit Kopf, Bauch und Herz. Jetzt noch umso genauer, nachdem wir das alles gemeinsam durchbesprochen haben. Dann entscheide ich. Dann arbeite ich. Das Geld ist die Folge.

Freilich gibt es auch Phasen, in denen ich Kompromisse eingehen muss, um unsere Rechnungen gut bedienen zu können. Doch ich weiß: Würde das Geld langfristig im Vordergrund stehen, stürbe etwas in mir: nämlich authentische Lebendigkeit. Daher entsage ich solchen Verführungen. Ebenso wie Verwechslungen der Art, dass wir glauben, Dinge zu besitzen, deren Besitznahme gar nicht möglich ist – oder nur in krankhafter Manier.

*Gib mir Beispiele!*

Wenn ich Freunden und Bekannten erzähle, dass ich mit einem Baum ein Buch schreibe, fragen sie mich in der Regel: »Mit was für einem Baum?« Ich antworte: »Mit ›meiner‹ Föhre am Rand des Wiener Waldes.« Mir ist dabei immer wichtig, das »meine« in Anführungszeichen verstanden zu wissen. Weil ich weiß, dass es eine Verwechslung wäre zu glauben, dich besitzen zu können. Das ist ebenso wenig möglich, wie »meine« Frau zu besitzen. Oder »meine« Kinder.

Der von mir so verehrte Khalil Gibran formulierte es präzise: »Eure Kinder sind nicht eure Kinder. Sie sind die Söhne und Töchter der Sehnsucht des Lebens nach sich selbst. Sie kommen durch euch, aber nicht von euch.«

*Wohlan, sehr weise Worte. In diesem Sinne darfst du mich weiterhin »meine Föhre« nennen.*

Lieben Dank! (Ich beugte grinsend mein Haupt.) Wie stellst du mich eigentlich vor, wenn du bei deinen Waldmitbewohnern von mir erzählst? (Kurze Pause.) Erzählst du von mir?

*Freilich. Sie kennen dich als »mein schreibender Partnermensch«.*

(Ich musste lachen.)

Okay, das nehm ich. Für heute wünsch ich dir noch einen schönen Tag, »meine« Liebe. Bis demnächst, du »meine« sprechende Partnerföhre.

*Adiós, amigo!*

# 24

# Wie ist das mit Freud und Leid, mit Zufriedenheit und Glück?

Was machen wir heute miteinander?

*Ich habe eine Idee.*

Sag an!

*Siehst du die zwei Menschen da drüben – diese junge Frau und den älteren Mann? Sie sind in unsere Richtung unterwegs. Falls sie tatsächlich bei uns vorbeikommen, geh in Begegnung! Ich möchte heute einfach einem Gespräch unter Menschen lauschen.*

*Einverstanden?*

Okay. Welches Thema?

*Was immer sich entwickelt.*

Aber wie soll ich mit ihnen ins Gespräch kommen? Ich will nicht wildfremde Menschen auf einem intimen Spaziergang anquatschen.

*Sie werden dich ansprechen.*

Woher weißt du das?

*Ich weiß es nicht. Ich erwarte es. Das ist ein Erfahrungswert aus über vierhundert Jahren Menschen-Erleben. Wenn du in der Haltung der Offenheit für eine persönliche Begegnung bist und*

*dich andere Menschen in dieser Qualität hier antreffen, dann*
*werden sie dich ansprechen.*

Wow, okay. Ist das ein Naturgesetz?

*Gewissermaßen. Das Gesetz der Resonanz. Du wirst das*
*zurückbekommen, was du ausstrahlst. Ist es Lebensfreude,*
*Freundlichkeit und Interesse, dann werden sie davon berührt sein*
*und in Begegnung gehen wollen.*

So lass mich in diese Haltung gehen.

(Schmunzelnd setzte ich mich wie üblich an den Baumstamm, nahm einige bewusste Atemzüge und richtete mich
ein: eine Sitzunterlage, ein Schluck aus der Trinkflasche, ein
Notizblock auf meinen angewinkelten Beinen ... Im Augenwinkel sah ich die zwei Gestalten näher kommen.)

Ich bin bereit.

*Sie kommen tatsächlich zu uns.*

(Ich machte mir ein paar Notizen und wenig später war »der
Besuch« auch schon angekommen. Sie wandten sich mir mit
vornehmer Zurückhaltung zu.)

»Das ist aber ein schöner Arbeitsplatz«, meinte der ältere
Mann. Die junge Frau lächelte.

Jawohl, ich liebe ihn. Für den Rücken nicht immer bequem,
aber allezeit inspirierend.

»Dürfen wir eine Pause auf diesem Baumstumpf hier
machen?«, fragte der Mann.

Ja, gerne doch. Nehmen Sie Platz hier unter »meiner« Föhre.
Sie gehört nicht wirklich mir, sondern sich selbst. Und sie ist
eine großartige Gesprächspartnerin.

(Der Mann setzte sich auf den Baumstumpf, und die junge
Frau richtete sich daneben auf ihrem kleinen, flachen Rucksack im Schneidersitz ein.)

Sind Sie öfter hier unterwegs?

»Immer wenn ich meinen Großvater besuche«, antwortete die junge Frau. »Dann drehen wir hier oben unsere Runden und verhandeln Gott und die Welt.«

»Und Sie – der Arbeitsplatz ist neu oder schon länger ersessen?«, wollte der Großvater wissen.

Ich habe mich vor rund einem Jahr hier eingerichtet und komme sporadisch zum Arbeiten an diesen Ort.

»Und welche Arbeit verrichten Sie hier?«, setzte er nach.

(Die Enkelin war etwas im Zweifel, ob der direkte Einstieg ihres Opas angemessen sei. Sie zog die Augenbrauen nach oben. Ich überlegte, wie man »meine Arbeit« am besten erklären sollte. Kurz zog ich in Betracht, meine Baumpartnerin zurate zu ziehen. Doch ich erinnerte mich, dass sie einfach nur zuhören wollte. Ich entschied mich für die Wahrhaftigkeit.)

Wir schreiben hier ein Buch. Gemeinsam – diese Föhre und ich.

(Ich legte meine Hand an einer Stelle auf die Borke, wo die raue Schicht frisch abgeblättert war. Sie fühlte sich samten an. Das liebe ich. Irgendwie war ich voller Freude und Stolz über meine Schreibpartnerin.)

»Allerhand«, lachte der Mann. »Dass Bäume reden, das wusste ich. Dass sie nun auch schon schreiben, ist mir neu.« (Die Frau schien erstaunt, gleichzeitig erleichtert.)

»Na, das wird meinem Großvater gefallen. Sie sollten wissen, er ist ein Psychologie- und Philosophielehrer in Rente«, lachte die Enkelin.

»Ein Philosoph geht nie in Rente. Er geht maximal aus dem Leben«, konterte der alte Mann. »Dürfen wir wissen, worüber Sie schreiben?«

Wir verhandeln Gott und die Welt, so wie Sie.

»Aha. Und welches Thema wird heute verhandelt?«

Bei unseren letzten Sitzungen hatten wir die Themenkreise »Geld« und »Sexualität«. Damit sind wir durch.

(Es war mir eine Freude, den alten Herrn etwas zu fordern.)

Wir sind eigentlich fast am Ende unseres Buches angelangt. Wir haben jedoch festgestellt, dass uns noch die Themen »Glück und Zufriedenheit« sowie »Freuden und Leiden« fehlen. Und ein Abschluss.

»Für den Abschluss sind Sie zwei verantwortlich«, kokettierte der Herr. »Das Geld ist ausgegeben, der Sex ist erledigt, das Glück steht noch aus.«

(Ich nahm den Ball auf.)

Wenn ich meine Föhre richtig verstanden habe, dann hat sie ihre Rolle als Co-Autorin heute auf Sie übertragen. Sie will nur zuhören.

(Die Frau biss sich amüsiert auf die Lippen. Der Großvater legte seine rechte Hand auf den Baumstamm und strahlte.)

»Das ist uns eine Ehre, liebe Föhre. Amelie, sollen wir den Auftrag annehmen?«, fragte er in Richtung seiner Enkelin.

»Mein lieber Großvater, so wie ich dich kenne, kannst du so etwas nicht ausschlagen«, grinste sie. »Ich muss dann nur meinen Zug erreichen. Aber für eine halbe Stunde können wir verweilen.«

»So sei es. Schreiten wir zur Tat. Wie läuft das hier? Freies Assoziieren oder stellt da jemand Fragen?«, schoss dem alten Mann Begeisterung ein.

Na ja, wir sind Freestyler. Wie's kommt, so kommt's. Aber da wir nicht jeden Tag einen Philosophen zu Gast haben, gibt es heute viele Fragen. Sind Sie bereit?

»Jawohl, allzeit bereit, Herr Kollege«, grinste er verschmitzt.

Nachdem ich für jedes Kapitel Überschriften brauche, habe ich mir überlegt, ob Freud und Leid gemeinsam in eine solche gehören. Was sagen Sie? Was ist deren Wesen und gehören die zwei zusammen?

»Lassen Sie mich überlegen. Ja, ich denke, sie gehören zusammen. Sie sind beide Kinder des Lebens. Sie sind eigentümliche Schwestern. Keine kann ohne die andere. Weder würden die Freuden ohne die Leiden für uns blühen. Noch würden wir die Leiden ohne Kenntnis von Freuden derart intensiv spüren. Sie folgen einander laufend. Sind Sie damit einverstanden?«

(Die Enkelin und ich nickten und bedeuteten ihm fortzufahren.)

»Als kleine Menschenkinder gehen die Freuden und Leiden ganz selbstverständlich mit uns durch den Tag. In wuchtiger Fülle. Später wird der gemeinsame Lauf komplizierter. Im Erwachsenenleben kämpfen wir um sie und mit ihnen. Freuden und Leiden haben viele Gesichter und sind gar wandelbare Wesen. Von ruhig fließend bis kreischend, von dumpf bis herzzerreißend. Im Alter werden die Freuden mitunter sanfter und ausdauernder, die Leiden heftiger. Und stiller zugleich.«

»Sprichst du jetzt allgemein, Großvater, oder von deinem Leben?«, wollte die Enkelin wissen.

Der alte Mann überlegte: »Ein großes Paket an Leiden brachte die Geburt deiner älteren Tante. Die ganze Schwangerschaft war kompliziert und schmerzvoll für deine Großmutter. Doch der Geburtsakt war noch heftiger. Es war, sagt sie, ihr größtes Leiden und ihre größte Freude zugleich. Und

ebenso für mich, der ich als ohnmächtiger Assistent daneben-
stand.« Amelie nickte. »Und wäre nicht diese überwältigende
und dann anhaltende Freude gewesen, dann würden wir wohl
heute nicht hier sitzen. So aber haben wir uns für weitere
Kinder entschieden«, resümierte der Großvater.

Und er knüpfte nahtlos an, zuerst seine Enkelin und dann
mich fixierend: »Die Freuden, meine Liebe, durchwallen
unser Gemüt in unterschiedlicher Lautstärke. Das Lächeln
gilt als leise Variante. Doch es mag mitunter die größte
Freude künden. Umgekehrt mag der freudige Aufruhr lautstark unserem Leibe entweichen – doch er ist die Frucht
einer Entladung. Gefangen in knapper Zeit. Ein Hochge-
fühl, das wir genießen mögen wie die seltenen Preiselbeeren
am Wegrand anstrengender Wanderungen. Satt machen sie
nicht. Im besten aller Fälle«, so der alte Mann, »wandeln sich
diese kurzfristigen Hochgefühle in goldene Erinnerungen, an
denen du dich später oder gar ein Leben lang wärmen kannst.
Im schlechtesten Fall verwächst sich dieses Erlebnis zum Ausgangspunkt eines Verhängnisses.«

Verstehe. Welche ist in Ihrer Erfahrung die größte Freude?

Der Großvater war entschlossen: »Die Königin der Freuden
ist das Glück. Ich meine nicht den schicksalhaften Treffer in
Person des freundlichen Zufalls. Also nicht den Lottogewinn
oder Ähnliches. Ich meine den Ozean der Stille, der friedvoll
in uns wohnen möge. Das Lächeln der Seele. Das Ergebnis
von Hingabe in Liebe. Wahre Freude ist immer im Jetzt. Ein
Zustand des Verbundenseins und der Einheit.«

Und wie kommt das Leiden in die Welt?

»Das Leiden kommt ebenso in vielen unterschiedlichen
Gewändern. Es lastet auf deinem Körper oder deiner Seele.

Oder auf beidem. Ich glaube nicht, dass es die Strafe irgendeines Gottes ist. Lasst euch das nicht einreden! Doch meine ich, dass es uns vor eine Aufgabe stellt. Denn das Leid ist dein zwiespältiger Freund. Nicht, indem es dich umschlingt, sondern indem es dich auf eine Reise der Veränderung schickt.«

»Das verstehe ich«, warf die Enkelin ein. »Eine meiner Freundinnen hat ihren Vater verloren, als sie zehn Jahre alt war. Das war und ist ein Leid. Gleichzeitig, so meint sie, habe sie daraus für ihr Leben viel gelernt. ›Das Leben ist viel zu kurz, um unglücklich zu sein, nutze jeden Tag!‹, sagt sie mir immer, wenn ich lustlos oder übel gelaunt bin.«

»Was wären die Freuden ohne die Leiden? Was wäre der Tag ohne die Nacht? Was das Leben ohne das Sterben?« (Der Großvater schaute seine Enkelin fragend an.)

»Wohl nicht viel«, nickte sie leise.

Was ist Ihr Fazit in Sachen Freud und Leid aus all Ihrer Lebenserfahrung?

(Das schien keine einfache Frage für ihn zu sein. Er überlegte länger und fuhr mit der Hand den Baumstamm entlang.)

»Ich weiß nicht, ob ich schon alles verstanden habe. Doch meine Empfehlung lautet: Versöhne dich mit den Leiden! Lerne, sie zu respektieren. Strebe nach den Freuden, du junges Leben! Und nach dem Glück. Vielmehr: Finde es. In dir!«

(Die junge Frau und ich waren berührt. Aufmerksam hielten wir inne und wechselten einen kurzen Blick.)

Das war sehr aufschlussreich. Herzlichen Dank dafür. (Es folgte eine kurze Stille.) Da fällt mir eine Begegnung aus dem letzten Frühjahr ein. Ich war zu einem Workshop nach Südafrika eingeladen. An einem freien Tag machte ich einen

Ausflug in die Vorstädte und landete in einem riesigen Glückstempel. Tatsächlich ein riesiges, tempelartiges Gebäude, voll-
gestopft mit Glücksspielmaschinen. Ich war sehr beeindruckt,
eigentlich betroffen, denn ein Gutteil dieser fragwürdigen
Maschinen kam tatsächlich aus meinem Heimatland. Quer
über den Planeten transportiert.

»Ist das Glücksexport?«, fragte ich mich. Zweimal zog ich
durch die riesige Halle und zählte die einarmigen Bandi-
ten und ihre Kollegen. Es waren rund tausend an der Zahl.
Dazwischen saßen verloren einzelne Menschen, teils apa-
thisch, teils vertieft, teils engagiert, teils gelangweilt. Alles
recht nobel und doch irgendwie trist. Interessiert beobachtete
ich die Gesichter.

Ich hielt eine Kellnerin an, die gerade mit einem alkoho-
lischen Getränk auf dem Silbertablett unterwegs war. »Das
hier ist ja ein Glückstempel. Wissen Sie, wann hier das Glück
vorbeikommt?«, fragte ich sie. Sie schaute mich verdutzt an
und meinte, sie verstünde nicht, was ich wolle. Ich wiederholte meine Frage. »Das hier ist ja ein Glückstempel. Ich habe
jetzt den Tempel und die Besucher aufmerksam studiert und
komme zu dem Schluss, dass heute das Glück noch nicht ein-
gekehrt ist. Ich bin ihm noch nicht begegnet, ich habe es noch
nirgends gesehen.«

Nun schaute sie mich mit großen Augen an und gab mir
mit einem aufgesetzten Lächeln zur Antwort: »Ach, wissen
Sie, der Tag ist noch jung. Es ist erst siebzehn Uhr. Vielleicht
kommt es später noch vorbei.« Und weg war sie.

Ich staunte ob so viel Schlagfertigkeit. Was für eine skurrile
Begegnung. So stand ich nun allein inmitten eines Glücks-
tempels und musste lachen. Es hatte mich gestreift, das

Glück. Rasch suchte ich den Ausgang, auf dass es mich nicht verlassen möge.

(Die zwei hörten sich amüsiert meine Geschichte an. Ein Reh stand am anderen Ende des Feldes und zauberte uns dreien helle Freude ins Gesicht.)

»Meine Yogalehrerin meint, es gebe keinen Weg zum Glück. Glücklichsein sei der Weg«, warf die Enkelin ein. Das habe Buddha so gelehrt.

»Einverstanden. Der Volksmund meint, zu tun, was man mag, das sei Freiheit. Und zu mögen, was man tut, das sei Glück. Marc Aurel, der übrigens vor den Toren Wiens, in Carnuntum, einen Teil seines Werks geschrieben hat, meinte, das Glück unseres Lebens hänge von der Beschaffenheit unserer Gedanken ab. Meine Lebenserfahrung sagt, dass er hier einen guten Punkt hat.«

Und wie verhält es sich mit der Zufriedenheit und der Unzufriedenheit?

»Das Vergleichen sei das Ende des Glücks und der Anfang der Unzufriedenheit, meinte Søren Kierkegaard. Tatsächlich sind jene Menschen zufriedener, die weniger auf das Leben der anderen schauen, sondern die Referenz in ihrem Inneren finden. Zur Zufriedenheit meinte Jean-Jacques Rousseau, dass der höchste Genuss darin bestehe, in der Zufriedenheit mit sich selbst zu sein. Zufriedenheit bedeutet Frieden. Frieden in dir. Was gibt es Größeres?«, fragte uns der Philosoph.

Gibt es etwas Größeres?

(Der Mann hielt inne. Er schaute auf seine Armbanduhr.)

»Unsere Zeit läuft ab. Etwas Größeres als Frieden in uns? Hm, ja, vielleicht die Liebe. Allerdings sind das ohnehin Geschwister. Die kommen gemeinsam. Aber das ist dann ein anderes Kapitel, zumindest in Ihrem Buch, also in eurem Buch.«

(Er verabschiedete sich von »unserer« Föhre mit einer ehrerbietenden Berührung, schaute rüber zu seiner Enkelin und bedeutete ihr, dass er bereit zum Aufbruch sei.)

Es war uns eine Freude. Wir werden Ihre Urheberschaft freundlich vermerken. Gerne wieder einmal, wenn Sie hier Ihre Runden drehen!

»Großvater, ich werde dir das Buch zum Geburtstag besorgen«, meinte die Enkelin beschwingt.

(Wir verabschiedeten uns mit einem Handschlag, und die zwei zogen ihres Weges in jene Richtung, aus der sie gekommen waren. Ich musste leise lachen und schaute ihnen nach, bis sie hinter den Büschen am Feldrand verschwunden waren.)

Und, was sagt die große Lauscherin?

*Schön war das. Und ich sehe, du bist glücklich.*

Ach ja, ich ziehe immer beglückt nach Hause. Unser gemeinsames Sein und Tun stiften mir Zufriedenheit und Glück.

*Vielleicht ein Fall von Liebe?*

Hast du nicht zugehört? Das ist ein anderes Kapitel.

(Ich steckte mir einen Föhrenzapfen ein, zwinkerte ins Geäst nach oben und machte mich auf den Heimweg.)

## 25

# Etwas erwacht in dir – im Staunen, in Dankbarkeit und Liebe!

(Heute wanderte ich mit gemischten Gefühlen hoch zu »meiner« Föhre. Es lag eine seltsame Ruhe über dem Land, meine Schritte nahmen den Takt stiller Sphärenmusik auf. Ich war ergriffen. Dankbarkeit, Freude und tiefe Verbundenheit durchwallten mich. Als ich über die Kuppe kam und die Baumkrone meiner Föhre erblickte, war es wieder so, als würde sie mir zuwinken. So wie damals – an jenem Tag, an dem wir beschlossen, gemeinsam diesen Gesprächsreigen zu eröffnen.)

*Heute ist ein besonderer Tag?*

Ja. Wir schließen ein gemeinsames Kapitel.

*Du bist berührt.*

Definitiv. (Stille.) Ich habe eine kleine Flasche Sekt mitgebracht, um auf unser gemeinsames Werk anzustoßen.

*Das ist eine schöne Geste.*

Was nimmst du mit aus unserem gemeinsamen Jahr?

*Freude im gemeinsamen Sein und Tun. Schönheit. Es ist ein Auftakt zu noch viel mehr. Wir haben einander Vertrauen geschenkt und wir tragen gemeinsam Gutes in die Welt. (Stille.)*

*Was nimmst du mit?*

Viele Erkenntnisse. Inspiration. Freude. Dieser Ort und die Stunden, in denen wir hier im Gespräch verweilten, haben mich stets mit positiver Energie geladen. Mit Klarheit, Zuversicht, Gelassenheit. Ich fühle mich lebendig, dankbar und verbunden.

(Ich setzte mich vis-à-vis der Föhre auf einen Baumstumpf und erfasste sie in ihrer vollen Größe.)

*Verbunden mit wem und was?*

Mit dir. Mit mir. Mit allen Erscheinungen des Universums. (Eine Pause setzte ein.) Mit einem unsichtbaren Band. In tiefem Staunen.

*Aus welchem Stoff ist dieses Band gewoben?*

Ein unsichtbarer, goldener Faden.

(Ich legte mich ins Gras unter den Ästen und schaute in die unendliche Weite des Himmels.) Aus Liebe! Das Band ist aus Liebe gewoben.

*Es ist die Bewegung deiner Seele, in der sich die Liebe nährt. Wo Liebe ist, ist Glück. Jeder von euch Menschen hat das Talent, ein Liebender zu sein. Oder zu werden.*

Ja, ich möchte ein Liebender sein. Ich möchte täglich wieder und wieder staunen – über unser Sein, die Größe der Schöpfung, die Schönheit der Blumen, den Flug der Schmetterlinge.

*Staunen und tanzen. Singen und beten. Gestalterisch anpacken im evolutionären Prozess des Werdens. Du bist ein Mensch! Ein zutiefst schöpferisches Wesen.*

*Eure Odyssee durch die Materie ist eine Strophe im ewigen Lied der Entfaltung des Kosmos aus sich selbst.*

(Ich stand auf, berührte den Baumstamm und blickte in die Krone.)

Ja, ich stehe hier vor dir als Homo universus. Jede und jeder von uns Menschen ist in diese Qualität geboren. Tief in uns wissen und spüren wir das.

Wir sind ein Tropfen Zeit auf einem Planeten, der seit Milliarden Jahren unterwegs ist, in einem ewigen Universum. Wir sind als Menschen vergänglich, doch das Göttliche in uns ist jenseits von Raum und Zeit. Es wird überdauern. Das ist das, was ich spüre. Die Liebe ist maßlos und ewig.

(Ich umwanderte den Baum mehrere Male.)

Wir sollten nicht versuchen, die Unendlichkeit des Kosmos unserem Denken zu unterwerfen. Wir sollten uns erlauben, uns emporzuheben in die Sphären des Universums, und dabei gut verwurzelt bleiben auf unserer Mutter Erde.

*Möget ihr unerschrocken in dieser Erkenntnis baden und dieses Geheimnis feiern!*

*Die Essenz des Menschseins ist schwer in Worte zu fassen. Aber es macht einen großen Unterschied, ob ihr euch nur als Objekt materieller und sozialer Vorgänge versteht oder euer Selbstverständnis auch wesentlich auf inneren Erfahrungen aufbaut.*

In all unseren Gesprächen ist mir vieles bewusst und klar geworden. Wenn wir zu viel in den Dynamiken des Außen gefangen und damit beschäftigt sind, den damit einhergehenden Erwartungen zu entsprechen, schlägt das so hohe Wellen, dass wir uns im Grunde selbst nicht erfassen und erkennen können.

*Deswegen braucht ihr auch immer wieder den Rückzug, die Stille. Wenn das Wasser ruhig und klar wird, ist es möglich, in die Tiefe zu schauen und sich darin zu spiegeln. Dann ist es euch möglich, den göttlichen Funken in euch zu erkennen und die Verbundenheit zu spüren. Ihr seid verbunden mit den Sternen und den Meeren, den Bergen und den Flüssen, den Blumen, den Bäumen und den Tieren.*

Das füllt mich mit Demut. (Stille.) Ein heute oft missverstandenes Wort.

*Was könnte euch helfen, es gut und richtig zu verstehen?*

Es geht um Bescheidenheit, um eine Haltung, die sich dem Sein öffnet, ohne all das, was erlebt wird, auch gleich besitzen zu wollen. Beim Besuch eines wunderbaren Strandes oder bei einer Bergwanderung geht es nicht vordringlich darum, Fotos für die eigenen Social-Media-Kanäle zu schießen.

*Doch die Versuchungen des Egos sind allgegenwärtig.*

Die Achtsamkeit und die bewusste Entscheidung sind hier unsere Verbündeten, um nicht dem In-Besitz-Nehmen zu verfallen.

Ein Foto in Ehren, dagegen ist nichts einzuwenden. Wir sind soziale Wesen. Uns zuweilen mitzuteilen halte ich für einen positiven menschlichen Zug, so er nicht vom Ego dominiert wird.

*Wo ziehst du die Grenze?*

Ein Foto mit prächtigen Blumen kann und soll ein freundlicher Gruß, das Bild vom Bergsee oder der Palme am Meer eine Freude und Inspiration sein. Sobald es ins Protzen und Prahlen kippt, haben wir die Grenze überschritten. Wenn wir ehrlich zu uns selbst sind, wird es recht schnell klar, ob bei unserem Tun das Ego triumphiert oder das Höhere Selbst seine Freude teilt.

*Die Gabe der Unterscheidung. Ihr habt sie als Wesen mit freiem Willen mit auf den Weg bekommen.*

Ja, diese Gabe der Unterscheidung ist wichtig. Gerade deswegen, weil das menschliche Leben so vielschichtig ist.

Um uns gut zurechtzufinden, streben wir nach umfassenden Wahrheiten. Doch ist wichtig anzuerkennen, dass wir in verschiedenen Welten zugleich leben. Wir brauchen Zugänge zur Welt der Objekte und des Körperlichen. Und wir existieren jedoch gleichzeitig in der geistig-spirituellen Dimension. Letztere droht in unseren modernen Kulturen durch die materialistische Perspektive verdrängt zu werden. Doch nur wenn wir beide Zugänge nutzen, sind wir komplett, vollkommen ganz.

*Ihr seid als Menschheit auf dem Sprung, dies in neuer Qualität zu begreifen. Es wird euch bewusst, dass ihr aus der Liebe kippt, wenn ihr euch eurer wahren, ganzheitlichen Wesenheit entfremdet.*

Das gibt mir Hoffnung, wenn du das so sagst.

Ich bin zuversichtlich, dass wir einen bedeutenden Sprung in unserem Selbstverständnis vollziehen werden. In hundertfünfzig Jahren wird das Weltbild, das wir derzeit leben, unseren Nachfahren als hochgradig begrenzt und egozentrisch naiv erscheinen. Es wird für sie so weit entfernt sein wie für uns heute das finstere Mittelalter. Wissenschaft und Spiritualität werden nicht mehr im Gegensatz zueinander stehen. Wir werden aufgehört haben, uns als Herrscher in einem geistlosen Universum zu definieren. Wir werden begriffen haben, dass unsere Umwelt, unser Planet und das Universum als Ganzes nicht Objekte sind, die wir uns untertan machen sollen. Wir werden wissen, dass wir es gar nicht können und dass all diese vermeintlichen Objekte lebende Organismen sind, die sich in eigenmächtiger Logik in eine Einheit fassen.

Wir werden die Beschränktheit unseres Denkens sprengen. Das wachsende Bewusstsein wird zum Katalysator für den

Wandel auf sämtlichen Ebenen unseres Seins und Tuns. Ein spirituelles Erwachen ist unterwegs. Es ist unumkehrbar.

*Es wird so sein, wenn ihr das Staunen und die Dankbarkeit kultiviert. Und wenn ihr das Begehren nicht mit Liebe verwechselt.*

*Aus Liebe und Dankbarkeit wachsen Fülle, Freude und Frieden.*

Meine Lebenserfahrung sagt mir: Es ist unmöglich, gleichzeitig dankbar und unglücklich zu sein. Als ich auf Sansibar eines Abends in einem Restaurant am Strand saß, bediente mich eine junge, freundliche Frau. Ich wartete sehr lange auf meine Bestellung. Den Kunden am Nachbartisch erging es ebenso, und sie waren sehr ungehalten. Es kam zu einem heftigen Disput. Als Jennifer schlussendlich mein Essen brachte, tat sie das mit großer Freundlichkeit. Ich sagte, dass ich ihr Lächeln möge. Sie meinte: »I like to smile.« Ich fragte: »Why?« Sie meinte: »Because life is short.«

*Von leichtfüßiger Liebe getragen.*

Einstein meinte: »Es gibt zwei Arten, sein Leben zu leben: entweder so, als wäre nichts ein Wunder, oder so, als wäre alles eines.« Glücklich sind die, deren Alltag voller Wunder ist.

Wenn ich den zwitschernden Vogel begrüße, sind schon zwei Wunder vereint. Wichtig ist, dass ich den Vogel dann auch wieder ziehen lasse. Das Begehren will besitzen. Doch Liebe will nicht haben, sie will nur sein. Goethe hat es in einen schönen Reim gepackt:

Die Sterne, die begehrt man nicht,
Man freut sich ihrer Pracht.
Und mit Entzücken blickt man auf
In jeder heitern Nacht.

(Die Worte waren verklungen und eine Stille trat ein. Ich spürte: keine Fragen mehr, nichts zu kommentieren. Alle Worte waren für heute aufgebraucht.)

*Kommst du mich auch wieder einmal nachts besuchen? Gemeinsam Sterne schauen?*

Gerne. (Ich legte mich zurück ins Gras. Wir schwiegen gemeinsam.) Nachts in die Sterne zu schauen – diese Erfahrung von Verbundenheit, Frieden und Glück ist für mich immer wieder entzückend. Sie ist heilig. Unermessliche Totalität. Allumfassende Weite.

*Ist für unser Buch alles besprochen?*

Ich denke, schon. Ich spüre: Es ist vorerst alles gesagt.

*Alles?*

Alles, was sich jetzt zeigen und jetzt gesagt sein will.

Ist für dich noch etwas offen?

*Es ist gut so.*

(Wir schwiegen in stiller Freude.)

*Ein Danke dir, meinem schreibenden Partner-Menschen, für das Vertrauen und die Unerschrockenheit. Schön, dass du dich zur Verfügung stellst. Alles Gute dem Buch. Möge es frohe Kreise ziehen!*

Ich gebe diesen Dank gerne weiter – an unsere vertrauensvollen, unerschrockenen Leserinnen und Leser. Möge das hier Geteilte inspirieren und mögen es viele fortschreiben! Das Buch der Erfahrung schreibt jeder selbst.

*So sei es!*

Etwas wächst in jeder Leserin und jedem Leser, die dieses Buch in Händen halten.

*Das Licht der Präsenz. Das Leuchten sammelt an Kraft und Masse. Mit jedem Menschen, der spirituell erwacht, nährt sich*

*das kollektive Bewusstsein in neuer Qualität, das Einswerden in*
*einer dualistischen Welt.*

Es ist prächtig. Durch jede und jeden von uns ist Großes
unterwegs. Gerade auch, weil wir beginnen, das Kleine zu
achten und zu schätzen.

Eine machtvolle Kraft strömt durch uns in die Welt. Eine
Gewissheit voller Liebe und Frieden. Die Freude am ewigen
Sein, am schöpferischen Tun und an der Lebendigkeit des
Jetzt. (Stille.) Einfach schön.

(Wir summten gemeinsam für eine Weile. Dann richtete
ich mich auf und grub in meinem Rucksack nach der kleinen
Sektflasche und den zwei Gläsern.)

So lass mich abschließend dir von Herzen danken, »mein«
Göttlicher Resonanzbaum. Euch Bäumen insgesamt. Ihr seid
Lebewesen von großartiger Schönheit. Doch die Essenz liegt
hinter dem Tanz der Formen. Ihr seid prächtige Botschafter
der Verbundenheit allen Lebens. (Ich schenkte den perlenden
Saft ein.)

*Ein Prosit auf die Verbundenheit!*

(Ich war beglückt. Der Perlwein rann durch meinen Körper
in einem Moment der kosmischen Entzückung. Ich war eins
mit dem Baum, mit dem Himmel, mit dem ganzen Universum.

Mit jedem Schluck goss ich einen ebensolchen an das Wur
zelwerk »meiner« Föhre und beobachtete, wie das Prickeln in
die Erde sank. Die Perlen der Inspiration gingen von hier nun
in die ganze Welt.)

Verbunden! Für alle Zeiten.

*Das Universum ist ein lebendiges Wesen.*
*Wir tragen es in uns. Und sind von ihm getragen.*

*Du, Homo universus!*

# Literaturhinweise

Hier einige Autorinnen und Autoren, die mich inspiriert haben, sowie Bücher und Werke, auf die ich Bezug nehme:

Beck, Don Edward, und Cowan, Christopher C.: *Spiral Dynamics. Leadership, Werte und Wandel*, J. Kamphausen, Bielefeld 2007

Beck, Ulrich, und Beck-Gernsheim, Elisabeth: *Riskante Freiheiten: Individualisierung in modernen Gesellschaften*, Suhrkamp, Frankfurt 2008

Bregman, Rutger: *Im Grunde gut. Eine neue Geschichte der Menschheit*, Rowohlt, Hamburg 2020

Calaprice, Alice (Hg.): *Einstein sagt: Zitate, Einfälle, Gedanken*, Piper, München 2005

Campbell, Joseph: *Mythen der Menschheit*, Kösel, München 1993

Csíkszentmihályi, Mihály: *Dem Sinn des Lebens eine Zukunft geben. Eine Psychologie für das 3. Jahrtausend*, Klett-Cotta, Stuttgart 1995

Dalai Lama: *Der Weg zum Glück. Sinn im Leben finden*, Herder, Freiburg im Breisgau 2002

–, *Der Appell des Dalai Lama an die Welt. Ethik ist wichtiger als Religion*, Benevento Publishing, Wals bei Salzburg 2015

Dittmar, Vivian: *Das innere Navi – Wie du mit den fünf Disziplinen des Denkens Klarheit findest*, Edition Est, München 2019

–, *Gefühle & Emotionen – Eine Gebrauchsanweisung: Wie emotionale Intelligenz entsteht*, Edition Est, München 2014

Eben, Alexander: *Vermessung der Ewigkeit. 7 fundamentale Erkenntnisse über das Leben nach dem Tod*, Heyne, München 2017

Einstein, Albert: *On Cosmic Religion and Other Opinions and Aphorisms*, Dover Publications, New York 2009

Epikur: *Philosophie der Freude*, Insel, Berlin 2015

–, *Der Weg zum Glück*, Anaconda, Köln 2011

Frankl, Viktor E.: *… trotzdem Ja zum Leben sagen. Ein Psychologe erlebt das Konzentrationslager*, Kösel, München 2018

Friedl, Reinhard: *Der Takt des Lebens. Warum das Herz unser wichtigstes Sinnesorgan ist*, Goldmann, München 2019

Gibran, Khalil: *Der Prophet. Im Garten des Propheten*, Goldmann Arkana, München 2002

Goethe, Johann Wolfgang von: *4 Bände Goethe*, Neuer Kaiser, Klagenfurt 2005

Guwak, Barbara, und Strolz, Matthias: *Die vierte Kränkung. Wie wir uns in einer chaotischen Welt zurechtfinden*, Goldegg, Wien 2012

Haisch, Bernard: *The God Theory: Universes, Zero-point Fields, and What's Behind It All*, Weiser Books, Newburyport 2009

Harari, Yuval Noah: *Homo Deus: Eine Geschichte von Morgen*, C. H. Beck, München 2018

Hawking, Stephen: *Kurze Antworten auf große Fragen*, Klett-Cotta, Stuttgart 2018

Hell, Daniel: *Die Sprache der Seele verstehen. Die Weisheit der Wüstenväter*, Herder, Freiburg im Breisgau 2007

Hesse, Hermann: *Das Lied des Lebens. Die schönsten Gedichte von Hermann Hesse*, Suhrkamp, Frankfurt am Main 1986

Hüther, Gerald: *Biologie der Angst. Wie aus Stress Gefühle werden*, Vandenhoeck & Ruprecht, Göttingen 2005

Isaacson, Walter: *Einstein: Sein Leben, seine Forschung, sein Vermächtnis*, Langen Müller, München 2020

Macy, Joanna, und Brown, Molly: *Für das Leben! Ohne Warum. Ermutigung zu einer spirituell-ökologischen Revolution*, Junfermann, Paderborn 2017

Maslow, Abraham H.: *Jeder Mensch ist ein Mystiker*, Peter Hammer, Wuppertal 2014

McIntosh, Steve: *Integrales Bewusstsein und die Zukunft der Evolution*, Phänomen, Hamburg 2009

Mitchell, Sandra: *Komplexitäten. Warum wir erst anfangen, die Welt zu verstehen*, Suhrkamp, Frankfurt 2008

Nietzsche, Friedrich: *Also sprach Zarathustra,* Anaconda, Köln 2005

Novalis: »Die Lehrlinge zu Sais«, in: *Werke in einem Band*, Aufbau, Berlin und Weimar 1983

Planck, Max: *Archiv zur Geschichte der Max-Planck-Gesellschaft*, Abt. Va, Rep. 11 Planck, Nr. 1797, Berlin 1975 ff.

Popper, Karl: *The Lesson of This Century*, Routledge, London 1997

Postrel, Virginia: *The Future and Its Enemies*, Free Press, New York 1998

Rebillot, Paul, und Kay, Melissa: *Die Heldenreise. Das Abenteuer der kreativen Selbsterfahrung*, Eagle Books, Wasserburg am Inn 2011

Scharmer, Otto C.: *Theorie U – Von der Zukunft her führen*, Carl-Auer, Heidelberg 2020

Schulz von Thun, Friedemann, und Stegemann, Wibke (Hg.): *Das Innere Team in Aktion. Praktische Arbeit mit dem Modell*, Rowohlt, Reinbek 2004

Seneca: *Das große Buch vom glücklichen Leben. Gesammelte Werke*, Anaconda, Köln 2014

Steindl-Rast, David: *Und ich mag mich nicht bewahren. Vom Älterwerden und Reifen*, Verlagsanstalt Tyrolia, Innsbruck 2015

–, *Einladung zur Dankbarkeit*, Kreuz, Freiburg im Breisgau 2012

Strolz, Matthias: *Kraft & Inspiration für diese Zeiten*, story.one – the library of life, Wien 2020

–, *Sei Pilot deines Lebens. 5 Schritte zur persönlichen Entfaltung*, Brandstätter, Wien 2019

Tolle, Eckhart: *Eine neue Erde. Bewusstseinssprung anstelle von Selbstzerstörung*, Arkana, München 2005

Watzlawick, Paul: *Wie wirklich ist die Wirklichkeit? Wahn, Täuschung, Verstehen*, Piper, München 2006

Wilber, Ken: *Ganzheitlich handeln. Eine integrale Vision für Wirtschaft, Politik, Wissenschaft und Spiritualität*, Arbor, Freiamt 2001

Wohlleben, Peter: *Das geheime Leben der Bäume*, Ludwig, München 2015

Wright, Robert: *Diesseits von Gut und Böse. The Moral Animal. Die biologischen Grundlagen unserer Ethik*, Limes, München 1999